新・MINERVA
福祉ライブラリー
7

「子育て支援」の 新たな職能を学ぶ

山下由紀恵・三島みどり・名和田清子　編著

ミネルヴァ書房

まえがき

　本書は，現代日本の「子育て支援」に関わりの深い免許・資格をもつ専門職のために，保健・栄養や保育・教育領域などを学際的につなぐ，新しいジャンルのテキストブックとして編纂されています。大学の既成のアカデミックな体系にはあてはまらない独自なものです。

　編著者の三名はいずれも島根県立大学短期大学部の教員であり，他の著者の方々には他大学の研究者をはじめとして，行政の立場の方，民間の医師や教員，さらにNPO法人で活躍される実践家もおられ，はたしてどのような経緯で本書が生まれたのかと，不思議に思われる読者もあるかもしれません。

　本書の執筆者は，文部科学省の大学教育改革事業の一つである「社会人の学び直しニーズ対応教育推進プログラム」として採択された本学の事業，『周産期からの子育て支援拡充に向けた専門職再教育プログラムの開発』のための講師として，関東，関西，四国，九州から，はるばる島根県立大学の松江・出雲・浜田3つのキャンパスまでお越しくださった方々です。平成19年度から3カ年間，これら執筆者を含む数多くの講師が本学においでくださり，出産後の母子関係や食育実践，さらに早期発達支援という「子育て支援」最先端の職能プログラム開発にご協力くださいました。本学としても松江キャンパスと出雲キャンパスの教員が，統合法人化後はじめて共同作業した成果です。

　これまでの受講者は免許・資格をもった「子育て支援」関連専門職者で，のべ約2千人にのぼり，地方の大学キャンパスまでおいでくださった講師の講義・演習を，社会人の現職者，あるいは離退職者が，実に熱心に受講しました。「助産師」「保健師」「栄養士」「管理栄養士」「保育士」「幼稚園教諭」等々の多種多様な免許・資格者が，これからの「子育て支援」のために何が必要なのか，まさに一体感をもって学びました。その受講者と講師陣をつなぐ熱意と一体感から，このテキストブックが生まれたと言ってよいでしょう。

島根県では少子高齢化がいよいよ進み，日本海に浮かぶ隠岐の島では，産婦人科医が不足して，出産をひかえた家族が島外での出産を強いられるという事態まで生起しました。人口の流出と少子化の極まった地方であればこそ，「子育て支援」のための専門職能の開発には，渇望するものがあったといってよいかもしれません。このような地方で，「子育て支援」をめぐる時代の要請に応える専門性を結集することができたことに，われわれは大学人として，新たな可能性も感じています。
　この「子育て支援」専門職プログラムが，特色あるカリキュラムとして，今後いっそう発展していくことを期待しているところです。

平成21年2月
島根県立大学学長　宇野　重昭

目　次

まえがき

序　章　「子育て支援」の新たな職能を学ぶ………………… 1
　1　「子育て支援」専門職再養成の目標………………… 1
　2　子育てとソーシャル・サポート………………… 7

第1部　産後のうつをケアする・虐待を予防する

第1章　周産期からの母親への援助………………… 20
　1　現代の育児の問題点………………… 20
　2　周産期からの「気になる親」とはどんな親か………………… 21
　3　「気になる親」との関わり………………… 26
第2章　周産期からの育児混乱・虐待予防………………… 31
　1　周産期・乳幼児期における母の子育て混乱………………… 31
　2　虐待予防チェックリストの作成………………… 33
　3　子育て混乱をもっている母親介入の要点………………… 37
　4　母に対する援助方法の実際………………… 38
　5　長期予後………………… 43
　6　チェックリスト使用の利点………………… 43
第3章　産後うつ病の症状の理解と精神医学的支援………………… 45
　1　うつ病………………… 45
　2　産後うつ病………………… 49
　3　母子精神保健のシステムづくり………………… 54
第4章　地域における虐待予防体制………………… 58
　1　厳しさを増す子育て環境と虐待予防の重要性………………… 58

  2　虐待の予防的支援の現状と課題………………………………………62
  3　その他の制度的課題……………………………………………………67
第5章　子育ての苦悩をわかちあうグループ——MCGとは何か——　70
  1　MCGの成り立ち——悩まない子育てはない——……………………70
  2　MCGはなぜ必要だったのか……………………………………………72
     ——子どもがかわいくない時　他の母親はどうしているんだろう——
  3　グループの中では何が起きているのか（MCGの実際）……………73
     ——語ることは感じること，感じることは考えること——
  4　MCGの課題………………………………………………………………83

第2部　食育の実践と指導

第1章　食育とは………………………………………………………………94
  1　食育基本法の制定………………………………………………………94
  2　国民の「食」をめぐる現状と課題……………………………………95
  3　食育とは…………………………………………………………………99
  4　食育基本法に基づく食育推進基本計画………………………………100
  5　食育白書等を読む………………………………………………………101
第2章　様々な場での食育の取り組み………………………………………105
  1　様々な場での食育の取り組み…………………………………………105
  2　食糧供給の現状…………………………………………………………115
  3　食育の現状と課題………………………………………………………119
第3章　食育の在り方と多職種の連携………………………………………123
  1　医師の立場から…………………………………………………………123
  2　食が変わる食育…………………………………………………………131
  3　効果ある食育プログラムとは…………………………………………137
第4章　食育の必要性…………………………………………………………148
  1　栄養と発育・発達について……………………………………………148

2　食べること──発達と心の健康のつながり──……………………… *154*
　3　食育の必要性について……………………………………………… *166*

第3部　早期発達支援

第1章　子どもの発達を見る……………………………………… *172*
　1　周産期ハイリスク児の発達………………………………………… *172*
　2　早期の発達的介入…………………………………………………… *176*
第2章　発達障害の病理と支援…………………………………… *188*
　1　発達障害とは………………………………………………………… *188*
　2　発達障害の成因……………………………………………………… *190*
　3　知的障害（精神遅滞）……………………………………………… *190*
　4　広汎性発達障害……………………………………………………… *192*
　5　注意欠如／多動性障害……………………………………………… *196*
　6　学習障害……………………………………………………………… *198*
　7　コミュニケーション障害（Communicaiton disorders）………… *199*
　8　発達性協調運動障害（Developmental coordination disorder）…… *200*
　9　「発達障害」への3つの関わり……………………………………… *200*
第3章　就学前の発達障害児とその家族の支援………………… *203*
　1　発達障害について…………………………………………………… *204*
　2　乳幼児健診のあり方………………………………………………… *207*
　3　子育て支援としての「障害診断」と「診断告知」……………… *212*
　4　保育所（保育園）における支援…………………………………… *213*
　5　地域支援，神戸市におけるモデル事業を通じて………………… *217*
　6　保健，医療，福祉，教育における情報伝達……………………… *220*
第4章　早期の個別指導計画──ポーテージプログラム──………… *227*
　1　ポーテージプログラムの誕生……………………………………… *228*
　2　ポーテージプログラムの特徴……………………………………… *229*

3　ポーテージプログラムの構成……………………………229
　　4　指導の実際……………………………………………………230
　　5　ポーテージプログラムの効果…………………………………231
　　6　今後の課題……………………………………………………235
第5章　発達につまずきをもつ子の自立支援……………………237
　　1　社会的自立をめざして………………………………………237
　　2　学びやすい構え………………………………………………238
　　3　暮らしの力を身につける……………………………………242
　　4　動きを育てる…………………………………………………243
　　5　伝え合う………………………………………………………245
　　6　仲間の中で……………………………………………………247
第6章　地域での発達支援ネットワーク構築……………………248
　　1　なぜ地域での発達支援ネットワーク構築が必要か………248
　　2　だれが発達支援ネットワークのリーダーになるべきか…249
　　3　メディカルホームという概念………………………………249
　　4　障害をもつ子どもと家族への支援──日米の差，5歳児健診の実践──251
　　5　地域で発達支援ネットワークを築く工夫…………………253
　　6　良い家庭と学校間関係を促進するためのコツ・ツールの紹介……254

あとがき──支援を学び地域で活躍する方々へ──
索　　引

コラム

新たな子育て支援の現場　「こんにちは赤ちゃん」事業…17
母子保健の現場から①　発達障害と児童虐待…88
母子保健の現場から②　妊娠後結婚は育児が「大変」…89
母子保健の現場から③　女性の育児不安と育児支援…90
食育の実践①　保育所における取り組み（きのみ保育園）…111
食育の実践②　小学校における取り組み（東光寺小学校）…112

目　次

食育の実践③　大学における取り組み（京都大学）…*113*
食育の実践④　地産地消の取り組み…*118*
学校における食育の現状と課題…*122*
食育の必要性「いま，どのような食育が必要か」…*146*
母体環境としての栄養の必要性…*169*
発達支援の技法①　DenverⅡ判定法の実際…*224*
発達支援の技法②　ビジョンケアの実際…*225*
発達支援の技法③　ソーシャルスキル・トレーニングの実際…*226*
発達支援の実践①　保育所・デイサービス・クリニックの協働…*257*
発達支援の実践②　幼稚園からの特別支援教育…*258*
発達支援の実践③　フィンランドの早期支援…*259*

序　章
「子育て支援」の新たな職能を学ぶ

1 「子育て支援」専門職再養成の目標

　学校教育法改正により大学の役割に社会貢献が法的に追加され，大学は正規課程以外の特別なプログラムの修了者に履修証明を発行できる仕組みに変わってきている。さらに文部科学省大学教育改革事業に「社会人の学び直しニーズ対応教育推進プログラム」委託事業が加わった。すなわち社会人の再教育に大学が本格的に乗り出す時代になろうとしている。

　このような時代の変わり目に，上記の大学教育改革事業には，本学の提案した『周産期からの子育て支援拡充に向けた専門職再養成プログラムの開発』のほか，多数の「子育て支援」に関わる専門職再養成講座が採択されている。日本の社会で，今なぜ「子育て支援」のための専門職再教育が必要になったのか。本章ではその背景と再教育の目標を概説しよう。

(1) 子育て支援の新しい職能

　表序-1は近年の日本での「子育て支援」に関わる社会体制整備をまとめたものであるが，近年，特に2006（平成18）年度「新しい少子化対策について」（少子化社会対策会議）以降，わが国の子育て支援は，保健センター・子育て支

援センター・保育所・障害児通園施設および通所事業での「通所型」による「集団指導」から，それらのセンター機能のあるところと子育て家庭および当事者をつなぐ「訪問型」の「個別の支援」へ転換している。

　たとえば，母子保健領域では，2007（平成19）年度から「こんにちは赤ちゃん事業」「育児支援家庭訪問事業」といった個別の家庭訪問で子育て支援を行う事業が開始し，これらの訪問事業が2008（平成20）年に「児童福祉法」「次世代育成支援対策推進法」「社会福祉法」改正によって法的にも整備されている。2008（平成20）年法改正によって，乳児家庭全戸訪問事業，養育支援訪問事業，地域子育て支援拠点事業，一時預かり事業等の新たな子育て支援サービスは，助産施設や保育所等と並んで第二種社会福祉事業と定められ，社会的支援の対象は「保育に欠ける子」から「全ての子育て家庭」へ大きな転換を示しているのである。

　「こんにちは赤ちゃん事業」（児童福祉法では「乳児家庭全戸訪問事業」）は，生後4カ月までに直接的に母子関係に早期介入し，全戸訪問で地域の子育てセーフティネットを構築しようという事業であるが，根底に訪問者への信頼感がなければ，この事業はむしろ逆に地域保健の拒絶につながりかねない。章末コラムに示すとおり，訪問者には信頼できる保健師等の専門職者があたり，子どもと産後の母親に対する周産期ケアと心理的支援を，「相談者」として実施できることで，はじめてその後の子育て支援につながるものと思われる。

　「育児支援家庭訪問事業」（児童福祉法では「養育支援訪問事業」）は，より広い年齢層の子どもを養育する家庭の中で，特に(1)育児ストレス，産後うつ病，育児ノイローゼ等の問題で子育てに不安を抱える家庭，虐待のリスクを抱える家庭，(2)子どもの心身の発達が正常範囲になく，将来の精神・運動・発達面等において障害を招来するおそれのある子どもの家庭や，(3)ひきこもり等家庭養育上の問題を抱える家庭や児童養護施設退所または里親終了後の家庭復帰と自立に向けてケアが必要な家庭，に対して支援と指導を行う事業である。

　この事業では「産後うつ病，育てにくい子ども等の複雑な問題を背景に抱えている家庭」に対する具体的な育児支援と，「発達相談・訓練指導」に相当す

序章 「子育て支援」の新たな職能を学ぶ

表序－1　母子保健・健康栄養・保育教育領域における新たな職能ニーズ

母子保健領域・保育教育領域
2005(平成17)年度「少子化社会対策基本法」「次世代育成支援対策推進法」
2005(平成17)年「少子化社会対策大綱」「子ども・子育て応援プラン」
2005(平成17)年度スタート厚生労働省「育児支援家庭訪問事業」(実施主体：市区町村)
●本来子どもの養育について支援が必要でありながら，積極的に自ら支援を求めていくことが困難な状況にある家庭への支援については，従来の「通所型」だけでなく，家庭訪問等の積極的なアプローチ，すなわち「訪問型」の支援の必要性が高まっている。
2006(平成18)年「新しい少子化対策について」(少子化社会対策会議)
●子育て初期家庭に対する家庭訪問を組み入れた子育て支援ネットワークの構築
●全家庭を対象とする地域における子育て支援拠点の拡充
●児童虐待防止対策及び要保護児童対策の強化
2007(平成19)年度スタート厚生労働省「こんにちは赤ちゃん事業」(実施主体：市区町村)
●生後4ヶ月までの乳児がいるすべての家庭を訪問し，様々な不安や悩みを聞き，子育て支援に関する情報提供を行うとともに，母子の心身の状況や養育環境等の把握及び助言を行い，支援が必要な家庭に対し適切なサービス提供につなげる。
2007(平成19)度スタート厚生労働省「地域子育て支援拠点事業」(実施主体：市区町村)
●子育て親子の交流の促進，子育て等に関する相談の実施，子育て支援に関する情報の提供などを実施。出張訪問の支援を含む。
2008(平成20)年「児童福祉法」「社会福祉法」改正
●新たな子育て支援サービスの法的位置づけ
「乳児家庭全戸訪問事業」「養育支援訪問事業」「地域子育て支援拠点事業」「一時預かり事業」「家庭的保育事業」
●困難な状況にある子どもや家庭に対する支援の強化
「里親制度の改正」「ファミリーホーム事業の創設」「要保護児童対策地域協議会の強化」
2008(平成20)年「次世代育成支援対策推進法」改正
●地域における取り組みの促進
●事業主による取り組みの促進

健康栄養領域・母子保健領域・保育教育領域
2006(平成18)年「食育基本法」
2006(平成18)年「健やか親子21」の新たに追加された指標
●食育の取り組み推進（食育における関係機関等のネットワーク造りの推進に取り組む都道府県の割合，保育所・学校，住民組織等関係機関の連携により取り組みを推進している市町村の割合）
2006(平成18)年「新しい少子化対策について」(少子化社会対策会議)
●食育の推進
2008(平成20)年「保育所保育指針」「幼稚園教育要領」改訂
●食育への取り組みの法的位置づけ

保育教育領域・母子保健領域
2004(平成16)年「発達障害者支援法」
●（児童の発達障害の早期発見等）第五条　●（早期の発達支援）第六条　●（保育）第七条　●（教育）第八条
2006(平成18)年「新しい少子化対策について」(少子化社会対策会議)
●病児病後児保育，障害児保育等の拡充
2007(平成19)年度文部科学省「発達障害早期総合支援モデル事業」
●子ども一人ひとりのニーズに応じた特別支援教育の推進
●保健・医療・福祉関係機関と連携して，障害の早期発見・支援に重点をおいた取り組みを実践的に研究
2008(平成20)年文部科学省・厚生労働省「障害のある子どものための地域における相談支援体制整備ガイドライン（試案）」
●相談・支援のための体制づくり，マスタープランの策定など
●地域における一貫した相談・支援のための連携方策，「相談支援手帳（ファイル）」の作成など
2008(平成20)年厚生労働省「障害児支援の見直しに関する検討会」報告書
●出産前から乳幼児期まで障害の早期発見・早期対応の取り組み強化
●「気になる」という段階から身近なところで発達相談の専門的な支援
●保育所等での受入れの促進と専門機関による巡回等の支援
●障害児通園施設の地域への支援機能充実と児童デイサービスの機能の充実

る支援については，保健師・助産師・保育士・児童指導員等の有資格者が他の専門職種と連携して対応することになっている。表序-2の「様式2.支援の必要性を判断するための一定の指標（例示）・情報集約のための様式」（厚生労働省，2006）によって例示されたとおり，養育支援計画の立案以前の段階から，特別な養育支援が必要かどうかについては「医療機関」「保健センター」「保育所・幼稚園・学校」等の子どもに関わる関係機関からの情報提供と判断が必要である。実際に訪問に向かう専門職者だけでなく，一般の子どもに関わる専門職者が，おなじ知識と判断基準で養育支援の必要性を評価判断することが必要になっている。これらの地域の関係機関が，表序-2に示されたような子どもの「発育・発達」「健康状態・身体症状」「情緒の安定性」「問題行動」「基本的な生活習慣」「関係性」について，支援を目的として評価（アセスメント）する専門性を有し，親支援の必要性と方向について十分認識した上で，ソーシャルワーカーとして連携することが必要であり，そのためには連携する地域の多様な職種が，共通したアセスメント・ツールと「育児支援」「発達相談・訓練指導」の知識をもつことが必要となっている。

　このほか，表序-1に示すとおり，今後の「子育て支援」施策では，妊娠期から学齢期までの食育の取り組みを推進させるために，管理栄養士・栄養士と連携した地域保健・保育所・幼稚園・学校の役割が重視されている。背景には近年の低出生体重児増加傾向などの問題点があり，子どもの発育の基盤としての全世代に渡る食育指導の必要性から，「地域活動栄養士」等の活躍も期待されている。また，「気になる子ども」「育てにくい子ども」の乳幼児期からの個別の支援を計画・実施して，子どもの個別のニーズに応じた支援チームに参画できる常勤と非常勤の保育士・幼稚園教諭の活躍が期待されており，医療・福祉・教育・保育の専門機関による保育所・幼稚園への巡回指導が求められている。

　これらの新しい子育て支援事業は，地域の少子化対策・子育て支援に関わる人材，専門職者に対して，共通して新しい職能，すなわち(1)周産期からの「相談者」としての対人援助，(2)個別に支援の必要な家族と子どものアセスメント，

序章 「子育て支援」の新たな職能を学ぶ

表序-2 支援の必要性を判断するための一定の指標（例示）・情報集約のための様式（様式2）

(3)他領域との「専門職連携」によるチーム支援，(4)個別の教育支援計画につながる発達支援，を求めている。現在の「子育て支援」に関わる人材は，ほとんどが，保健・栄養領域（助産師・保健師・看護師・栄養士・管理栄養士など），保育・教育領域（保育士・幼稚園教諭・通園通級指導者・養護教諭・特別支援学校教諭・小学校教諭など）の資格・免許をもつ専門職者であり，今後は，これらの専門職者が「子育て支援」拡充のために新たな職能を身につけた集団として，地域社会で連携することが求められているのである。

（2）新しい教育プログラム

　一方，「子育て支援」を専門に実施し，地域で連携することを前提とした人材養成は未開拓である。実際には，「育児支援家庭訪問事業」を法改正以前の2005（平成17）年度当初に実施した市区町村は，全国で約25％にとどまっており，在宅の保健師・保育士等の専門職者等の人材の確保と新たな研修が「子育て支援」事業の課題として指摘されている（厚生労働省，2006）。2年後の2007（平成19）年度の実態調査でも，「こんにちは赤ちゃん事業」実施の市区町村は全国で58.2％，「育児支援家庭訪問事業」実施の市区町村は42.9％であり，半数以下にとどまっている（厚生労働省，2008a）。新たなサービスに従事できる専門職者の不足が問題であり，一般のボランティア等の導入に頼った場合，支援の質が問題となっている。特に人口の減少を食い止められない「地方」では，関係専門職の絶対数が不足する中，専門職一人にかかる子育て支援・少子化対策の責務も多大である。新たな専門性を有した世代の登場以前に，目の前の地域の課題を解決して事業を開始するには，現職者の再教育と，さらに資格・免許をもって離退職した専門職の再教育・再雇用が喫緊の課題になっている。

　さらに，現在の専門職の職能が通所型の「集団指導」から「個別の支援」への転換に追いついていないという現状もある。2007（平成19）年10月に実施された特別支援教育体制整備状況調査結果（文部科学省，2008）によると，特別支援教育を必要とする生徒の国公私立幼稚園での「実態把握」は全国で67.1％

にのぼり，小学校の92.5％には達しないものの過半数が実態を把握しているのもかかわらず，「個別の教育支援計画の作成」を実施しているのは22.1％，「個別の指導計画の作成」は16.1％と，「実態把握」の３分の１以下にとどまっている。小学校・中学校と比較しても半数以下にとどまっており，早期発見・早期対応が必要な幼児期の子どもの段階で，保育・教育者側が「気づき」にとどまり，「個別の支援」が実施できる専門性が育成されていないことがわかる。

2009（平成21）年度施行開始の新しい保育所保育指針において，保育所は障害をもった子どもの個別支援計画の作成を告示により義務づけられているが，幼稚園教諭養成課程と保育士養成課程は，幼保一元化により同じ養成機関で資格・免許を取得している可能性が高く，保育所の「個別の支援」に関する職能についても，今度ほぼ同様の問題が出現すると予測される。

以上の社会体制整備の変化とその背景からわかるとおり，子育て支援事業が有効に機能するためには，これら「助産師」「保健師」「看護師」「栄養士」「管理栄養士」「保育士」「幼稚園教諭」等の「子育て支援」に関係する専門職の養成課程をもつ大学・短期大学が，新たな教育プログラムを開発して人材養成を開始するとともに，現職者や離退職者を対象とした研修事業による「子育て支援」専門職の再養成に乗り出すことが求められているのである。

2　子育てとソーシャル・サポート

本書は，このような新たな「子育て支援」に必要とされる３つの専門領域に焦点を当て，かつて専門教育を受けた現職者あるいは離退職者の再学習に役立つよう構成されている。３つの専門領域とは，(1)母子の心理・社会的産後ケアをめざす「産後うつケア・虐待予防」の領域，(2)妊娠中から学齢期までの食育をめざす「食育実践指導」の領域，そして(3)発達の気がかりな子どもの理解と支援をめざす「早期発達支援」の領域である。第１部から第３部までのこれらの３つの領域の学びに先立って，ここで共通する課題，なぜ子育てを専門職者が支援する必要があるのか，についてまとめておこう。

（1）児童福祉と母性剥奪理論

　現在の日本の児童福祉法は，戦争で家や家族を失った子どもの保護を目的として戦後の1947（昭和22）年に制定され，その後の「児童健全育成」と「要保護児童」に対する施策の基準となっている。現在の保育所が，「保育に欠ける子」のための児童福祉施設であるという位置づけは，この時代の福祉理念を引き継いでいる。さらに3歳児健診等の全国一斉集団健診と一定の方針に基づく母子保健指導を定めた母子保健法は，1965（昭和40）年にスタートしている。「子育て支援」の成立過程を理解するには，この昭和20年代から40年代の児童福祉と母子保健をめぐる問題意識を理解し，現在の諸問題と比較しつつ，新しい「子育て支援」の方向性を歴史的に見定めておく必要がある。

　図序-1は1959（昭和34）年厚生白書の「児童健全育成」の一部の図である。第二次世界大戦後に少年犯罪が増加し，特に昭和25年前後から「粗暴犯」「凶悪犯」「性犯」が激増したことを示している。図中の検挙人数員は2007（平成19）年少年犯罪における検挙人員数，「凶悪犯」1,042人，「粗暴犯」9,248人，「風俗犯」341人と比較しても多く，昭和20年代30年代当時は，戦争によって家庭を失った子どもの健全育成と保護が大きな社会的課題であったことがわかる。

　この戦後の時代に，初期経験の阻害と成人後の精神病理の関係を示す発達理論として紹介されたのが，1951年のWHOモノグラフとして出版されたボウルビィ（Bowlby, 1951）の母性剥奪理論である。ボウルビィはWHO臨時職員として20世紀初頭から第二次世界大戦前後の諸研究をまとめ，施設児，盗癖児，非行少女の調査に共通する要因として，生後3年間の母性的養育の阻害（母性剥奪）による知的発達と情緒発達への悪影響を指摘している。自身の調査として引用されたのは，児童相談所での全事例を盗癖児44名と盗癖のない情緒的問題児44名に分けて比較した回顧的研究（臨床事例を生育歴に遡って分析する研究）であり，盗癖児の中でも乳幼児期に母親あるいは母親代理者と6カ月以上の長期的離別を体験したものに無感動等の愛情欠損的性格がみられたと報告している。ボウルビィ自身は，別の論文で生後3年間に結核療養のため数ヶ月以上の母親との離別を体験した子ども60名と対照群を調査した追跡的研究の結果，

序章 「子育て支援」の新たな職能を学ぶ

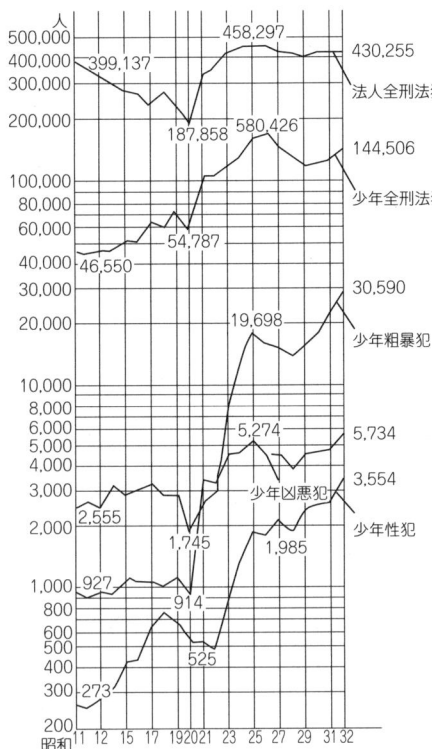

図序-1 第二次世界大戦後の少年犯罪における検挙人員数の推移
(出典) 昭和34年厚生白書（厚生省，1959）。当時の警察庁調べ。この図の少年とは20歳未満の者を指している。「凶悪犯」とは殺人・強姦・放火・強盗，「粗暴犯」とは暴行・傷害・脅迫・恐喝，「性犯」とは強姦・わいせつを指している。

学齢期での知的発達も情動発達も統計的に有意な差がなかったと報告して，回顧的研究を方法論的に自己批判しているが（Bowlby, et al., 1956），1951年WHOモノグラフの反響は大きく，1960年までに9版印刷されて各国の児童福祉と母子保健の重要な根拠となっていった。

日本でも1961（昭和36）年には，子どもの非行不良化防止・家庭養育の重要性の研究・母性意識の啓発・児童の健全育成を目的とする地域の児童福祉組織「母親クラブ」「児童指導班」などの国庫補助が開始となり，児童健全育成と家庭養育の指導強化がこの後セットで，毎年の厚生白書で検証されている。1961年のこの政策により，1960年には全国51万人であった全国「母親クラブ」組織員は1963年には112万人に倍増している（厚生省，1961，1963）。また，乳児期のアタッチメント（愛着）形成についての啓発は乳児院児の心理的処遇の改善

9

に影響を与え，1955（昭和30）年には子ども3名に対して1名の配置であった保育者を，1976（昭和51）年には1.7名に対して1名になるまで増員している。その結果昭和20年代には50前後であった乳児院児の平均発達指数が，1980年代には100前後になるまで改善されている（繁多ら，1991）。

（2）母性剥奪理論のその後

　このような社会的影響を与えたボウルビィの母性剥奪理論であったが，発達科学的には1970年代以降様々な視点からの反証が続く。まず，発達初期の母性的な養育の欠乏は致命的な影響を残すと考えたボウルビィのいわば臨界期説に対して，レバノンやガテマラの乳児期に阻害されていると思われる養育方法で育った子どもの追跡調査で，その後の発達に回復が見られているという観察例が報告されている（Dennis, 1973. Kagan & Kliein, 1973）。日本でも1972年に救出された6歳児と5歳児の姉弟について，救出時に身長・体重・発達年齢ともに1歳児レベル（発達指数20から25）とみなされ，生後数年間の社会的隔離と母性剥奪があったにもかかわらず，その後のケアによって高校生段階で社会的に適応するまでに回復した事例が報告された（藤永ほか，1987）。これらの反証研究は，子どもの知的発達や人格形成には多様な因子が関わっており，同じ阻害条件がすべての子どもに同じ影響を与えるわけではないことを示している。これは，1956年論文でボウルビィ自身も実証したことであった。

　さらに，ボウルビィやエインズワースら（Ainsworth, et al., 1978）が母子の安定した愛着を示す指標とした後追いや母子分離での泣き等の「愛着行動」について，同じ子どもと母親で再検査した場合の信頼性が低いことが指摘され，乳児期に子どもが示す分離不安からその後の発達を科学的に予測できるのか疑問視されている（Campos, et al., 1983）。また国際的な愛着行動パターンのメタアナリシスによって，人間の愛着行動の出現は一様ではなく，国際間あるいは国内で変動が大きいことも指摘されている（Ijzendoorn & Kroonenberg, 1988）。人間の母子関係には特定の早期に臨界期が存在すると考える産後直後の母子接触効果の研究（Klaus & Kennel, 1976）も，その後盲検法による追試

検証によって否定されており，20世紀末の研究総括（Schaffer, 1998）においては，単純な臨界期説は否定され，愛着形成の多様性がより注目されている。

日本では1980年代に認可保育所における乳児保育（0～3歳未満児保育）が本格化し，乳児保育を受けた子どもの縦断的研究も多く見られるようになった。主に1980年代以降の発達研究148件（うちアメリカ小児保健人間発達研究所NICHDの国家プロジェクトによる追跡研究を含む国外論文106件，国内論文42件）を総括した報告書（網野ら，2002）によると，国外論文の80件（75％）と国内論文の40件（95％）は，発達への効果は良いとも悪いとも言えない結果を示しており，乳児保育の子どもの発達への長期的影響は開始年齢などの単一のファクターでは決定していないという。むしろ，家庭と保育所および地域のケアの質，対人関係などを含む複合的な要因が変動因となっていることから，応答性豊かな保育環境とケアの質の重要性に留意すべきであると総括している。

（3）人間発達とソーシャル・サポート

1990年代以降，日本の児童福祉の領域で要保護対象となっているのは，むしろ家庭で養育を受けている子どもである。全国児童相談所が1990（平成2）年から対応した児童虐待相談件数の推移を見ると，1990年に全国で1,101件であった相談件数が，9年後の1999年に10倍の1万1,631件になり，14年後の2004年に30倍の3万3,408件に増加している。2007（平成19）年度の虐待相談件数は4万639件で，前年度に比べ3,316件（前年度比8.9％）増加している。主な虐待者は一貫して20％以上が「実父」，60％以上が「実母」である。2006年の虐待による子どもの死亡件数は126人であり，2003年の25人から5倍に増加している（厚生労働省，2008b）。2000（平成12）年には児童虐待の防止等に関する法律が制定され，虐待を早期に発見して社会が「親から子どもを保護する」ことが可能になるよう法的な整備がなされた。第二次世界大戦後の「要保護児童」とは，全く異なった「要保護」の考え方であり，21世紀には児童の福祉・保健・保育に係るパラダイムに大きな転換が訪れていることがわかる。同じ平成12年に母子保健の国民運動計画「健やか親子21」が策定され，その目標

として「児童相談所等に報告があった被虐待児数」「虐待による死亡件数」の減少をめざしたが，上記のとおり実態はいずれも増加し続けている。親が子どもを可愛いと思い，世話をして養育したいと思う「養護性」は，成人の男女においてどのように発達しているのか。子どもの発達は親の養護性の変化とどのように関係しているのか。90年代以降の発達研究においては，子どもの発達と親の発達が複合要因と絡み合い，それぞれの相互作用に基づく発達の軌跡として分析されていく。

　2000（平成12）年には「社会福祉法人子どもの虐待防止センター」が首都圏で行った一般人口調査結果を報告して，親が虐待行為に至る過程の社会・心理的構造を分析している。東京都内の満6歳以下の子どもをもつ母親2,400名にランダムに質問紙を郵送する手法で1,538名のサンプルを回収。「泣いても放っておくことがある」「食事を与えないことがある」「頭をたたくことがある」などの17項目行為の頻度をもとに各回答者の虐待得点を測定し，図序-2に示す複合要因が「虐待得点」に関係することを示している。図序-2の右上が子どもに関する要因，左下が現在の家族・夫に関する要因，左上が実家の家族・親世代と関係する要因である。図中「EPDS得点」と示されているのは「エジンバラ産後うつ病自己評価票」の得点であり（第1部参照），子育て中の母親の虐待行為が子どもとの関係のみで変動するのではなく，夫との関係や実家での養育体験などによって変化し，それらが産後うつによって集約される形で虐待傾向と関連していることがわかる。このEPDS得点は出産後の状況を記憶に基づき回答していると思われるが，産後うつの段階で早期に支援があれば，虐待傾向は低くなるという予防的介入の可能性を示している。

　図中「母性意識（-）」と示されているのは，「子どもを育てることが負担」「子どもを生まないほうがよかった」などの6項目の否定的育児意識の得点であるが，この尺度を示した「母性の研究」（大日向，1988）によると，妊娠に肯定的な妊婦群も否定的な妊婦群も，ともに産後「子どもの笑顔を見たとき」には強い肯定的な感情を示すという。母子相互作用の中でも特に社会的微笑が出現する生後3・4カ月までに支援を開始し肯定的育児感情を支えていく仕組

序章 「子育て支援」の新たな職能を学ぶ

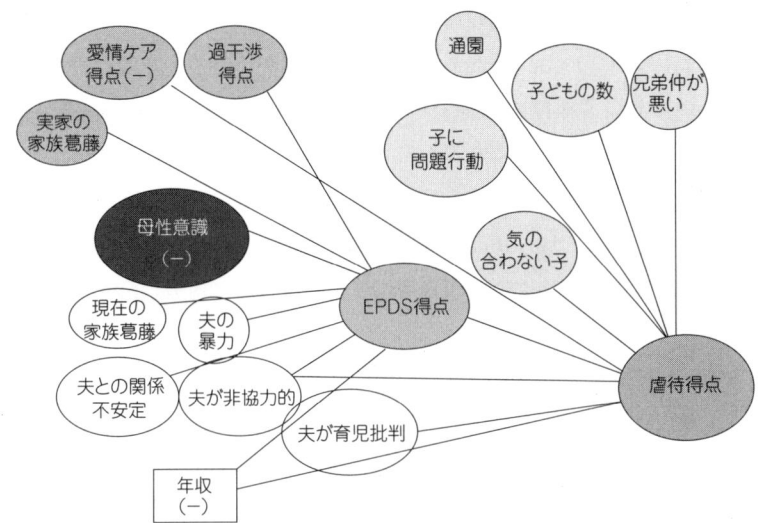

図序-2 一般人口調査において6歳までの子どもをもつ母親の虐待得点と関連のあった要因の構成
（出典） 子どもの虐待防止センター,2000.センター報告書の「虐待得点」「EPDS得点」に関連する要因の重回帰分析の結果より，統計的に有意な関係性を線で示して作図。

みが必要であり，これらの母子保健上の支援が「こんにちは赤ちゃん事業」等のソーシャル・サポートの役割となっている。妊産婦の追跡調査では，妊娠中のソーシャル・サポート状況が産後うつや親としての自信のなさと複合的に関連性をもつという報告もあり（Curtrona & Troutman, 1986），次世代育成のためには妊娠・出産・育児のライフサイクルを支えるソーシャルワーカーとしての専門職養成が必要になっている。

また，図序-2を見ると，通園する子どもがいて子どもの人数が多いほど虐待傾向が強い。年収が少ないほど虐待傾向が強いことも合わせると，育児と生活の苦しさが背景にあると考えられる。子ども側のリスク・ファクターとしては，「兄弟仲が悪い」「問題行動がある」「気が合わない」などの「育てにくさ」が関連している。乳児期から10歳までの子どもの気質的問題行動を追跡した研究（菅原ら，1999）によると，子どもの注意欠如および攻撃的・反抗的な問題傾向（第3部参照）につながると思われるような気質因子は，生後1カ月から

10歳まで一貫性があり，母親の否定的な育児感情「じゃまな」「わずらわしい」の予測因子となっている。子どもの側の問題行動が母親の否定的育児感情から影響を受けるのは5歳段階以降であったと報告されており，親の「育てにくさ」の訴えにこの年齢までに介入して，関わり方の指導をすることが必要であると思われる。実験的に生後6カ月から5歳まで1年に10回程度の継続的介入サポートを実施して，14・15歳まで追跡した研究（Teerikangas, et al., 1998）によると，全体に14・15歳時の精神病理学的問題行動と相関したのは，乳児期の「むずかりやすい」「要求し続ける」と受け止められた子どもの気質であり，家庭環境・健康・社会経済的地位の高低にかかわらず，介入サポートがあったグループではこの相関が低く，予防的効果があったという。ハイリスクの家庭へは，社会経済的支援にあわせて行動的かつ継続的親支援が必要であることがわかる。低出生体重児などの周産期ハイリスク児と精神遅滞や自閉症などの発達の遅れや偏りをもつ子どもは，これらの研究対象の子ども以上に「育てにくさ」をもって生まれている。「授乳困難」「発育不全」「食の偏り」などの親の困惑に早期に介入して指導を実施するとともに（第2部参照），運動や生活のスキルを子どもが身につける過程を継続的に指導していくことが必要であり（第3部参照），子どもの発達と親の「養護性」の発達，親としての自信を，専門職がソーシャルワーカーとして支援していく必要がある。これが「育児支援家庭訪問事業」の役割となっている。

　長時間保育を実施する保育所を含む87認可保育所の，障害児を除く91名の発達を1歳から追跡した研究（安梅ら，2004）によると，認可保育所という保育の質が保証された環境では，1歳児の保育所での保育時間の長さは5年後の発達水準の関連要因として有意ではなく，関連した要因は「育児相談者の有無」であった。親に育児相談者がいない群では，子どもの生活技術（食事・排泄・着脱衣・衛生など基本的生活習慣の自立）の発達リスクが21.4倍，社会適応（大人との対人関係・子ども同士の対人関係）の発達リスクが8.7倍であったという。家庭の養育への早期介入は，保育所児を含む「全ての子育て家庭」に必要な支援であり，今日では，保健・栄養・保育・教育に関わる「子育て支援」専門職

の早期からのソーシャル・サポートの有無が、子どもの発達水準を決定していると言えよう。

参考文献

Ainsworth, M. D. S., Bleher, M. C. Waters, E. & Wall, S., *Patterns of Attachment*, awrence Erlbaum Associates. 1978.

Bowlby J. *Maternal Care and Mental Health*, WHO Monograph Series No.2., 1951., 黒田実郎訳『乳幼児の精神衛生』岩崎学術出版社, 1967.

Bowlby, J., Ainsworth, M, Boston, M., & Rosenbluth, D., The effects of mother-child separation: A follow-up study, *British Journal of Medical Psychology*, 1956, Vol.29, 211-247.

Campos, J. J., Barrett, K. C., Lamb, M. E., Goldsmith, H. L., & Stenberg, C., Socioemotional development. In P. H. Mussen (Ed.) *Handbook of Child Psychology (Fourth Edition)*, Vol.2. Jhon Wiley & Sons. 1983.

Curtrona, C.E & Troutman, B.R., Social support, infant temperament, and parenting self-efficacy: A mediational model of postpartum depression, *Child Development*, 1983, Vol.57, 1507-1518.

Dennis, W., *Children of the Creche*, Meredith Corporation, 1973. 三谷恵一訳『子どもの知的発達と環境——クレーシュの子どもたち』福村出版, 1991.

Kagan, J., & Klein, R. E., Crosscultural perspectives on early development, *American Psychologist*, 1976, Vol.28, 947-961.

Klaus, M. H., & Kennel, J. H., *Maternal-Infant Bonding*, C.V.Mosby Co. 1976. 竹内徹・柏木哲夫訳『母と子のきずな』医学書院, 1979.

Schaffer H. R., *Making Decisions about Children*, Second Edition, Blackwell Publishers Limited. 1998. 無藤隆・佐藤恵理子訳『子どもの養育に心理学がいえること——発達と家族環境』新曜社, 2001.

Teerikangas, O. M., Aronen, E. T., Martin, R. P., & Huttunen, M. O., Effects of Infant Temperament and Early Intervention on the Psychiatric Symptoms of Adolescents, *Journal of the American Academy of Child & Adolesent Psychiatry*, 1998, Vol.37, 1070-1076.

Van Ijzendoorn, M. H., & Kroonenberg, P. M., Cross-cultural Patterns of Attavhment: A Mete-Analysis of Strange Situatiion. *Child Development*, 1988, Vol.59, 147-156.

網野武博(主任研究者)「保育が子どもの発達に及ぼす影響に関する研究」厚生科学研究

平成13年度研究報告書，2002.

安梅勅江・田中裕・酒井初恵・庄司ときえ・宮崎勝宣・渕田英津子・丸山昭子「長時間保育が子どもの発達に及ぼす影響に関する追跡研究――1歳児の5年後の発達に関連する要因に焦点をあてて」『厚生の指標』2004, Vol.51, No.10, 20-26.

大日向雅美『母性の研究』川島書店，1988.

厚生省『昭和34年　厚生白書』1959.

厚生省『昭和36年　厚生白書』1961.

厚生省『昭和38年　厚生白書』1963.

厚生労働省「育児支援家庭訪問事業に関する調査結果の送付について――別添1・別添2」2006.

厚生労働省「平成19年度生後4か月までの全戸訪問事業および育児支援家庭訪問事業都道府県別実施状況」2008a.

厚生労働省「第1次報告から第4次報告までの子ども虐待による死亡事例等の検証結果総括報告」2008b.

社会福祉法人子どもの虐待防止センター「平成11年首都圏一般人口調査」社会福祉法人子どもの虐待防止センター，2000.

菅原ますみ・北村俊則・戸田まり・島悟・佐藤達哉・向井隆代「Externalizingな問題傾向に関する生後11年間の縦断研究から」『発達心理学研究』1999, Vol.10, 32-45.

藤永保・斎賀久敬・春日喬・内田伸子『人間発達と初期環境』有斐閣，1987.

文部科学省「平成19年度特別支援教育体制整備状況調査結果について（通知）」2008.

繁多進・青柳肇・田島信元・矢澤圭介編著『社会性の発達心理学』福村出版，1991.

（山下由紀恵）

序章 「子育て支援」の新たな職能を学ぶ

コラム　新たな子育て支援の現場　「こんにちは赤ちゃん」事業

　島根県浜田市は、少子高齢化の進む中国地方の、日本海に面した典型的な「地方」市である。平成19年度の人口は6万1千人弱、出生数は437人。昭和50年代の出生数は900人を超えていたが、人口流出と少子化により半減している。

　平成20年8月26日、浜田市役所の子育て支援課を訪問し、「こんにちは赤ちゃん」事業に同行させていただいた。事業の案内は、母子健康手帳の交付や出生届の際に保護者（たいていの場合は父親）に伝えられている。保護者は「出生連絡カード」を市役所に提出し、事前に電話連絡をうけて生後4カ月までの家庭訪問を待っている。この日は、山本麻里保健師とともに市役所の軽乗用車で、市内の1カ月前に男児を出産されたお宅を訪ねた。体重計と資料を抱えた保健師さんは、「こんにちはお元気ですか」と声をかけながら玄関のドアを開け、お母さんに迎えられた。訪問先は1カ月平均30数戸、里帰り出産後に浜田市を離れた母子をのぞいてほぼ全戸に相当する。現在は市役所の保健師と委嘱を受けた助産師でこれを分担しているという。

　浜田市でも、他に1カ月と1歳までの医療機関で受診できる個別健診（公費負担）があり、5カ月頃の乳児健診と、1歳半健診・3歳児健診の集団健診の機会があるが、このような一般的な健康診査と家庭訪問はどこが違うのだろう。山本保健師は、赤ちゃんの顔をのぞき込んで挨拶をした後、お母さんに最近の体調を聞くことから始められた。「授乳のこと」「沐浴のこと」「寝付きのこと」、どのような生活リズムでどのような子育て状況か、日常の様子をお話になるお母さんと一緒に、冗談をまじえながら出産前後のこと、最近のことをふりかえっていく。訪問時間はたいてい15分から1時間ということだが、話し始めて5分から10分経つ頃には、何でも聞いてもらえる、保健師さんからアドバイスがもらえる、という安心感が漂う。身体測定をしながら裸の赤ちゃんを囲んで、子どもの健康についての質問、小児科のこと、自分の体調のことなど、この際聞きたいことをお母さんが聞き、これからの健診のこと、この家庭の地区の身近な子育て支援の場所などなど、資料を渡しながら保健師さんが応えていく。赤ちゃんをあやしてもらいながらお母さんも笑顔になっていった。帰り道、「こうして訪問すると、健診の時に知り合いに出会う気持ちで親子を迎えられるのですよ」と山本保健師は語った。子どもとお母さんと家庭のことを、地域の誰かが温かく見守っていること、その人のつながりが保護者に伝わっていく家庭訪問であった。

（山下由紀恵）

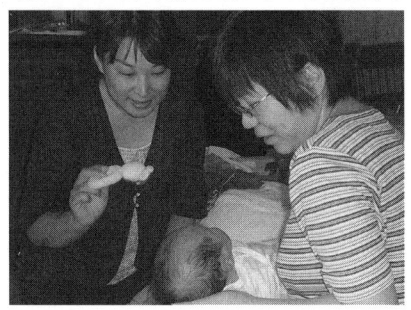

写真1　赤ちゃんを囲むお母さん（右）と保健師さん（左）

第1部

産後のうつをケアする・虐待を予防する

第1章
周産期からの母親への援助

1 現代の育児の問題点

　現代の育児の場について，渡辺久子は著書『母子臨床と世代間伝達』(2000)の中で，子と親が向き合うことに関して，以下のような特徴をあげている。

> ・少子化時代の貴重な子どもが親の葛藤や願望の対象となりやすい。密室化した育児の場で親の依存対象となりうる可能性もある。
> ・親が独身気分のまま結婚し，知識不足のまま育児をし，子どもに不安定な感情を向けたり親の葛藤をもろに浴びせる等，家族機能の低下がみられる。
> ・失敗をおそれて緊張するあまり喜びの少ない育児をしている親がいる。
> ・子どもじみた夫婦喧嘩，幼児的な子どもの叱り方等，家族内に葛藤的な集団力動が働いており，夫婦間や世代間の境界が不明瞭である。

　育児に先立つ妊娠・出産において，親となる人はカップルの関係の変化を経験し，親になるという困難な作業に直面しなくてはならないが，その困難さは世間で宣伝されているバラ色のお産のイメージとはかけ離れており，その違いに苦しむ親もいる。

母親は，妊娠中から赤ん坊のこと，親子関係のことを想像する中で，自分の母親や子どもの自分としての赤ん坊を想起していると言われる。自分がどのように愛されたか，という過去の経験が出産・育児において困難にぶつかった時の底力やもろさにつながる。渡辺によれば，過去に幸せな心の触れ合いの経験が乏しい女性には妊娠・出産はアンビバレントな気持ちの再燃となりやすく，幼児期・思春期の欲求の充足や挫折，どのように親に依存したか等の経験が妊娠への適応にも影響する。

妊娠中から母親は複雑な心理状況に置かれており，社会的要因と相まって出産を終了した後に援助を必要とする状況がみられることがある。しかし，保険診療でない大部分の分娩においては医療機関での入院期間は初産婦で5日間，経産婦で4日間くらいであり，分娩時からの関わりでは支援の準備には時間が足りないとも言える。そこで，家族背景や生育歴，妊婦健診受診時の様子などについて，外来受診時からの情報収集が重要となる。

2 周産期からの「気になる親」とはどんな親か

(1) 児童虐待のリスク因子

児童虐待に対する予防をも念頭においた支援を要する親や家庭は，どのような点に注意すると見つけられるだろうか。従来，リスク因子は虐待調査のうちから検討されてきた。1997（平成9）年の全国児童相談所所長会議の虐待調査であげられたものの一部を以下に示す。

- 乳幼児が4割を占める。
- 当時，一般世帯のひとり親家庭の率が9％であり，虐待のみられた世帯のひとり親家庭の率が約40％であった。
- 多子家庭
- 虐待者は実母が約50％を占める。
- 虐待者の心身の状況として何らかの問題のあるものが8割を占める。性格の偏り

第1部 産後のうつをケアする・虐待を予防する

が40%，アルコール依存，神経症，精神病，人格障害，知的障害及びその疑いが各々約10%前後を占める。人格障害は繰り返される重度な虐待の虐待者に多くみられる。病識が乏しく治療者と安定した治療関係を結ぶことができないことが多く，当人が被虐待歴をもつことが多い。
- 虐待者の虐待についての考え方として「虐待は認める」ものが35%である。
- 虐待者の生育歴では「不明」を除くと「特になし」が30%，「ひとり親家庭」が24%，「被虐待経験」が23%である。「被虐待経験」がある場合，性的虐待を除いて虐待者の体験を同じような形で再現している率が高い。
- 虐待につながると思われる被虐待児の状況として未熟児出生は減少傾向。
- 虐待につながると思われる家庭の状況としては，経済的困難，近隣からの孤立，夫婦間不和，ひとり親家庭がみられる。心理的虐待では「育児に嫌悪感，拒否感情」も多い。
- 被虐待児の心身の状況として，7割に何らかの心的外傷を思わせる症状がみられる。「不安，おびえ」「非社会的行動」「発達の遅れ」等。

　上記項目については，2007年厚生労働省社会保障審議会児童部会「子ども虐待による死亡事例等の検証結果等について」第3次報告においても共通する事項は多い。

- 0歳児の割合は4割の水準であり，3歳児以上の割合が増加している。
- 3歳児未満では約4分の1のケースでネグレクトが存在している。
- 望まない妊娠は低年齢児の死亡リスクの大きな要因である。
- 妊娠期に母子手帳未発行，望まない／計画していない妊娠，妊婦健診未受診等，母親が葛藤を有していた可能性が2割ある。
- 3歳児健診未受診の割合が3分の1強である。
- 実親がそろっている事例は約5割にとどまる。
- 経済的困難の家庭の割合が4割と高い。地域社会との接触が乏しい事例が約7割を占める。

・実母の育児不安又はうつ状態が約4割の事例に存在している。

　以上のことから，虐待が起きるリスクのある家庭がもつ要素というものが見えてこよう。しかし，同じような虐待のリスク因子をもっていても，虐待が発生したり，しなかったりすることがある。たとえば虐待の世代間伝達が見られるが，その頻度は3割で，残り7割は世代間伝達を断ち切ることができると言われている。つまり虐待は，リスク因子とこれを防ぐ補償因子間のバランスの崩れで起こると考えられるのである。補償因子を増やし，リスク因子を減らすことで虐待の危険性を減らしていくことが可能であると考えられる。親側の補償因子として報告されているものの一部を以下に示しておこう。

・協力的な配偶者や親族
・子育ての中で見出した喜びとゆとり
・保健師を中心とし，小児科医や保育士など早期に関わる支援者の存在
・理解ある地域や職場，学校などの社会支援
・ペアレントトレーニング

（2）子どものレジリエンス

　子どものレジリエンス（回復する力）は重要な因子である。レジリエンスのある子どもの特徴として，肯定的な未来指向性，感情の調整ができること，興味・関心の多様性があること，忍耐力があること，安定した愛着パターンが見られること等があげられる。ただし，生育環境のストレスが高すぎるとレジリエンスのある子どもでも回復は困難となるので，リスク因子の軽減は必要である。このような子どもの能力を伸ばせるような，あるいは補強できるような子どもの補償因子として以下のような因子が報告されている。

・複数の親族との関わり

第1部　産後のうつをケアする・虐待を予防する

・学校や地域の特定の大人との間での人間関係の成立
・集団における欠かせない役割意識
・特性に配慮した教育支援
・併存症状への適切な医療介入等

（3）支援の具体的目標

　支援の具体的目標としては，上述したリスク因子をもち，補償因子の少ない家庭に対しては社会資源の活用によってリスク因子を減らすことで，補償因子を増やすこととなる。以上をふまえて周産期でみられるリスク因子により要支援家族を同定していくこととなる。周産期にみられるリスク徴候として従来から指摘されているものに以下のようなものがあげられる。

・10代の妊娠，未入籍
　　未熟な性格の場合，自制が効かず身勝手な親による虐待へとつながることがある。
・夫婦間不和，妊娠前後の離婚
・子連れの再婚家庭
・経済的困難
・援助者不在
・転居を繰り返す閉鎖的な家庭
・受容できない妊娠
・虐待歴，被虐待歴
　　虐待を生き延びた場合，境遇が同じような配偶者を選ぶこともあり，かつて自分が育ったのと似た環境をつくることがある。虐待に及んだ場合，あっさり親権放棄をすることがある一方，支援により親自体が成長することがある。
・元来性格が攻撃的，衝動的
・子どもへの拒否的行動，無関心，荒っぽい育児

第1章　周産期からの母親への援助

　　　拒否的な感情による虐待，罪悪感と葛藤を抱えた育児では虐待がエスカレートすることがある。
・精神疾患，生育歴に問題
・未受診しがち
・待ち時間に我慢できない
・異常妊娠，異常分娩
・体重の急激な増減
　　　摂食障害の症状の場合，家族間の葛藤が存在することがある。
・放置された慢性疾患
　　　被虐待歴や精神疾患の可能性や自身にかまう余裕のない状況を示唆することがある。

（4）要支援家庭についての情報収集

　要支援家庭をみる率の高い医療機関ではスクリーニングのためのチェックリスト等を作成するところもあるが，医療機関の規模によってはそこまでは行わない所も多いだろう。もともと産科外来で使っている看護記録や問診票から以上のようなリスク因子を把握することができる。ある大学病院の外来では妊娠中期までに以下の情報を収集しているところもある。

・生活背景
・妊娠前の月経歴，既往妊娠，分娩歴
　　　流産，死産，乳児死亡による悲嘆に対し喪の仕事がなされぬと夫婦関係が障害されたり，次子誕生時に愛着障害が起きるかもしれない。
・既往歴　慢性疾患や精神疾患の有無
・家族歴
・栄養，嗜好について　摂食行動，喫煙，飲酒歴
・排泄について

第1部　産後のうつをケアする・虐待を予防する

- 運動，休息について　睡眠，疲労，精神状態のヒントになることあり
- 今回の妊娠は希望したものか
- 妊娠についてどう感じているか
- ストレス感，その内容と程度
- 夫，家族の協力，出産後，手伝ってくれる人の有無
- 身近な相談相手の有無

　ハイリスク家庭の抽出を意図したものではないが，必要な情報はおおかた収集でき，記載内容について面接で内容の確認もしている。外来を受診するすべての妊婦に一律に行い，多くの場合ありのままが記載される。最近はバースプランも聞き取っており，現実的でない要望等を修正するきっかけともなっている。

3　「気になる親」との関わり

(1) 受診時からの留意点
　外来受診時の言動や待ち時間での言動が手がかりになることがあるので，気になるものは診療記録に残すべきである。リスクを把握した上で，必要な場合には妊娠中から保健機関や福祉事務所に連絡をとり，本人・家族の同意のもとで面接を計画する。生育歴や精神症状等から母親学級・両親学級になじめない場合，個別での関わりを多く要することもあるかもしれない。助産院などで人的資源があり手厚いケアが可能なところでは，多少抑うつ傾向がみられる，あるいは不安の強い親の支援にも適していることがある。また，保健師と助産師が産前家庭訪問をする，保健師との面接に助産師が付き添う，育児サロンなどで親の孤立化を防ぐ等の支援を行っている例もある。
　出産は心身ともに緊張度の高い経験であり，分娩時の言動や児への態度からリスクがわかることがある。リスクのある母親にとってはとりわけ不安，恐怖，孤独感が強い可能性があり，医療者は母親を安心させ分娩に集中できるように

することを心がけ，ねぎらいの言葉や祝福の気持ちを伝える配慮が必要である。夫あるいは援助者の立ち会いがストレスを緩和することがある。時に虐待の既往を疑わせる言動を分娩中に見ることがあるかもしれない。陣痛のつらさ等に圧倒され退行や解離症状に近い言動があれば母親に声をかけて現実に引き戻し，ある程度状況がコントロールできることを伝えるべきである。出生後早期からの母児接触が愛着形成にどれほどのインパクトがあるのかについては最近は様々な意見があるようである。母親によっては負担が重すぎることもあることに留意すべきである。

　産褥期には児の受け入れの様子の観察，家族の援助準備の評価，個別的な指導を行う。児の性別や授乳が被虐待体験を思い出すきっかけとなることがある。必要に応じソーシャルワーカー，保健機関，福祉事務所と連携をする。母乳哺育の指導には注意を要する。虐待に至った母親の中には母乳に執着し，その結果，母乳哺育が望み通りにいかなかった時にこれが失敗体験となって育児に対する自信喪失に陥り虐待につながったケースもある。母乳哺育はかなりの忍耐，根気を要するケースが多い。リスクを抱える母親にはストレスの高まらない授乳方法が選択できるように支援する必要がある。

　退院後母親のストレスが高まった時，子どもへの対応方法に困った時，支援スタッフに援助を求められるようなサポート体制の充実が必要である。退院早期の段階での電話や乳房外来の活用，育児グループ・保健機関の母親グループ・育児相談の情報提供，家庭訪問等があげられる。退院早期に分娩担当者が電話をすることで不安やストレスがかなり軽減される。乳房外来では来院時の主訴と実際に訴えたいことが違うことがあるので主訴に対する対応のみでは不十分なことがある。家庭訪問の場で母児の様子を観察し，育児技術指導等を行うことは若年の母親や援助者の少ない母親の児童虐待予防には有効であるとする報告が多い。個人医院などの小規模な分娩施設での出産は親にとってはアットホームな環境の中で過ごせる利点があげられるが，必要時に保健機関等と連携する経験に乏しいこともあり得る。保健機関の立場としてはリスク因子をもつ家庭であれば早期に家庭訪問をする候補となり得るだろう。産褥うつ病のス

クリーニングを行う地域や医療機関も増えてきている。

（2）他機関との連携

　関係機関への連絡の具体的な方法として保健所，保健センターへ連絡する時には退院連絡票や未熟児連絡票を使う。退院時連絡票は出産，退院後も継続した支援を行う必要がある産婦の情報について，同意を得て作成・提出し新生児訪問などの支援につなげる。未熟児連絡票は低出生体重児等，NICU（新生児集中治療室）退院後も継続した支援を要する母子の情報を，同意を得て作成・提出し未熟児訪問指導などの支援につなげる。

　地域の周産期センター等で連携している保健所などが比較的限定されている場合，連携後の結果につき定期的なミーティングをもつことでフィードバックを受けることによりアセスメント能力を高めていくことが期待できる。複数の部署，機関での支援に際してはネットワークミーティングで問題点の整理，役割分担の確認，援助の優先順位を決めることが有用である。他の関係機関としては，虐待や児童相談の困難な事例に緊急でも対応し得る児童相談所，地域における子どもと家庭の支援をする中心機関である子ども家庭支援センター，地域の福祉窓口であり保育所や助産施設，母子支援施設入所等を取り扱う福祉事務所，民生委員，児童委員等がある。

　以下に，他機関との連携を含めた支援例をあげてみる。

・たとえば，飛び込み出産をした母親がおり，既往分娩を尋ねると児を施設に入所させており，次の児を墜落産で亡くしている。入院するまでは妊娠を隠して友人宅に滞在していたが，退院後帰るところがない，分娩後児への愛着行動が見られないとする。このような時には緊急で支援が必要であり児童相談所，福祉事務所との連携が必要である。

・援助に拒否的な人格障害と診断されているストレス耐性の低い母親がおり，児の発達に見合わぬ過剰な期待や現実的でない育児法への希望があるとする。このような場合には妊娠中からなるべく同意を得て地域の保健機関との連携に努める。

母親が家族との間で葛藤があり援助者が少なければ保育サービスの導入が育児負担の軽減となるかもしれず，地域としては見守りも兼ねることができる。連絡の同意の得難い家庭で育児の困難度が高い場合もある。この場合には，たとえ同意が無くとも，守秘義務をもつ要保護児童対策地域協議会などの地域ネットワークに対して連絡すべき例もあるとの報告がある。虐待の早期発見や予防をも視野に入れた児童虐待保護法には「虐待の通告義務は守秘義務に優先する」ことが明記されている。

・分娩後の授乳指導で母乳の出にくい妻をののしる夫がいるとする。妻は夫が不在の時にも母乳分泌量を電話で夫に報告している。配偶者間暴力が疑われるのではないだろうか，と評価した上で保健機関等と連携し新生児訪問としての家庭訪問について相談する。配偶者間暴力の目撃が児童虐待にあたり，目撃にとどまらない児童虐待のリスク因子である。臼井真由美ら（2006）は症例報告の中で周産期においての配偶者間暴力発見のポイントとして，初診時期が遅い，子宮収縮がよく分からない，抑うつ状態，判断力の低下，心的外傷後ストレス症候群様症状，度を超した被害者への所有観念等をあげている。

・地域で見守っているネグレクトの既往のある家庭の子どもが成長し若年で結婚し妊娠，夫は無職で母親の実家の援助に頼っているとする。経済的困難のある状況下で子どもを十分に世話することの優先順位が不明瞭であれば保健機関等と連携し家庭訪問を含めた注意深い見守りが必要である。

　育児困難の早期からの予防をめざす支援により児童虐待から子どもを守るために支援を要する家庭を見つける手助けとなる事項や支援の概略，留意点について主に分娩を取り扱う医療機関の視点から述べた。実際の支援においては，事態はすぐに改善せず，思わぬ展開や困難が待ち受けていることを覚悟することが必要であり，支援体制を維持するためにも各々が要支援家庭への対応を適切に役割分担しながら行っていくことが求められる。

第1部　産後のうつをケアする・虐待を予防する

参考文献

渡辺久子『母子臨床と世代間伝達』金剛出版，2000．
全児相『通巻62号別冊　全国児童相談所における家庭内虐待調査結果報告』東京都児童相談センター全国児童相談所所長会発行，1997．
厚生労働省社会保障審議会児童部会児童虐待等要保護事例の検証に関する専門委員会「子ども虐待による死亡事例等の検証結果等について　第3次報告」2007．
坂井聖二「周産期の母親への援助──子どもの虐待を予防するために」『CAテキストブック　No.9』社会福祉法人子どもの虐待防止センター．
ルース・S．ケンプ他編『虐待された子ども』明石書店，2003．
山崎嘉久「子育て支援に視点をおいた医療機関から保健機関への連絡方法に関する検討」『周産期医学』36：8，2006．
臼井真由美・斉藤正博・竹田省「夫から妻へのDomestic Violence」『周産期医学』36：8，2006．

　　　　　　　　　　　　　　　　　　　　　　　　　　　　　　（荷見よう子）

第2章
周産期からの育児混乱・虐待予防

はじめに

　厚生労働省の統計によると虐待は毎年増加し，2005年度処理件数は3万4,451件であり，20％が3歳未満だった。死亡事例（2000年11月～2004年12月）は185例であり，そのうち1歳未満は72例（39％），3カ月未満は40例（22％）であった。日本では乳児の突然死や事故死亡例の中に被虐待死亡例が相当数含まれていると推測される。また突然死，事故死を虐待死と間違われ苦しんでいる父母も多いと思われる。乳児の虐待は発見された時はすでに死亡，または身体的，精神的に重篤な後遺症を残す危険性がある。虐待ほどではない混乱のマイクロトラウマも累積されると同様に重篤な精神的後遺症の危険性がある。虐待，育児混乱はどうしても妊娠中から予防をしなくてはいけない。

1　周産期・乳幼児期における母の子育て混乱

　表象についてであるが，人間は出生当日から，毎日色々な経験をして物語を作り，その物語を心のカメラで写真に撮り，心の中にしまい込む。その物語写真が表象である。
　人はある出来事に遭遇すると，その出来事に関連ある表象が浮上し，その感覚で行動をとる。母は子どもを前にすると，その時の気分に応じた自分の子ど

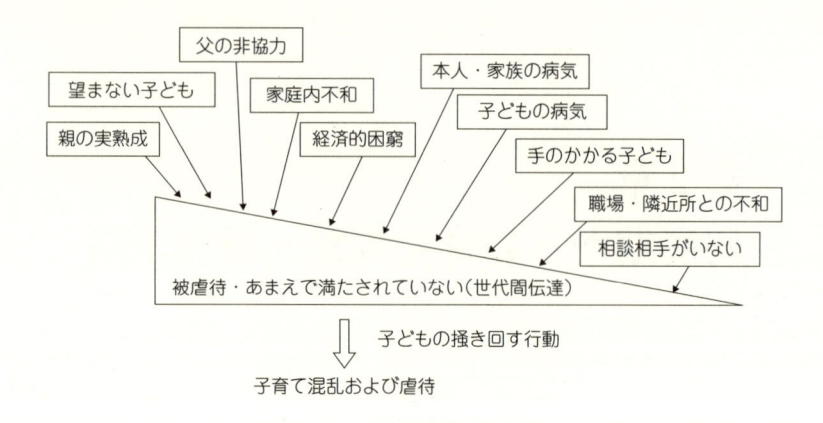

第1部　産後のうつをケアする・虐待を予防する

```
      父の非協力
              本人・家族の病気
  望まない子ども   家庭内不和    子どもの病気
   親の実熟成     経済的困窮   手のかかる子ども
                              職場・隣近所との不和
                              相談相手がいない
   ＼  ＼  ↓   ↓    ↓    ↓   ／   ／
   被虐待・あまえで満たされていない（世代間伝達）
              ⇩        子どもの掻き回す行動
          子育て混乱および虐待
```

図2-1　子育て混乱親子の背景

も時代の表象が浮上し，その感覚で行動する。乳幼児期にあまえ子育てをされていない，または虐待を受けた母は，そのトラウマが未だに癒されていないと，胎児・赤ちゃんに向き合い，不安，混乱が起こった時，混乱した自分の乳幼児表象（あまえを拒否された物語写真，被虐待物語写真）が浮かび上がり，胎児・赤ちゃんの受容方法が分からなく，混乱を起こす。時にはイライラし，胎児を拒否したり，赤ちゃんに対して虐待したりすることもある。いわゆる世代間伝達である。なお子育てに有効なあまえを「信頼する人物に，全身の感覚器官を使って接近してゆく行動」と定義づけた。

　子育て混乱をまとめると，図2-1のようになる。(1)乳幼児期，またはそれ以後でも，被虐待，あまえで満たされていない等，関係性障害（心のすれ違い）の中で育てられ，そのトラウマ表象が未だに癒されないままで親になっている。トラウマ表象は大きいほど子育て混乱はひどくなる。(2)現在何か混乱を抱え，心に傷を受け，トラウマ表象が作られている。周産期の母は全員，出産に対していろいろな不安を抱えている。現在の混乱，乳幼児期，学童期のトラウマ表象が複雑に絡み合って，出産後子育て混乱・虐待になる。

2 虐待予防チェックリストの作成

　以上を考慮して周産期からの虐待予防のチェックリストを作成し，試行した。表2-1は妊娠届アンケートマニュアルで，アンケートの項目・内容から現在のトラブルと子ども時代のトラウマ表象を探っている。

（1）チェックリスト使用方法
　2003年4月～2008年3月，高知県四万十市（年間出生数：約300人）と南国市（年間出生数：約450人）で試行した。
(1)　妊娠届け提出時に保健師が雑談をしながら，母親に記入してもらった。
(2)　妊娠届け提出時，最初の声かけは『妊娠おめでとうございます』に統一している。声掛けをした時，返事のみではなく，表情，仕草等をそれとなく観察する。『ありがとうございます』と笑顔で返事が返ってくれば安心だが，返事がない人，顔が暗くなる人，アンケート記入を拒否する人には注意をし，保健師がそれとなく聞き取り調査をする。
(3)　受付で気になる点があった人，アンケート内容にリスク要因が見つかった人に関して，母子担当保健師全員で検討会をする。
(4)　リスク妊婦に対して，妊娠中から病産院と連絡を取り，出産前後に電話訪問，家庭訪問をする。分娩前後に一番重点を置き，病産院を訪問する。
なお高知近辺では，リスク妊婦について保健師と「児童家庭支援センター・みその」のスタッフが話し合い，保健師とスタッフが共同で支援をしている。

（2）チェックリストによる調査結果
　2003年4月～2008年10月，四万十市での調査妊婦1,568名中，リスク事例は196例（13%）だった。その内訳は表2-2のようであった（1人2項目ある場合は2件と計算した）。

第1部　産後のうつをケアする・虐待を予防する

表2-1　妊娠届アンケートマニュアル（高知県健康福祉部健康づくり課）

アンケート項目	意味付け	備考
A. 今回の妊娠でどのようなことを言われましたか ・重度のつわり　・流産／早産のおそれ　・貧血 ・妊娠高血圧症候群（妊娠中毒症）・体重増加 ・現在治療中の病気　・その他	・妊娠高血圧症候群や妊産褥の糖尿病、貧血、産科出血、心疾患などの合併症は、妊産婦死亡や周産期死亡の原因となるほかが、未熟児や心身障害の発生原因となる場合がある。 ・温かい支えがないと、気分が昂揚したり、落ち込んだり、涙もろくなったり、と気分の変動が著しいことが多く、うつ状態になりやすい。	・温かい支えがないと、産後うつ病の危険性がある。 ・摂食障害等の再発の危険性が高い。
B. 過去の妊娠・出産の状況についてお尋ねします ・過去が初めての妊娠 ・妊娠・出産ともに異常なかった ・子どもの体重が2,000g未満 ・切迫流産　・早産・妊娠高血圧症候群（妊娠中毒症）・死産 ・Rh不適合　・不妊治療　・帝王切開　・その他	・過去の妊娠・出産状況から、母の身心体面・精神面のリスク、児がどのような状況で生まれてくるのか推測できる。 ・妊娠経過にも影響が出ることが推測できる。	・過去の経過が今の不安に直結することがある。 ・過去に未熟児・早産の経過過があった場合は、今回もうつのリスクが高い。 ・未熟児：脳性麻痺になりやすいなど、不妊治療の末の妊娠は、特に治療期間が長い場合、産への大きな期待と現実にギャップに戸惑いを感じることがある。（体外受精数術を行っている場合など、特に自責の念が強くなりうることがあるのでデリケートな部分なので聞き取る方には十分に注意する。※デリケートな部分なので本人の意思を確認する。
C. 嗜好品（たばこ・アルコール） □たばこ　→　・吸わない　・吸う　・やめた □アルコール　→　・飲まない　・飲む　・やめた	・喫煙は、早産、流産、胎児の発育異常の危険性を高めることが明らかになっている。 ・胎児性アルコール症候群：妊娠中にお酒を飲むことによって、お腹の中の赤ちゃんにアルコールの影響（害）が及び、その結果生まれてくる子供に見られる発達障害や行動障害、学習障害などの障害のこと。 ・やめられないのは、胎児虐待とも言える。 ・出産後の児への関わり方にも影響が出ていると考えられる。（子育て中、赤ちゃんの気持ちを何とくみ取りながら進めている方であるが、赤ちゃんに合わせた関わりを持つものであるが、赤ちゃんの気持ちを汲み取ることのできない母となるのそれがある。	・喫煙・早産や未熟児出生の可能性がある。 ・胎児性アルコール症候群：特異な顔貌、知的障害の場合もある。 ・やめる予定などの今後の変動性について本人の意思を確認する。
D. 出産前後に里帰りを予定していますか ・いいえ　・はい	・ドゥーラ効果（出産前後）支援してくれる人の精神的支えにつながるか）の有無をみる。 ・誰かに頼ることで心の安定につながるか、出産をささえてくれる人がいるかどうか。	・いいえであっても、相談にのってくれる人や手助けしてくれる人がいる時には問題にはならないこともある。 ・里帰りをする場合も、実父母との関係が悪い場合などは、帰ってもらうことではいえないので場合もあるので注意して捉える。（相談相手、子どもの項目と関連づけて捉える。
E. 今回の妊娠についてどう思いますか 1. うれしい　2. ややうれしい　3. どちらとも 4. ややうれしくない　5. うれしくない	・望んだ妊娠かどうかを速回に聞いている。 ・自身が歓迎されての妊娠か。 ・祝福された妊娠か。 ・出産後の育児不安、育児拒否、虐待を予測できる。	・3以降にチェックが入った現在にかに妊娠してどうか思ったかが、具体的に妊娠してどどう関連することもある。 ・妊娠がわかってから現在までの変容をみる。「おかあさん、何か心配なことがあるんじゃない？」 「予想外で驚いたり困った。何とも思わなかった等を聞いて、子どもへ今後肯定的な気持ちが芽生えていけばよい。「望まない妊娠」でも、徐々に愛情的な愛着が芽生えていれば良いが。

第2章　周産期からの育児混乱・虐待予防

項目	判断	注意点
F. いつに涙もろくなったり、何もする気がしなくなったりすることはありませんか。 1. ある　2. 時々ある　3. 以前あった　4. なし	・妊娠中からのうつ状態であるか。 ・虐待のリスク要因となる。	家族基盤の脆弱性や周囲の環境が不十分だと要注意。記入のない母についてはハイリスクの可能性が高い。 妊婦が表出した戸惑いや不安な気持ちを受容し、気持ちに寄り添いながら妊娠出産を継続できるよう支援し、産後のうつ病を予防する。
G. 最近、身近な人を亡くされた経験はありませんか。 ・ない　・ある（どなたですか）	・大切な人をなくした悲しみを乗り越えているか。	・子どもに対する期待（生まれ変わり等） 「赤ちゃんが亡くなのでは……」と異常な心配をする。 大切な人の死亡の悲しみから他の混乱を引き起こすとして、うつ状態となる可能性がある。
H. あなたが悩んでいるときに相談にのってくれる人や機関はいますか ・夫　・実父母　・義父母　・兄弟姉妹 ・友人　・近所の人　・産科の病院　・保健師 ・保育園、幼稚園　・電話相談　・インターネット ・その他 ・誰もいない	・悩んでいるときに相談できる人、機関の有無を知ることにより、支えられた環境の中で子育てができるか推測できる。 ・誰もいないと答えた場合は、孤独の中での育児になりがちなため、夫のチェックを察する。	・子どもに対する異常な期待、どう対応しているか、お母さんが悩んでいる状況を捉えその後の支援の方向性を見極める。 ・相談できない理由を確認している人がいない場合でも「マニュアルではなく、嘘をつかず危険があられることがあるため、インターネットはいろいろな情報であるため、機械ではなく相手とすることに対人関係が苦手（病的なこととも含む）な場合があるので注意してみていく。
I. 家事、育児などに対する夫の協力 1. 十分ある　2. 時々ある　3. あまりない 4. 全くなし　5. 夫不在	・今の協力体制による母の満足感を見る。 ・母が安心して育児ができているか、安定した環境と夫婦の協力があるかどうか、家族の支援・協力を実感している場合は、母の安心感が確保される。 ・不安を抱えた婚姻関係や家族構成は、リスクが高い。	変則的な家庭、血縁のない者との同居、連れ子や核家族に居するほど、複雑な関係に注意する。 ナーシー、夫への信頼感は、夫がいかに妻にかかわっているかである。 「赤ちゃんのお父さんはやさしいですか」など聞いて、日常のコミュニケーションの有無や関係を探ってみる。
J. 夫とお腹の赤ちゃんのことを話し合いますか 1. よく話し合う　2. 時々話し合う 3. あまり話さない　4. 全く話さない	・夫とのよい関係を見る。 ・胎児を受け入れているか。 ・出産後の赤ちゃんに対する虐待を予知できる。	・チェックしない場合、リスクが高いと考えられる。 ・「4チェックが入った場合は「赤ちゃんのお父さんは忙しいの？」のように「話すつもりはあるけど、忙しいね？」とにかく切り口で話し上げてないかどうかを聞いていく。 ・夫「赤ちゃんをかわいくない」と言葉を聞く。
K. 現在、子どもさんがいる方へ 上の子どもさんについてどうですか 1. かわいい　2. 時々うるさくなる 3. かわいくない 夫と上の子どものことを 1. よく話し合う　2. 時々話し合う 3. あまり話さない　4. 全く話さない	・上の子ども自身の問題もあるが不適切な関わりから、行動面の問題が予測されることもある。 ・連れ子で再婚した場合、上の子を排除しようとする場合がある。	・上の子同居、再婚により、相手の連れ子と生活している場合、子どもの育てにくさ、親自身の問題がないかどうか探る。 ・否定的な内容（困っている・育てにくい）にも話を聞いていく。 ・上の設問で3（かわいくない）にチェックが入った場合、本設問で3. 4チェックが入っている場合は注意する。
L. 生まれた後、育児を楽しめると思いますか	・温かい赤ちゃん表象を持っているか	・3.4のお母さんはトラウマ表象を持っている可能性がある。

35

第1部　産後のうつをケアする・虐待を予防する

	どちらとも言えない	注意
1. 思う　2. やや思う　3. どちらとも言えない　4. 思わない		
M. 産後、気楽に手助けしてくれる人がいますか。　1. いない　2. いる（どなたですか）	・実際に手助けしてくれる人の有無、母のバックアップ体制があるかを知る。育児体制上のキーパーソンの有無を関係する。	・いない場合：実家が遠方なのか等関いていく。また、里帰り出産の時のおばあちゃんとの関係（役割）をもてる人の存在を捉え、いなければそのようなシステムを作っていけるかどうか。（母子保健推進員・地域支援者・PHNなど）
N. 今心配なことはありますか。　・なし　・あり　1. 経済的なこと　2. 出産に関すること　3. お腹の子のこと　4. 上の子の育児　5. 夫との関係　6. あなたの父母のこと　7. 夫の父母のこと　8. 隣近所、親戚との付き合い方　9. 自分自身の身体面について　10. 自分自身の精神面について　11. 仕事のこと　12. その他	・妊娠中は些細なことでも心配になったりするものである。その気持ちを受け止め、SOSの信号を見逃さないようにする。母親が何でも安心して話せるようにする。出産後の赤ちゃんに対する虐待を予知できる。	・心配な項目について具体的に確認し、必要な情報の提供や指導を行う。・母の感じている不安な気持ちを受け止め、一緒に問題解決に取り組めることを伝える。・すぐに解決できない問題を抱えている場合は、あせらずまず母親の気持ちを受け止め、内容により他機関との連絡をとり支援していく必要がある場合もある。・経済的な不安等、内容により他機関との連絡をとり支援していく必要がある場合もある。
O. よろしければ、あなた自身の子どもの頃についてもお聞かせください。あなたは「甘えん坊」でしたか。　1. そう思う　2. はい、甘えていた方ではないか　3. 甘えている方ではなかった	・あまえ表象をもっているか。子育てに混乱し、虐待になる危険性を予知できる。	・あまえは世代間伝達される。あまえた経験のない人は、あまえ容認が難しい。・幼児期からきたえられた高学歴者にはほぼ言える。
P. 子どもの頃。　1. 楽しかった　2. 楽しくなかった　3. 忘れた　4. 思い出したくない　5. 兄弟姉妹と一緒によく遊んだ　6. 子どもとよくした　7. 友達とよくした　8. ままごと遊びをよくした　9. 人形遊びをよくした　10. その他	・被虐待体験の有無を見ている。幼少時代に心に傷を受けていないかどうか、子ども時代の表象世界を探る。	・過去を引きずっている気持ちがあるか見極める。（非常にデリケートな質問なので注意する。現状については情報として捉える）・育児をしながら、自分の育てられ方に気づくことがあり、辛い気分を味わう場合がある。今後のかかわりを検討。・世代間伝達をキャッチし、他機関との連携をとる。・父母の表象世界を探ることが非常に大切である。
Q. あなたの父母。　1. 甘えを受け入れてくれた　2. よく遊んでくれた　3. やさしかった　4. これかった　5. きびしかった　6. 仕事が忙しくてあまり一緒に遊ぶことはなかった　7. あり遊んだ記憶がない　8. 幼い頃に父母がなくなった又は記憶がない　9. 父母以外の人に育てられたことがある		

36

第2章　周産期からの育児混乱・虐待予防

表2-2　チェックリストによる調査結果

```
・母子家庭・未入籍　　62
・赤ちゃんとの生活を楽しめるかどうかわからない　　29
・若年妊婦　　28
・妊娠を嬉しいと思わない　　24
・高年初産　　9
・双胎　　8
・妊娠後期の妊娠届出　　7
・外国人の母　　6
・相談相手がいない　　4
・家族内トラブル　　2
・届出なし出産　　2
・経済的困窮，仕事上の心配　　2
```

3　子育て混乱をもっている母親介入の要点

　母親への介入としては，現在のトラブルに対して，経済的・精神的に温かい支えをし，混乱した乳児像を癒し，あまえ子育てできる親を育てる，ということがあげられる。

(1) ホールディング（holding, D. W. Winnicott）：ほっとする雰囲気で包み込む（精神的抱きかかえ）。"里帰りお産時の優しいおばあちゃん的関わり"をする。雑談を大切にする。そっと寄り添い，指導でなく支援をする。子ども時代のあまえ感覚を再体験させる。

(2) 母の話をよく聞き，母の表象世界を探る。母の立場に自分を置き，母の気持ちを感じてみる（同一化・共感）。間主観的関わりをする（C. Trevarthen，母の心を感じる）。

(3) 子宮内の，また出生後の赤ちゃんの仕草，可愛さ，成長を見せ，赤ちゃんに触れさせる。赤ちゃんとの楽しい感覚を取り入れ，温かい赤ちゃん表象を作る。もしトラウマ表象をもっている母でも，温かい表象がより大きくなり，トラウマ的表象は小さくなる。結果的にトラウマを癒す。
(4) 内省的自己養成（P. Fonagy）：ホールディングし，赤ちゃんを受容できるようになれば，雑談しながら「お母さんも赤ちゃんの時こんなに可愛くて，可愛がられたのでしょう」と母の赤ちゃん時代を話題にする。トラウマをもっている母は，子ども時代や現在の辛かった事柄を，気楽に話しだし，トラウマを整理する。
(5) 親―子精神療法（B. Cramer, D. N. Stern）：母の過去，現在の混乱した対人関係，事柄を胎児や赤ちゃんに映し，幻影を見て混乱をしていることがある。辛かった話を聞きながら，錯覚に気づかせる。

4　母に対する援助方法の実際

(1) 妊　娠　中

　妊娠中のニコチン，アルコール，ストレスホルモン，薬物の一部は胎盤を通過して胎児へ移行する。また子宮内まで聞こえる不快な音は胎児にストレスを与え，ストレスホルモンが産生される。これらの物質は胎児の脳神経形成に害を及ぼし，出生直後より多動，過敏，体が硬い，反り返り，不機嫌，激しく泣く，目が合わない，哺乳障害，睡眠障害，無表情等の症状が表れる。したがって，荒れた生活をしている母，辛い思いをしている母（高校生の妊娠，DV等）に対しては，より温かい支援が必要となる。

　母は妊娠初期から種々の不安があり，後期になると強くなる。そのため，(1)病院スタッフ，保健師，支援センタースタッフが温かい支えをする。(2)妊娠に対して皆から祝福をする。(3)超音波で胎児を見せ，胎児心音を聞かせる。父，祖父母，兄・姉にも見せ家族全員で喜びを分かち合う。(4)胎動のことを話題にし，実感させる。家庭で父，兄・姉にも胎動を見せ，触れさせ，家族全員で赤

ちゃん誕生の感動を実感し，喜べるようにする。(5)先輩お母さんに協力してもらい，そのお母さんの赤ちゃんを見せ，触らせ，赤ちゃんの可愛らしさ，素晴らしい能力を見せ，赤ちゃんの魅力を感じさせる。(6)母が産前に入院治療を必要とする場合は，子どもも含め家族の面会は自由にする。母が"この子に恵まれてよかった"という心境で出産を迎えられるように支援する。支援スタッフが温かい支えをすると（ドゥーラ効果），母はスタッフに母親転移をおこし，頼ってくる。母の話を，母の立場に立って十分に傾聴する。お説教はしない。

（2）分娩室で

出産時は母親の期待と，不安がピークになる。そのため，父親を主に家族の立会分娩をする。出産直後は胎脂の着いたままの赤ちゃんを母親に，また父親にも抱っこしてもらう。家族全員分娩室に入り母親を祝福する。母親を支える人がいない場合は保健師，支援センタースタッフが付き添い，時に立会分娩をする。

（3）出産後病室で

母子同室とし，母子の直接的な触れ合いを密にする。母乳保育により，オキシトシン，プロラクチン分泌が促進され，母性行動は強化される（大西，2004）。母乳保育ができない場合は原因を探って援助し，強制してはいけない（澤田，2001）。

写真1のように，赤ちゃんは子宮内姿勢と同様の丸くなる姿勢を好み，沐浴でお湯の中に入れると安心しきった顔をする。グズっていても抱っこをすると泣き止む。安心できた子宮内感覚が浮上するのだろう。目と目の触れ合い

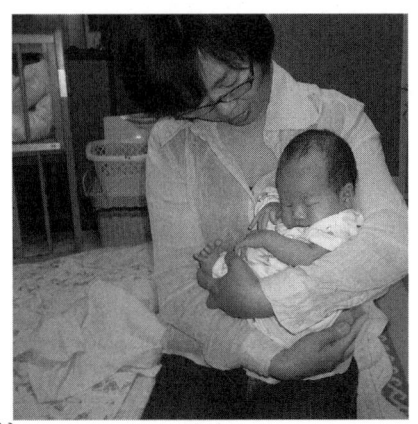

写真1

(eye to eye contact) を保ち，話しかけると口をモグモグ動かす（エントレイメント）。話しかけは言葉そのものではなく，言葉の音楽性である（Malloch, 2005）。このような反応を母に見せると母親は「すごい！　かしこい！」と感動し，喜ぶのである。時々微笑反応がおこる。母親は「話を聞いている。喜んで笑った」と喜び（意味帰属，B. Cramer），赤ちゃんとの世界に没頭し（母親の原初的没頭，D. W. Winnicott），豊かな赤ちゃん表象を作る。保健師，支援センタースタッフは，病産院に家族同様に出入りし，母や家族に面会し，赤ちゃん出生を祝福し，赤ちゃんの素晴らしさ，接し方を母親に見せ，説明する。

（4）退院後の保健師，支援センタースタッフによる母支援

　母に対しては"里帰りお産時のやさしいおばあちゃん的関わり"をし，家庭訪問時の第一声は『赤ちゃん可愛いね』に統一している。母が"全てを忘れて赤ちゃんとの世界を楽しむ"心境で赤ちゃんに接すると，母は赤ちゃんとの世界に没頭し，赤ちゃんの心のリズムに合った，音楽的な声かけができる（Malloch, 2005）。1カ月：あやすと笑う，2カ月：アー，ウー話しをする。3カ月：母はグズっている姿を見て，「おむつが汚れている・お腹がすいている・眠くなっている」など赤ちゃんの心の状態を察して，行動をとる。赤ちゃんは表情豊かに笑い，母と他人との区別が分り，母の心の状態を感じるようになる。母子は間主観性の世界に入り，親子で響き合った行動をとれるようになる（情動調律，D. N. Stern）。

　母は赤ちゃんの素晴らしい能力，成長してゆく姿を見ると，精神的に自分の赤ちゃん時代に逆戻りをする。自分の乳児表象が浮上し，胎児・赤ちゃんとの楽しい世界を取り入れ，赤ちゃんに合わせた間主観的関わりをもち，安定した楽しい乳児表象が強化され，混乱した乳児表象は縮小され，結果的により豊かな乳児表象に作り変える。全面的に信頼できるスタッフに母親転移を起こした母は，徐々に母自身の過去の辛かったこと，現在の辛いことについて話しだす。ねぎらいの言葉かけで，母の心（トラウマ表象）は癒される。母の子育て混乱は修復され，虐待も予防できる。

第2章　周産期からの育児混乱・虐待予防

　集団健診では，そっと母子の行動観察をする。育児不安，育児混乱が予想される妊婦に対しては，母を労い，誉める，子どもを誉める，子どもの気持ちを母に伝える。母同士の友達作りのお膳立てをする。継続的に温かい支援をすることで，育児不安，育児混乱を解消して児童虐待予防になる。

（5）虐待予防の事例

28歳の母。妊娠4カ月

　X年10月10日のチェックリストで，①女の子だったら育てることができない，②子ども時代父母が相手をしてくれなかった，③相談相手がいない，の項目にチェックが入った。父の協力は十分ある，と書かれていた。

　保健師が詳しく尋ねたところ，「男の子だったらよいけれど，女の子は100％育てられない。可愛いと思えない。絶対無理。私の父親は船乗りで年3〜4回自宅に帰ったが，優しかった。私の母親からは虐待を受け，姉にはいじめられた。父親は男の子を欲しがっていた」という返答であった。

　児童相談所へは保健師と同行での来所であった。

> 母親「産婦人科で女の子と言われた。"女の子はいらない"と言ったら，"そんな贅沢はいってはいけない，女の子は可愛いよ"と言われた」
> 　「女の子で地獄になった。生まれたら殺しそう」「私は母親に虐待を受け，あまえた思い出がない。姉にいじめられた」
> 　胎児の写真を見せると「気持ち悪い」と言う。1歳女児で母親と笑顔で遊んでいる写真を見て「この子は親をバカにして，ニヤニヤして，気分が悪い」「男の子だったら父親も喜ぶのに，父親を裏切った」ともいった。
> 　そこで，母の辛かった子ども時代をねぎらうことから始めた。
> 治療者「自分が女の子を育てると，母親のような虐待する女性に育ってゆく。姉のように意地悪な女性になる。自分と同じような不幸な女性になる。自分と自分の子どもの関係が，自分と母親との関係と同じになるのではないか。女の子だと父親の期待を裏切ることになる。不幸になることわかっているから，産むのが怖い，

> 産まないほうがいい，自分が育てないほうがいい…と思っているのでしょう」
> 母親「その通りです」
> 治療者「自分が産んだ子どもが不幸になるのなら，産んではいけないと思っている。これ以上強い愛情はないのでは」
> 母親「ああそういうことか。私もいい母親か。母親の資格がないと思っていたのに，このままでよいのか。大分自信が出てきました。もう大丈夫です」(笑顔)
>
> 　その後，保健師との関わりは続き，女の子を拒否する話をしなくなった。
>
> 　出産時は，夫の仕事の関係で，入退院は保健師が付き添いをした。入院中隔日面会に行き，母の示す赤ちゃんの可愛さ反応を見て喜び合った。母は「女の子でもすごく可愛い」と言った。
>
> 　退院後も保健師との関わりは続いた。1カ月後医師が電話をしたとき，「赤ちゃんの顔をじっと見ているとすごく可愛い。母乳もよく飲んでくれる。この子が生まれてすごく幸せ」といった。現在6カ月。順調に発育している。保健師との関わりは続いている。

　保健師は"そっと寄り添い，どのような話も聞いてくれる，里帰りお産時の優しいおばあちゃん的関わり"をした。全面的に信頼した保健師に支えられ，児童相談所に来所，医師が母のトラウマ表象，投影の整理をし，母はすっかり落ち着いた。母親治療の70～80％は，母親にそっと寄り添い，信頼を勝ち取った支援者のホールディングであり，病院等専門機関の医学・心理学的治療は20～30％であると言われる。支援者の70～80％がいい加減であるとき，専門家治療の20～30％をいくら頑張っても改善しない。20～30％がいい加減でも，70～80％がしっかりしておれば必ず良くなる。本事例もまず保健師のホールディングがしっかりとできていたため，医師の表象治療，親子心理療法が順調に進んだと思われる。

第2章　周産期からの育児混乱・虐待予防

5　長 期 予 後

　2003年4月〜2008年3月，四万十市での出生数1,568名のうち，軽い虐待は1事例（被虐待児兄弟の2名〔0.13％〕）であった。（兄3歳，弟2歳。共に軽いネグレクト。母人格障害，妊娠中からの関わりあり。現在自宅と保育所で養育。）日本での0〜4歳児の虐待発症率は0.19％である。統計的には有意差はないが，リスク親子は随分救われていると思われる。

　妊娠届け提出時チェックした子ども1,568名のうち，乳児保育園（0〜2歳未満）に212名が通っている。乳児保育所でのリスク親子は44名（21％）であり，出産後新しいトラブルが起こっており，離婚，育児不安等が多かった。虐待事例はない。

6　チェックリスト使用の利点

　チェックリストを使用することの利点として，以下のことがあげられる。
(1)　妊娠届け提出時にチェックリストを使用することで，リスク妊婦を早期に発見でき，混乱の内容がよく分り，リスク妊婦と信頼関係を築きやすく，妊婦訪問，新生児訪問，健診時の声かけがしやすくなる。
(2)　スタッフが客観的に，同じ基準の上に立って話し合いができ，母親介入ができる。
(3)　ハイリスク妊婦の場合，出産した病産院や保健師のいる健康管理センターが，母親の気楽な実家のようになることが多い。

まとめ
　妊娠中，リスク妊婦をチェックリストでキャッチし，保健師，支援スタッフ，病産院が介入することで，子育て混乱・虐待予防に非常に効果がある。しかし，それだけでは全て予防できるわけではない。出産後もあらゆる機会を利用して

第1部　産後のうつをケアする・虐待を予防する

チェックをし，介入する必要がある。小・中学生への性と生の教育も重要である。また，乳幼児精神保健学を身に付けたスーパーバイザーの存在も大切であろう。

　なお現在高知県では，周産期からの虐待予防を全県下の市町村で取り組むように準備をしている。

参考文献

大西鐘壽（分担研究者報告）「母子健康手帳に載せる育児情報に関する科学的根拠の検討」，小林正子（主任研究者）「乳児期から思春期まで一貫した子どもの健康管理のための母子健康手帳の活用に関する研究」平成15年度厚生労働科学研究（子ども家庭総合研究事業），高松短期大学，保育学科，1-76，2004．

澤田敬「子育て混乱父母に対する子育て支援」『周産期医学』31(6)：821-825，2001．

S.N.Malloch，渡辺久子監訳「母・乳児とコミュニケーション的音楽性」「第9回FOUR WINDS全国大会in宮崎」講演資料，2005.11.12-13．

（澤田　敬）

第3章
産後うつ病の症状の理解と精神医学的支援

はじめに

　周産期は女性の生涯の中で精神障害を最もきたしやすい時期である。この時期のメンタルヘルスの問題は，周産期におこる様々な出来事に対する正常範囲の心身の反応，一過性の気分の変動や身体の不調であるマタニティーブルーズ，様々な重症度の産後うつ病，精神病症状で急性発症し精神科病棟での治療が必要となる産後精神病まで，その病態や重症度は様々である。特に産後うつ病は，発症頻度が10%～30%と報告されている（Kumar, 1994）ように見過しできない疾患であり，さらにそれは本人だけの問題ではなく，母子関係や子どもの情緒や認知の発達にも影響を与え（Vivett, 2004），ひいては家族の問題になると考えられている。家族への影響もふまえ，産後うつ病について長期的視点から理解，把握することは重要である。

1　うつ病

　女性のメンタルヘルスを考える場合に，うつ病は特に重要である。なぜなら，うつ病は，生涯発症率が10～20%と高い頻度でみられ，なかでも女性の発症率は男性の2倍近く高いからである（北村, 1997）。うつ状態は誰でも時々陥るも

のであり，一時的な悲しみや失望の気持ちは，人間の正常な状態の気分の浮き沈みの範囲内にある。しかし，抑うつ感や毎日の生活に楽しみがもてなくなり，それが長期化すると，日常生活に支障をきたすようになる。その場合は，適切なサポートや精神科治療が必要となる。

(1) 症　状

　うつ病の患者は，「気分が落ち込んでいる」「気が滅入る」「悲しい」などの抑うつ気分や，「リラックスできない」「じっと座っていられない」「そわそわする」「イライラする」など焦燥感を訴えることが多い。また，全般的な活動水準が低下し，何もしたくないなど意欲が低下したり実際に集中できないままに時間を過ごすこともある。うつ病患者の多くは，話し方が他者から見てもゆっくりとなり，質問と応答の間に時間がかかり，沈黙することも多い。その他に，興味や喜びの喪失，食欲低下，睡眠障害などの症状を訴えることもある。

　初期の段階では，気分が落ち込み，元気がなくなり，人との付き合いや仕事がおっくうとなり，なんとなくいつもの自分と違っていると感じても，それをうつ病であると認識して，自ら精神科を受診しようという考えや行動にはいたらないことも多い。そこで受診が遅れ，うつ病が重症化する場合がある。重症になる程死にたい気持ちにとらわれ，実際の自殺企図，ときには自殺に至るリスクも高くなる。

(2) 発症に関連する要因

　うつ病の発症には，複数の要因が関与している。発症に関連する要因としては，本人のうつ病の既往，躁うつ病の発症が家族内で見られる等の生物学的要因に加え，周囲からの情緒的なサポートが乏しい，経済的または社会生活上困難な問題が続いている，親しい者や家族の重大な病気や死，または自分の健康上の危機などの心理社会的要因が重要な影響を与えている。

（3）診　断

　うつ病の診断基準に関しては多くの研究が行われてきた。1980年に米国精神医学会がほとんど全ての精神疾患に対して診断基準（Diagnostic and Statistical manual for Mental Disorder：精神疾患の分類と診断の手引き）を作成した。この精神疾患の分類の最新版であるDSM—Ⅳ診断に準拠した精神科診断面接（高橋，2003）が近年周産期医療の分野でも臨床研究の方法として使用されはじめている。診断基準の質問を会話の中に盛り込むことでうつ病の症状がないか確認することができる。表3-1にDSM—Ⅳの大うつ病の診断基準（高橋ほか，1995）を提示している。

（4）治　療

　ほとんどの軽〜中等症のうつ病患者は，周囲の理解と精神面のサポート，職場での調整あるいは休息，または外来通院による精神療法や薬物療法で治療することができる。しかし，重度のうつ病患者の場合，すなわち希死念慮や妄想，重度の身体合併症が存在する場合などには入院治療が必要となる。

① 薬物療法

　うつ病の治療は，抗うつ剤を中心に用いる。抗うつ薬の中でも新世代のSSRI（セロトニン再取り込み阻害剤）やSNRI（セロトニンノルアドレナリン再取り込み阻害剤）が副作用も少なく第一選択薬として推奨されている。通常内服開始から数日〜1，2週間後に効きはじめ，効果が患者の気分の改善や日常生活の機能の向上とともに現れてくるのがわかる。服用は，医師の指示に従い，症状が軽減し，安定しても再発を防ぐために一定期間服薬を継続する。このため患者が自己判断で服用を中止しないように指導が必要である。

② 精神療法，心理療法

　うつ病には認知療法，行動療法，対人精神療法などの精神療法が行われる。軽症うつ病の場合には，精神療法が単独で行われることもあるが，薬物療法と併用されることが多い。

③ 電気けいれん療法（ECT）

第1部　産後のうつをケアする・虐待を予防する

表3-1　大うつ病エピソード　診断基準

A．以下の症状のうち5つ（またはそれ以上）が同じ2週間の間に存在し，病前の機能からの変化を起こしている．これらの症状のうち少なくとも1つは，①抑うつ気分，あるいは②興味または喜びの喪失である．

(1) その人自身の言明（例えば，悲しみまたは，空虚感を感じる）か，他者の観察（例えば，涙を流しているように見える）によって示される，ほとんど1日中，ほとんど毎日の抑うつ気分．
(2) ほとんど1日中，ほとんど毎日の，全て，またはほとんど全ての活動における興味，喜びの著しい減退（その人の言明，または他者の観察によって示される）．
(3) 食事療法をしていないのに，著しい体重減少，あるいは体重増加（例えば，1ヵ月で体重の5％以上の変化），またはほとんど毎日の食欲の減退または増加．
(4) ほとんど毎日の不眠または睡眠過多．
(5) ほとんど毎日の精神運動性の焦燥または制止（他者によって観察可能で，ただ単に落ち着きがないとか，のろくなったという主観的感覚でないもの）．
(6) ほとんど毎日の易疲労性，または気力の減退．
(7) ほとんど毎日の無価値観，または過剰であるか不適切な罪責感（妄想的であることもある），（単に自分をとがめたり，病気になったことに対する罪の意識ではない）．
(8) 思考力や集中力の減退，または，決断困難がほとんど毎日見とめられる（その人自身の言明による，または，他者によって観察される）
(9) 死についての反復思考（死の恐怖だけではない），特別な計画はないが反復的な自殺念慮，自殺企図，または自殺するためのはっきりとした計画．

B．症状は混合性エピソードの基準を満たさない．
C．症状は，臨床的に著しい苦痛または，社会的，職業的または他の重要な領域における機能の障害を引き起こしている．
D．症状は，物質（例：乱用薬物，投薬）の直接的な生理学的作用，または一般身体疾患（例：甲状腺機能低下症）によるものではない．
E．症状は，死別反応ではうまく説明されない．すなわち愛するものを失った後，症状が2カ月を超えて続くか，または，著明な機能不全，無価値観への病的なとらわれ，自殺念慮，精神病性の症状，精神運動制止があることで特徴づけられる．

（出典）　高橋三郎他訳『DSM-Ⅳ-TR　精神科疾患の分類と診断の手引』医学書院，2003，137-139頁，一部改変．

　重度で薬物療法への反応が不良である場合うつ病患者に対して，電気けいれん療法が行われることもある．特に希死念慮が強い場合などには適応となる．

（5）経　　過

　うつ病は治療を受ければ治る病気で，適切な治療を早期に行えば通常6か月から1年ほどで回復していく．

第3章　産後うつ病の症状の理解と精神医学的支援

2　産後うつ病

（1）産後うつ病の症状

　産後に涙ぐむ，気分が沈むなどの抑うつ感や疲労感を覚え，日々の生活や活動に楽しみをもつことができず，考えがまとまらなかったり，どうしていいかわからなくなる，母親として妻として子どもや夫に対し申し訳ない，いなくなった方がいいなど罪悪感や自殺念慮などの症状が出現することがある。また，授乳するときに，子どもに微笑みかけたり話しかけるなど積極的な関わりができず，子どもへの愛着が実感できないこともある。これらの症状が2週間以上続き，精神的に大変苦痛を感じたり，育児や家事やその他の生活面に支障をきたす場合にはうつ病を疑う。

【産後うつ病の事例】
　A子さんは，病院を退院した翌日ごろから気力がなくなりました。気分は落ち込み，1日中寝ていました。里帰りしていましたが，実母はA子さんが小学生の時亡くなっており，育児のサポートは妹が時々手伝ってくれる程度でした。なんとか子どもの世話は出来ましたが，オムツを変え，ミルクを飲ませるだけで，話しかけたりすることはできませんでした。A子さんは，子どもが可愛いとは思えず，自分はダメな母親だと思うようになりました。子どもの世話以外は寝てばかりで，自分の身の回りのこともできなくなりました。
　産後1カ月健診時，助産師と面接し，精神科受診を勧められました。抗うつ薬の内服が始まり，その後うつ症状は少しずつ改善して，3カ月後には子どもの笑顔に応えたり，育児も楽しくなってきました。

（2）発症危険因子（表3-2）

　産後うつ病には，まず第1に精神科既往歴があげられる（Marks et al.,

第1部　産後のうつをケアする・虐待を予防する

表3-2　産後うつ病の発症に関連する要因
(1) 過去の精神科既往歴
(2) 妊娠中のうつ病の発症
(3) 妊娠や出産に対する不安の訴えの持続
(4) 夫の協力がなく，夫婦関係がきわめて悪い
(5) シングルマザーになる妊婦
(6) 自分の家族や友人などからサポートが乏しい
(7) 今回の妊娠前後から出産までに経験するライフイベント
　　（本人や家族の重篤な病気，死別や離婚，経済的危機など）
(8) マタニティーブルーズの症状が著しい

1992）。そのほか，周囲からのサポートが乏しいことなどいくつかの発症に関連する要因が報告されている。これらの因子の有無について妊娠中から問診表などで把握しておくことは，産後うつ病の見過ごしを防ぎ早期発見にもつながる。

（4）スクリーニング（表3-3）

　産後うつ病の発症率が10%～30%と高頻度であることを考えると，産後うつ病をスクリーニングすることは臨床的に意義が大きい。最近の研究では，分娩後3週間と3カ月に精神科診断面接を行った結果，うつ病発症例では，そのほとんどが分娩後1～2週間以内に発症している（山下・吉田，2003）。つまり，産後うつ病は，以前報告されていたよりもかなり早い時期からおこり得ることが報告されている。産後うつ病は早期の診断および介入が重要である。そのため産後うつ病を簡便に検出する事を目的として，英国のCoxらにより自己記入式のエディンバラ産後うつ病自己調査票（Edinburgh Postnatal Depression Scale; EPDS）が開発された。記入所要時間は約3分と短く，スクリーニングとして適しており欧米ではよく使用されている。EPDSは10項目で構成されており，被験者は過去1週間の精神状態に最も当てはまるものに〇をつける。4段階（0，1，2，3）の評価で，最低が0点，最高は30点となる。母親の抑うつ感とそれに伴う日常生活の機能不全の程度，自責感，不眠や自殺念慮について把握できるようになっている。スクリーニングの区分点は欧米では，10～13点に

第3章　産後うつ病の症状の理解と精神医学的支援

表3-3　エディンバラ産後うつ病自己調査票

ご出産おめでとうございます．ご出産から今までの間どのようにお感じになったかをお知らせください．
今日だけでなく，過去7日間にあなたが感じられたことにもっとも近い答えに○をつけてください．
必ず10項目に答えてください．

質問
1．笑うことができるし，物事のおもしろい面もわかった．
　（0）いつもと同様にできた．　　　　　（1）あまりできなかった．
　（2）明らかにできなかった．　　　　　（3）全くできなかった．
2．物事を楽しみにして待った．
　（0）いつもと同様にできた．　　　　　（1）あまりできなかった．
　（2）明らかにできなかった．　　　　　（3）ほとんどできなかった．
3．物事がうまくいかない時，自分を不必要に責めた．
　（3）はい，たいていそうだった．　　　（2）はい，ときどきそうだった．
　（1）いいえ，あまりたびたびではない．（0）いいえ，そうではなかった．
4．はっきりした理由もないのに不安になったり，心配した．
　（0）いいえ，そうではなかった．　　　（1）ほとんどそうではなかった．
　（2）はい，ときどきあった．　　　　　（3）はい，しょっちゅうあった．
5．はっきりした理由もないのに恐怖に襲われた．
　（3）はい，しょっちゅうあった．　　　（2）はい，ときどきあった．
　（1）いいえ，めったになかった．　　　（0）いいえ，全くなかった．
6．することがたくさんあって大変だった．
　（3）はい，たいてい対処できなかった．（2）はい，いつものようにはうまく対処しなかった．
　（1）いいえ，たいていうまく対処した．（0）いいえ普段どおり対処した．
7．不幸せなので，眠りにくかった．
　（3）はい，ほとんどそうあった．　　　（2）はい，ときどきそうだった．
　（1）いいえ，あまりたびたびではなかった．（0）いいえ，全くなかった．
8．悲しくなったり，惨めになった．
　（3）はい，たいていそうだった．　　　（2）はい，かなりしばしばそうだった．
　（1）いいえ，あまりたびたびではなかった．（0）いいえ，全くそうではなかった．
9．不幸せで，泣けてきた．
　（3）はい，たいていそうだった．　　　（2）はい，かなりしばしばそうだった．
　（1）ほんのときどきあった．　　　　　（0）いいえ，全くそうではなかった．
10．自分自身を傷つけるのではないかという考えが浮かんできた．
　（3）はい，たいていそうだった．　　　（2）はい，ときどきそうだった．
　（1）いいえ，あまりたびたびではない．（0）いいえ，そうではなかった．

（　）内の数字は配点を示す
（出典）J. Cox, J. Holden著，岡野禎治・宗田聡訳『産後うつ病ガイドブック——EPDSを活用するために』南山堂，2006，62-63頁，一部改変．

```
┌─────────────────────┐
│   一次スクリーニング    │
│自己質問票による調査(EPDSなど)│
└─────────────────────┘
         ↓
┌─────────────────────┐
│   二次スクリーニング    │
│精神医学的評価(構造化面接など)│
└─────────────────────┘
         ↓
┌─────────────────────┐
│  精神保健の専門家への依頼  │
└─────────────────────┘
```

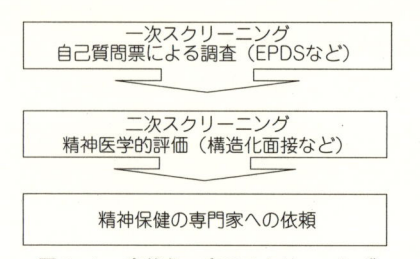

図3-1 産後うつ病のスクリーニング

設定されている。日本版は岡野らにより作成されている（岡野ほか，2004）。日本人の場合は，精神科医師が診断面接をすると，うつ病の症状があるのに，自分の感情について自己記入するように求められても欧米の女性と比較して同程度には表現しない傾向がある。日本におけるスクリーニングについての研究の結果に基づき区分点を9点に下げ，それ以上を産後うつ病の疑いとしてスクリーニングを行っている。

　産後うつ病のスクリーニングで私たちに求められているのは，EPDSなどを用いて高得点群，ハイリスク群を抽出することである。そして精神医学的評価を実施することが必要である。EPDSの高得点群には，トレーニングを受けた助産師及び保健師等が，できれば2週間以内にEPDS再評価を行う。EPDSの内容を踏まえて，母親の全般的な感情が表出できるように支持的態度で接する。重要な点は，①抑うつ気分が一時的なものであるかを明らかにすること，②うつ病の症状を念頭に入れ必ず臨床面接を実施すること。こうした精神症状の把握のほかに，面接中には症状に関する身体的，情緒的あるいは社会的要因も検討することが必要である。再評価の結果うつ病が示唆された場合には，①評価のために専門医への受診を進める，②周産期医療関係者による対応では困難な場合には精神保健の専門家（地域や総合病院の精神科医師，精神保健の保健師）との連携を早期に取ることが大切である（図3-1）。

(5) 情緒および実質的サポート

　産後うつ病には早期発見，早期介入が重要である。産後うつ病の半数は軽症であり，精神科の病棟に入院しなければならないほどの重症例はまれである。ただし軽症であっても症状が重症化したり長引いたりしないためにも褥婦に対する適切な援助や治療は早期に始める必要がある。

　精神面支援の第1歩は，褥婦の話を傾聴することである（イーガン，2004）。

当院では面接時は，個室を準備し，30分から1時間褥婦の話を聞くことからはじめている。褥婦にとっては，出産後の自分の気持ちを誰かに聞いてもらえる，わかってもらえるということが重要である。傾聴する時は，その褥婦の性格や生育歴，夫や家族との関係，育児サポートの状況を理解し，そこで生じているストレスを推察しながら話を聞くことが重要である。次に褥婦の気持ちに共感することも必要である。共感とは，相手の状態やこれまでの状況を理解し，その上でもし自分がその立場だったらどう感じるか思い測ることである（吉田，2004）。傾聴と共感しながら妊娠や出産には気分の変化や精神の変調が生じることを教え，精神的不調は何ら恥ずべきことではなく，また打ち明けてもプライバシーは守られることも伝える。同時に家族の理解とサポートが非常に重要であることを強調する。多くの褥婦は育児を続けることを望むため，周囲からの情緒的および実質的サポートが必要となる。まずは褥婦がうつ病であることを周囲が認識することが重要である。「母親だから，しっかりするように」という叱咤激励はうつ病には禁忌である。実質的な育児環境の調整では育児の負担を軽くする方法を，家族を含めて検討する。夫の協力や両親からのサポート状況を調べ，場合によってはヘルパーやベビーシッターの活用を紹介する。サポート状況によっては，地域保健師と連携を取ることも必要である。

　また，うつ病の症状が重症化および長期化する恐れがある場合は，精神科医師による専門的治療の必要性を説明する。助産師と妊産褥婦に良好なコミュニケーションが確立している場合，妊産褥婦の精神科受診に対する受け入れも良好である。

　中等症から重症例の産後うつ病では，精神科薬物療法の有効性は高く主要な治療となる。また衝動的な自殺企図がみられた場合は，入院による患者の保護も必要となる場合もあるので，速やかに精神科医師と連携を取らなくてはならない。症状は数か月で軽快し，育児が可能になる場合が多い。薬物療法は，授乳を希望する母親には抵抗感が強い場合も多い。その際には，母親や家族に意思決定に必要なエビデンスを提供する必要がある。すなわち薬物は母乳に移行するが，その移行の程度は，母親が摂取する体重あたりの薬物量の数パーセン

トである。そのため，むやみに母乳を中止，禁止する必要はない。ただし，子どもに黄疸などをはじめ小児科的疾患が認められたり，早産児や低出生体重児で，肝臓や腎臓での解毒作用が十分でない場合は母乳栄養は行わないなど個別の判断は必要である（吉田，2000）。

3 母子精神保健のシステムづくり

精神的援助が必要な母親の80％以上は精神科医師との連携により，助産師・保健師による経過観察で大丈夫であるが，本人の苦痛が顕著であったり，自殺念慮がみられるような重症例は精神科医師によるモニターと治療が必要となる。母親が精神的援助を必要とするときに，いつでも適切なサービスの提供を受けることができるような母子精神保健のシステムづくり（図3-2）が望まれている（山下・吉田，2002）。

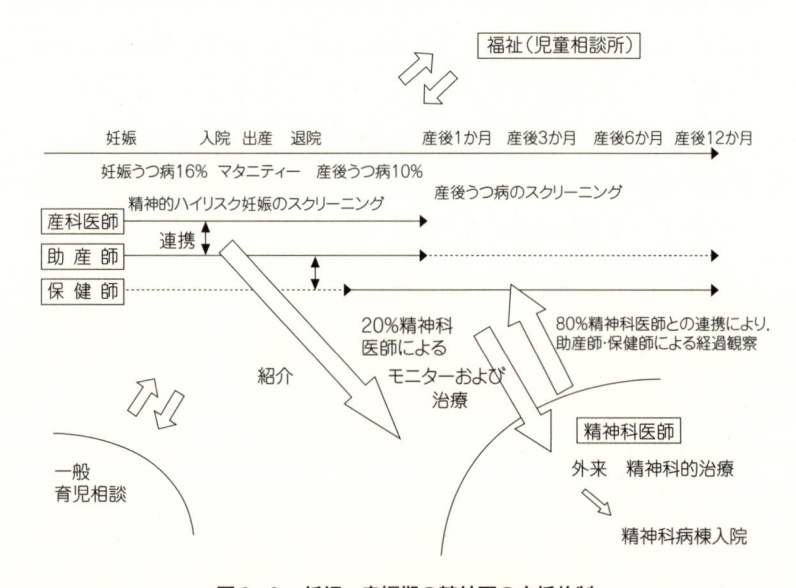

図3-2　妊娠，産褥期の精神面の支援体制

第3章　産後うつ病の症状の理解と精神医学的支援

（1）母子メンタルヘルスクリニック

　当院では母子メンタルヘルスクリニックを開設し，精神科既往歴やサポートの欠如などの精神障害の発症のハイリスク要因をもちあわせている妊婦に対し，産婦人科医師が助産師が精神科医師および心理士と連携を取り妊娠中から一貫した精神的サポートを提供している（吉田・竹内・山下，2003）。

　対象となるのは①現在，精神科医師，心療内科医師，心理士などによる治療中である妊婦，②過去に精神科医師，心療内科医師，心理士などによる治療歴がある妊婦，③精神科受診を勧めたいと思われる訴えや症状がある妊婦のいずれかに当てはまるケースであり，産科外来において母子メンタルヘルスクリニックをこれらの妊婦に紹介している。

　母子メンタルヘルスクリニックでは現在，産婦人科医師，助産師，精神科医師，心理士が参加する症例カンファレンスを週1回開催している。そこでは，母子メンタルヘルスクリニックに登録を勧めたい妊婦の症例紹介，登録した妊婦に対する面接の結果，ハイリスク症例に対する妊娠分娩産後の対応について検討している。

（2）保健機関の取り組み

　保健福祉センターからの出産後の母親を対象とした母子訪問の制度を利用して，地域に根ざした育児支援の活動も浸透してきている。母子訪問の対象者には，低出生体重児を出産した母親なども多く含まれ，精神面支援の意義は大きい。福岡市では2000年から「母親の心の健康支援事業」として市内の全保健福祉センターで育児不安，産後うつ病などの支援を必要としている母親を早期に発見して援助開始する取り組みが行われている。助産師または保健師による家庭訪問時に出産後1年未満の母親に対してはEPDSなどの質問紙票を記入してもらい，その結果を元に継続支援の方針と計画が立てられている。また，平成6年から子育て支援ネットワーク事業として各保健福祉センターに小児科や産科医療機関等と連絡会議を行い，地域における母子保健の課題や保健機関の事業紹介などをテーマに討議が重ねられている。母子のメンタルヘルスは，関連

第1部　産後のうつをケアする・虐待を予防する

領域の医療・保健ならびに福祉スタッフが有機的に連携することでさらなる向上をめざすことができると考えられる。

おわりに

　精神障害を有するものが専門医療機関を訪れる率が低いことは広く知られている。まして出産後は，乳幼児を抱えた母親が病院や診療所を受診することは容易なことではなく，産後うつ病の可能性も含めて育児に不安を抱く母親が専門医療機関を訪れる率は低いと想定される。妊産褥婦と診療の場面で身近に接する機会が一番多いのは，助産師である。助産師は妊産褥婦の精神面支援に貢献できる機会は多く，またその役割は大きい。助産師は精神障害の発症のハイリスク要因をもちあわせている妊産褥婦に留意し，妊産褥婦のよき理解者，よき相談相手となり産科医師と協力しながら，必要時は保健師，精神科医師と連携を取る必要がある。

　母子精神保健の充実が望まれる今日，妊産褥婦が精神面支援を必要とするときに，いつでも適切なサービスの提供を受けることができるような体制づくりが必要である。各施設の実情に応じてその内容は変わっていくのは当然である。しかしながらこの領域で産科スタッフに求められることはますますひろがっていくと考えられる。かつ，この領域においてこそ精神科スタッフとの連携が今後も重要となってくる。

参考文献

Kumar, R. ,Postnatal mental illness: a transcultural perspective, Social Psychiatry and Psychiatry, *Epidemiology*, 29: 250-264, 1994.

Vivette Glover, Thomas G.O'Connor, 吉田敬子訳「出産前の母親のストレスや不安が子どもへ与える長期的影響」『臨床精神医学』33：983-994，2004.

北村俊則「軽症精神疾患の疫学」『精神医学レビューNO.24　精神障害の疫学』31〜34, 1997.

髙橋三郎監修，北村俊則・岡野禎治監訳『精神科診断面接マニュアルStructured Clinical Interview for DSM—Ⅳ Axis I Disorders使用の手引き』日本評論社，2003.

American Psychiatric Association著，高橋三郎他訳『DSM-Ⅳ-TR精神科疾患の分類と診断の手引』医学書院，1995.

Marks, M. N., Wieck, A., Checkley, S. A., et al, Contribution of psychological and social factors to psychotic and non-psychotic relapse after childbirth in women with histories of affective disorders, *Journal of Affective Disorder* 29: 253-264, 1992.

山下洋・吉田敬子「産後うつ病の母親のスクリーニングと介入について」『精神経誌』105：1129-1135, 2003.

岡野禎治他「日本語版エジンバラ産後うつ病自己評価票（EPDS）の信頼性と妥当性」『精神医学』7：99-108, 2004.

J. Cox, J. Holden著，岡野禎治・宗田聡訳『産後うつ病ガイドブック——EPDSを活用するために』南山堂，2006.

ジェラード・イーガン，鳴澤實・飯田栄訳『カウンセリング・テキスト』創元社，1998.

吉田敬子「カウンセリングとは何か——そのscienceとart」『ホルモンと臨床』52：99-108, 2004.

吉田敬子『母子と家族への援助——妊娠と出産の精神医学』金剛出版，2000.

山下春江・吉田敬子「産褥期の精神障害と精神面支援」『周産期医学』32：67-72, 2002.

吉田敬子・竹内理恵子・山下洋「妊娠中からメンタルヘルス介入の試み」『最新精神医学』8：131-138, 2003.

（山下春江）

第1部　産後のうつをケアする・虐待を予防する

第4章
地域における虐待予防体制

1　厳しさを増す子育て環境と虐待予防の重要性

(1) 厳しさを増す子育て環境

　図4-1〜4-5は，原田らが行った調査研究の一部である（原田ほか，2004）[1]）原田ら兵庫県の研究グループは2003（平成15）年，乳幼児健診を受診した保護者を対象に，子育てに関する意識などについてアンケート調査を実施したが，この調査に先立つ1980（昭和55）年には大阪府の研究グループが，やはり乳幼児健診を受診した保護者を対象に同じ質問項目からなるアンケート調査を行っている。そこで，原田らは，23年間で子育てに関する保護者の意識がどのように変化したかを比較した（以下，原田らの調査を「兵庫調査」，大阪の研究グループの調査を「大阪調査」ということにする）。なお，兵庫調査も大阪調査も阪神間のベッドタウンの住民を対象としているため，地域差は無視しても差し支えないと考えられる。

　図4-1の質問は，「自分の子どもが生まれるまでに，小さい子に食べさせたり，おむつをかえたりした経験」の有無を尋ねているが，「よくあった」という回答が22％から17％に減り，逆に「なかった」という回答が41％から56％に

第4章　地域における虐待予防体制

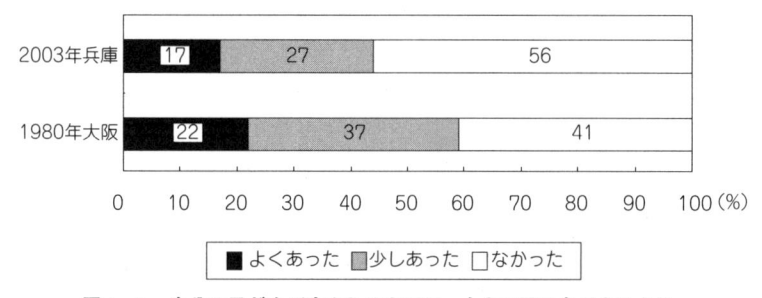

	よくあった	少しあった	なかった
2003年兵庫	17	27	56
1980年大阪	22	37	41

図4-1　自分の子どもが生まれるまでに，小さい子に食べさせたり，おむつをかえたりした経験はありましたか
(出典)　原田他，2004．

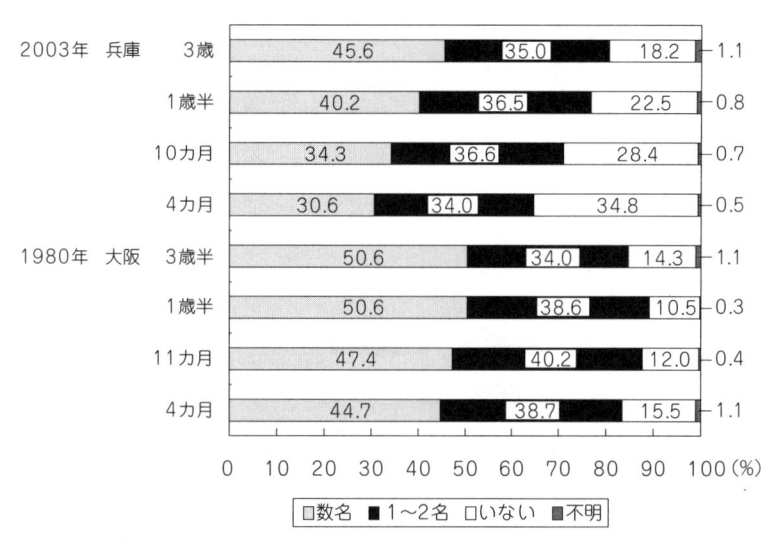

		数名	1～2名	いない	不明
2003年 兵庫	3歳	45.6	35.0	18.2	1.1
	1歳半	40.2	36.5	22.5	0.8
	10カ月	34.3	36.6	28.4	0.7
	4カ月	30.6	34.0	34.8	0.5
1980年 大阪	3歳半	50.6	34.0	14.3	1.1
	1歳半	50.6	38.6	10.5	0.3
	11カ月	47.4	40.2	12.0	0.4
	4カ月	44.7	38.7	15.5	1.1

図4-2　近所にふだん世間話をしたり，赤ちゃんの話をしたりする人がいますか
(出典)　原田他，2004．

増えている。つまり，2003年の調査では，半数以上の親が，自分の子どもを生む前に乳幼児の世話を経験したことがないと答えているのである。

　図4-2は，「近所にふだん世間話をしたり，赤ちゃんの話をしたりする人がいますか」と尋ねたものであるが，子どもの年齢にかかわらず，「数名いる」という回答が減り，「いない」という回答が増えている。

第1部　産後のうつをケアする・虐待を予防する

　図4-3では，「育児で今まで不安なこと」があったかどうかを尋ねているが，これも，子どもの年齢にかかわりなく「しょっちゅう」という回答が大幅に増え，「あまり不安を感じない」という回答が減っている。

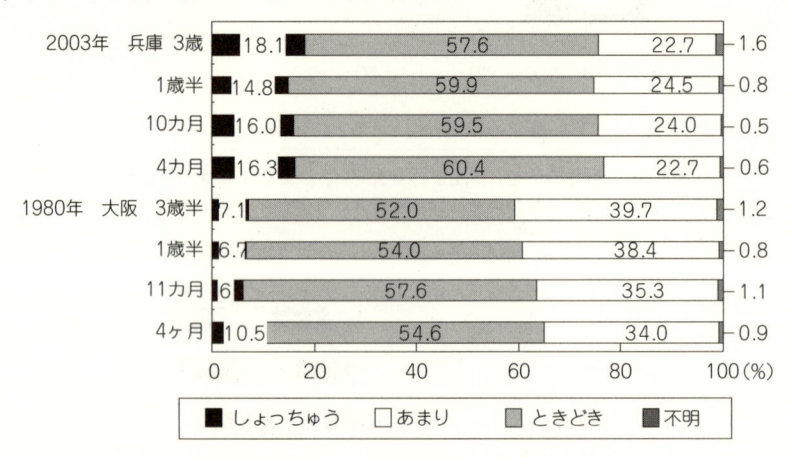

	しょっちゅう	あまり	ときどき	不明
2003年 兵庫 3歳	18.1	57.6	22.7	1.6
1歳半	14.8	59.9	24.5	0.8
10カ月	16.0	59.5	24.0	0.5
4カ月	16.3	60.4	22.7	0.6
1980年 大阪 3歳半	7.1	52.0	39.7	1.2
1歳半	6.7	54.0	38.4	0.8
11カ月	6	57.6	35.3	1.1
4ヶ月	10.5	54.6	34.0	0.9

図4-3　育児のことで，今まで不安なことがありましたか
(出典)　原田他, 2004.

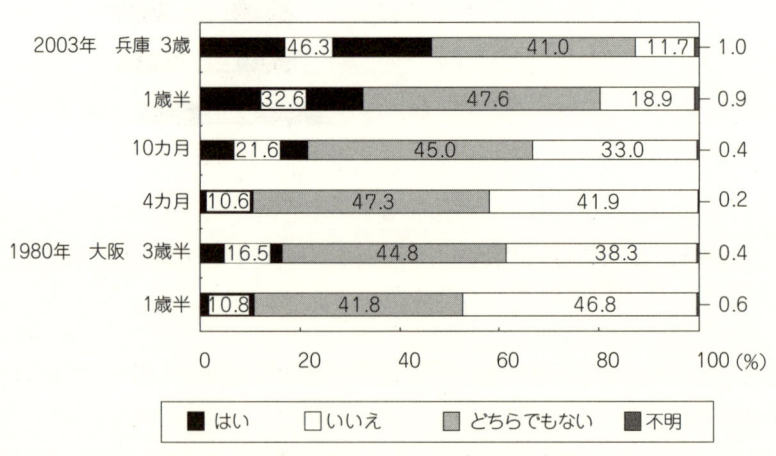

	はい	いいえ	どちらでもない	不明
2003年 兵庫 3歳	46.3	41.0	11.7	1.0
1歳半	32.6	47.6	18.9	0.9
10カ月	21.6	45.0	33.0	0.4
4カ月	10.6	47.3	41.9	0.2
1980年 大阪 3歳半	16.5	44.8	38.3	0.4
1歳半	10.8	41.8	46.8	0.6

図4-4　育児でいらいらすることが多いですか
(出典)　原田他, 2004.

第4章 地域における虐待予防体制

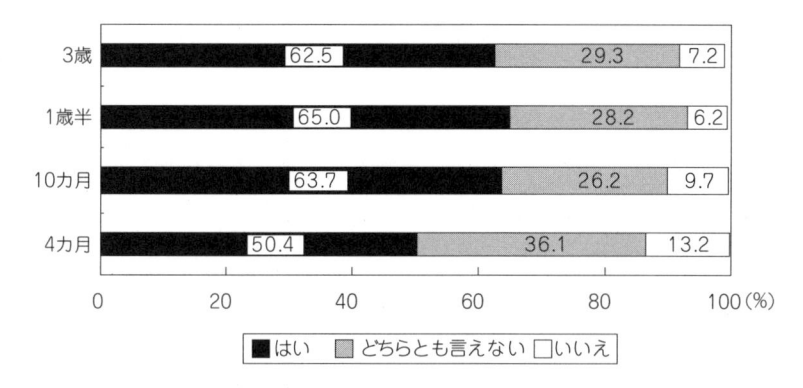

```
3歳    | はい 62.5 | どちらとも言えない 29.3 | いいえ 7.2
1歳半  | 65.0 | 28.2 | 6.2
10カ月 | 63.7 | 26.2 | 9.7
4カ月  | 50.4 | 36.1 | 13.2
```

■はい ■どちらとも言えない □いいえ

図4-5 子育てを大変と感じますか
(出典) 原田他, 2004.

　図4-4では,「育児でいらいらすることが多いか」どうかを尋ねているが,これも「はい」という回答が大幅に増え,「いいえ」という回答が著しく減少している。

　図4-5の設問は,「子育てを大変と感じますか」というものである。この設問は兵庫調査で初めて尋ねたものであるが,子どもの年齢にはかかわりなく,いずれも過半数の親が「はい」と回答している。

(2) 子育て不安が深刻化する社会的背景

　これらの調査結果から見えてくるのは,親の孤立化が進むとともに,幼い頃から子育てに関わる経験をもたない親が増えており,このような状況の中で,子育て不安や虐待問題が深刻化しているということである。

① 親の孤立化の進行

　都市化,核家族化の進行により,家庭そのものが地域から孤立し,孤独感と閉塞感を抱えながら子育てを行う親が増えている。地域共同体が存在した昔は,近所の人たちが若い親に助言を与えたり,子育てを手伝ったり,他人の子どもであっても,悪いことをしている子どもにはわが子同然に叱りつけた。つまり,「地域ぐるみ」で子育てが行われていたのである。しかし,今では地域におけ

る共同体的機能が弱体化し,「密室の育児」という言葉に象徴されるように,親だけですべての事柄を処理しなければならなくなっている。さらに,大家族の昔は,舅や姑,おじやおばなど「家族ぐるみ」で子育てが行われていたが,核家族化が進行する中,さらに父親の物理的・心理的不在が指摘される中,子育ての負担がすべて母親の肩に重くのしかかっている。このことは,児童相談所が対応した虐待相談のうち,実母による虐待が62.8%を占めている事実からも明らかである(厚生労働省「平成18年度 社会福祉行政業務報告)[2]。

　このような状況の中で,孤独感と閉塞感,困難感を抱えながら,親は次第に追い詰められていくのである。

② 子どもへの関わり経験の乏しさ

　幼い頃から子育てに関わる経験をもつ若い人たちが少なくなっており,わが子を生んで初めて赤ちゃんの世話をするというケースが一般化してきていることは,先に紹介した調査の結果からも明らかである。昔は,きょうだいの数が多かったため,幼い頃から妹や弟の世話をした。また,地域には幼い子どもたちがたくさんいたため,乳幼児に関わる機会も多く,その中で,「赤ちゃんとはどのような存在であるか」といった観念を体得し,また幼い子どもへの関わりの技術（スキル）を自然に身につけた。しかし,現代では,そのような機会が乏しくなりつつある。その結果,若い親は戸惑い,スキルのなさも相まって,子育てに自信をなくしてしまうのである。

　虐待の予防のあり方を考えるには,現在の親が置かれているこのような状況を十分に理解しておくことが重要である。

2 虐待の予防的支援の現状と課題

(1) 予防的支援の重要性

　虐待は,子育てへの自信のなさや子育て困難感といった子育てに伴うストレスをはじめ,夫婦関係や近隣関係,経済的問題,親自身の生育歴など様々な要因が複雑に絡まって発生するが,虐待は疾病と同じで,初期症状から次第にエ

ンスカレートし，最後は死亡というきわめて深刻な事態に至るのである。しかも，対応が遅くなればなるほど解決も困難を極めることになる。したがって，虐待予備軍ともいわれる支援を必要とするケース（虐待のハイリスクケース）を可能な限り早期に発見し，必要な支援を行うことにより，虐待にまで追い詰められないようにすること，つまり虐待の予防を図ることがきわめて重要となる。

表4-1は，虐待のハイリスク要因（虐待に至るおそれのある要因）である[3]。乳幼児健診や新生児訪問時での親子の様子，保育所や学校等での子どもの様子，近隣からの情報など，ハイリスクな状況に気づく機会は多くある。もし支援が必要と判断された場合は，関係者同士が連携しながら積極的な支援を行っていく必要がある。

表4-1　虐待のハイリスク要因

1．保護者側のリスク要因
・妊娠そのものを受容することが困難（望まぬ妊娠，10代の妊娠）
・子どもへの愛着形成が十分に行われていない。（妊娠中に早産等何らかの問題が発生したことで胎児への受容に影響がある。長期入院）
・マタニティーブルーズや産後うつ病等精神的に不安定な状況
・元来性格が攻撃的・衝動的
・医療につながっていない精神障害，知的障害，慢性疾患，アルコール依存，薬物依存
・被虐待経験
・育児に対する不安やストレス（保護者が未熟等）　　　　　　　　　　　　等
2．子ども側のリスク要因
・乳児期の子ども
・未熟児
・障害児
・何らかの育てにくさを持っている子ども　　　　　　　　　　　　　　　等
3．養育環境のリスク要因
・未婚を含む単身家庭
・内縁者や同居人がいる家庭
・子連れの再婚家庭
・夫婦関係をはじめ人間関係に問題を抱える家庭
・転居を繰り返す家庭
・親族や地域社会から孤立した家庭
・生計者の失業や転職の繰り返し等で経済不安のある家庭
・夫婦不和，配偶者からの暴力等不安定な状況にある家庭
・定期的な健康診査を受診しない　　　　　　　　　　　　　　　　　　　等

（出典）厚生労働省「子ども虐待対応の手引き」(2007)より。

第1部　産後のうつをケアする・虐待を予防する

（2）虐待死から見た予防的支援の現状と課題

　厚生労働省は，2003（平成15）年から毎年，その年において発生した虐待死亡事例の分析を行っているが，表4-2は2006年における該当事例100事例（126人）のうち，心中事例48事例（65人）を除く52事例（61人）についての分析結果の一部をまとめたものである[4]。

　これらの結果は，虐待死や虐待そのものの発生を予防するために何が必要かを示唆している。

① 母子保健分野による支援

　胎児期の問題では，望まない妊娠が16.4％，若年（十代）妊娠が13.1％を占めているが，もし母子健康手帳交付時に助産師や保健師などの専門職が妊産婦と短時間でも個別の面接を行い，必要に応じて支援を行っておれば悲劇は防げたのではないかと思われる。また，3～4カ月児健診未受診が17.2％，1歳6カ月児健診が20.8％，3歳児健診が55.6％を占めるなど，乳幼児健診の未受診が際だって多くなっている。もし，未受診者宅を保健師が家庭訪問するなどのフォローアップが行われていたならば，かなりの虐待死は防げたのではないかと思われる。養育者の心理的・精神的な状況では，特に実母の場合，養育能力の低さが38.5％，育児不安が26.9％，うつ状態が17.3％，精神疾患が13.5％などとなっており，もし保健師が家庭訪問したり，関係機関と連携しながら必要

表4-2　虐待による死亡事例

① 胎児期の問題：望まない妊娠16.4％，母子健康手帳の未発行14.8％，妊婦健診未受診14.8％，若年（十代）妊娠13.1％
② 乳幼児健診未受診：3～4ヶ月時健診17.2％，1歳6か月時健診20.8％，3歳児健診55.6％
③ 予防接種未接種：風疹40.9％，麻疹20.8％，三種混合19.2％
④ 養育機関等への所属：なし65.5％
⑤ 地域社会との接触：ほとんどない42.3％，乏しい30.8％，ふつう26.9％，活発0％
⑥ 養育者の心理的・精神的問題等 　実母：養育能力の低さ38.5％，育児不安26.9％，うつ状態17.3％，精神疾患13.5％，高い依存性11.5％ 　実父：養育能力の低さ15.4％，衝動性7.7％，攻撃性7.7％，怒りのコントロール不全7.7％

（出典）　社会保障審議会児童部会児童虐待等要保護事例の検証に関する専門委員会『子ども虐待による死亡事例等の検証結果等について』第4次報告書（2008）より。

な支援を行っていたら，最悪の事態は避けられたのではないかと思われる。
　このように，母子保健分野からの積極的な支援が虐待死や虐待の発生予防を図るうえできわめて重要である。
② 養育機関等への所属
　保育所や幼稚園などの養育・教育機関への所属がないケースが65.5％と高い比率を占めている。ちなみに，厚生労働省及び文部科学省の統計によれば，2006（平成18）年度末現在における幼稚園，保育所の在籍児童数はそれぞれ172万6,518人，200万3,610人であり，0～5歳までの児童人口全体の約55.2％を占めている。当然小学生以上は義務教育のため，所属率は100％に近いと考えられるので，児童人口に占める養育・教育機関等の所属児童全体の割合はこれより高くなるものと推測される。したがって，虐待死事例において，養育・教育機関への所属がない児童が66.5％に達するということは，所属のある児童に比べてきわめて高い比率と言わねばならない。この事実は虐待を防止する上で所属集団がいかに重要な役割を果すかを物語っている。子どもが保育所や幼稚園などに通うことにより，親の子育て負担が軽減されたり，保育者や他の親たちとの交流機会が増えることにより，親の孤立が防止できるからである。
③ 孤立防止
　地域社会との接触状況では，「ほとんどない」「乏しい」を合わせると73.1％を占めており，親を孤立させないことが虐待の発生を予防する上できわめて重要であることを意味している。
　親の孤立を防止するための公的なサービスとして典型的なものは，「地域子育て支援拠点事業」である。従前は，「地域子育て支援センター事業」として，保育所などを中心に，地域で子育てを行っている家庭への相談指導，子育てサークルの育成・支援，特別保育事業等の積極的実施・普及促進など行ってきたのであるが，2007（平成19）年，事業内容が再編され，「地域子育て支援拠点事業」として，地域子育て支援センターやつどいの広場，児童館それぞれの機能を活かして総合的な地域子育て支援を行う事業として位置づけられた。「つどいの広場事業」は，乳幼児をもつ親とその子どもが気軽に集い，交流を図る

第1部　産後のうつをケアする・虐待を予防する

とともに，ボランティアなどによる子育て相談，子育てに関する情報提供や講習会の開催などを行うものである。なお，2008（平成20）年の児童福祉法改正により，地域子育て支援拠点事業をはじめ各種子育て支援事業が法定化された（施行は2009〔平成21〕年4月から）。

　また，保育所の園庭を開放し，地域の親子が集って交流を図ったり気軽に相談できる取組みも広がりつつある。

　さらに，親の孤立を防止するための民間活動も活発化している。大阪府茨木市では，親の孤立を防止するため，地域の児童委員や保護司などのボランティアグループが，地元の児童養護施設と連携しながら料理教室やゲーム大会などのイベントを企画・実施しているが，大勢の参加者を得ている。本グループの活動の特色の一つは，案内チラシを単にメールボックスに投函したり，公共の場所に掲示するだけではなく，幼い子どもを育てている家庭をメンバーが手分けして一軒一軒訪問し，案内チラシを渡しながら対面方式で参加を呼びかけているところにある。さらに，イベントに参加している間は，母親としての立場から解放されてひとりの人間に戻ってもらおうと，子どもたちを別室で保育しているのも特徴的なところである。

　また，埼玉県上尾市に事務局を置く子育て支援NPO法人「彩の子ネットワーク」は，子育てを行っている現役の母親たちによる子育て支援ネットワークであり，子育ての喜びや苦しみなどについて発表し合ったり，外部から講師を招いて子育て講座を開催するなどの取組みを行うことにより，親の孤立防止を図っている。

　さらに，児童委員などのボランティアが中心になって，若い親への声かけ運動を行う例も全国的に拡がりつつある。何気ない声かけが，孤独感と閉塞感に苦しんでいる親には，地域との接点になり，大きな励みと喜びをもたらすのである。このように，虐待問題をわが事としてとらえ，市民としてできることから取り組んでいくことが虐待の発生予防にとってきわめて重要である。

3 その他の制度的課題

(1) お節介型サービスの重要性

　保育サービスのほか，例えば各種相談事業や乳幼児健康診査，子育て支援短期利用事業（トワイライトステイ，ショートステイ），乳幼児健康支援一時預り事業，放課後児童健全育成事業（放課後児童クラブ）など，子育てに関する様々な公的サービスが用意されている。しかし，これらの子育て支援サービスはいずれも申請主義であるため，サービスを利用するには希望者自らが役場や相談支援機関に足を運び，サービスを申し込む必要がある。しかし，子育てに行き詰まって自信をなくし，自分を責め続けている親の場合，自ら積極的に相談したり，サービスの利用を申し込むことへの強い心理的抵抗感から，アクションを起こせない者も少なくない。つまり，真にサービスを必要としている家庭にサービスが行き届かないという構造になっているのである。このような問題を打開するには，親自身から願い出がなくても，必要と思われる場合にはこちらから家に出向き，デリケートな親の心理に配慮しながら，必要なアドバイスを行ったり，子育てや家事を手伝ったり，必要な支援サービスにつなげるといったお節介型の支援が必要となる。

　国は2004（平成16）年度，市町村が必要と認めた場合に保健師や保育士などの専門家やボランティアを家庭に派遣する「育児支援家庭訪問事業」を創設している。さらに，2007（平成19）年度には，親が孤立してしまうのを防ぎ，何でも相談できる環境を整えるため，生後4カ月までの赤ちゃんのいる全ての家庭をボランティアなどが訪問して，顔の見える関係づくりを行う「こんにちは赤ちゃん事業」もスタートさせている。なお，2008（平成20）年の児童福祉法改正により，これらの事業はそれぞれ「養育支援訪問事業」，「乳児家庭全戸訪問事業」として法定化された。このように，お節介型の支援サービスの充実・強化が図られつつあることは，虐待の発生予防という観点からはきわめて重要である。

（2）自助グループによる支援

　民間の虐待防止団体は，電話による相談活動を通じて虐待の発生予防や再発防止に寄与してきたが，最近，これらの民間虐待防止団体や保健所などによるPCG（Parent &Child Group）やMCG（Mother & Child Group）の活動も活発化している。これらは子育てに自信をなくしていたり，精神的に不安定な状態で子育てを行っている親たちに集まってもらい，それぞれの辛い思いや経験などについてお互いが自由に話し合うことにより，自らの気づきと困難感の緩和を図るとともに，適切な支援機関につながる契機とするものであり，虐待の発生予防にきわめて重要な役割を果している。したがって，これらの活動の普及・拡充に向けた支援策も重要な課題である。

（3）要支援家庭に必要なサービスが確実につながるためのシステム化

　支援が必要な家庭（要支援家庭）を早期に発見し，必要なサービスをこれらの家庭に確実につなげることが重要である。要支援家庭を把握する機関は市町村の児童福祉主管課，市町村の母子保健主管課，児童相談所，児童委員（主任児童委員），保育所，幼稚園，学校，医療機関，民間の虐待防止団体など，多岐にわたっているが，これら要支援家庭を発見した機関は必ずしも自己完結的に必要なサービスを提供できるとは限らない。このため，関係機関が一堂に会し，情報の共有化を図るとともに，支援方法等を検討し，一定の役割分担のもとに一体的な支援活動を行っていくことが重要である。

　2008（平成20）年の児童福祉法改正では，次のような規定が新設された。①乳児家庭全戸訪問事業又は養育支援訪問事業の実施に当っては母子保健との連携・調和の確保に努めなければならないこととされたこと，②母子保健事業又は母子保健事務の実施に際して要支援児童（保護者の養育を支援することが特に必要と認められる児童）や特定妊婦（出産後の養育について出産前において支援を行うことが特に必要と認められる妊婦）と思われる者を把握したときは，これを市町村長に通知するものとされたこと，③要保護児童対策地域協議会の取り扱いの対象となる児童に，従前の被虐待児童などの「要保護児童」に加え，新たに要

支援児童や特定妊婦が追加されたことなど。

これらの改正はいずれも，関係機関によるシステマティックな支援活動をバックアップするものであり，画期的であると言える。

ただし，課題がなくはない。従前の要保護児童対策地域協議会（虐待防止ネットワーク）の運営についても度々その形骸化が指摘されてきたが，要支援等を加えた協議会の実効性をどう確保していくか，特に膨大な該当事例を抱える人口規模の大きな自治体では，要保護児童と要支援児童，特定妊婦を一本化して運営することは不可能と言わざるをえず，制度・運営面の両面での工夫が特に求められる。

また，先に紹介した「彩の子ネットワーク」のような民間支援活動と公的な連携基盤である要保護児童対策地域協議会との接点と連携をいかに確保するかも重要な課題となろう。

注

1) 原田正文・山野則子他「児童虐待を未然に防ぐためには，何をすべきか——子育て実態調査『兵庫レポート』が示す虐待予防の方向性」『子どもの虐待とネグレクト』vol, No.1，2004.5，日本子どもの虐待防止研究会．
2) 厚生労働省「平成18年度　社会福祉行政業務報告」2006．
3) 厚生労働省「子ども虐待対応の手引き」2007．
4) 社会保障審議会児童部会児童虐待等要保護事例の検証に関する専門委員会『子ども虐待による死亡事例等の検証結果等について』第4次報告書，2008．

参考文献

文：才村純，絵：葉祥明『ぼくをたすけて』中央法規，2004．
才村純『子ども虐待ソーシャルワーク論——制度と実践への考察』有斐閣，2005．
才村純『図表でわかる子ども虐待——保育・教育・養育の現場で活かすために』明石書店，2008．
津崎哲郎・橋本和明編著『児童虐待はいま——連携システムの構築に向けて』ミネルヴァ書房，2008．

（才村　純）

第1部　産後のうつをケアする・虐待を予防する

第5章
子育ての苦悩をわかちあうグループ
——MCGとは何か——

はじめに

　母親の役割や責任について述べられた育児書はたくさんあっても，母親たちがその課せられた期待によって傷つき，その代償を子どもに求めてしまうことにふれているものは多くない。また親の子ども時代の体験が子育てに重要な意味をもつこともあたりまえすぎるのか，「親の子ども時代から始まる育児書」も見当たらない。MCGというグループミーティング（以下グループ）が問いかけているのは，このように現実社会では見過ごされてしまう「育児不安」や「虐待」につながる母親の精神的葛藤や内面にまつわる事柄を扱う支援の，新しいあり方である。

1　MCGの成り立ち
　　　——悩まない子育てはない——

（1）MCGの方法①：言いっぱなし，聞きっぱなしのグループ

　MCG（Mother and Child Group）「母と子の関係を考える会」は，筆者の所属する子どもの虐待防止センター（CCAP）の電話相談を母体に，精神科医の齋藤学氏の提案で1992年に誕生した育児不安や虐待問題をかかえる母親のための「援助者のいる自助的グループ」である。MCGとはグループの進め方，方法論を共有するためにつけられた名称であり，MCGという名前にこだわらな

第5章　子育ての苦悩をわかちあうグループ

いでほしい。たとえば保健センターで開催するMCGにはその意味が一目でわかるように「ママ一休み」とか「母親の時間」といった名前がつけられている。そこには母親たちを待つ部屋があり椅子が並べられているだけである。90分間、ファシリテーター（援助者）の進行で、母親たちは自分の心の中をみつめるように、一人ずつ順番におしゃべりをする。

　MCGを実施するのに大切なことは「言いっぱなし、聞きっぱなし」、という援助者が母親たちにほとんど「助言をしない」という手法であり、さらにグループの中ではお互いが対等で平等な関係にあり、そこには役割分担はあっても上下関係や力関係は存在しない。援助者にも「よろいを脱いで武器を持たずに座ること」が求められる。ここがミーティング（会議）とはちがうところである。そして参加した母親同士が悩みを語り、思いを「わかちあう」ところから始まる。それぞれの母親の成長と回復を援助者である私たちが信じることが何よりも大切である。

（2）　MCGの方法②：私たちは他者を変えられない

　このグループの方法はAA（アルコホーリクス・アノニマス；Alcoholics Anonymous：アメリカで始まったアルコール依存者たちの自助グループ）の知恵を借りたものである。随分冷たい支援にも思われるが、この手法には深い意味が隠されている。それは私たちが他者を変えられないこと、変えられるのはその人自身の自己ケア、自己治癒でしかないということである。MCGはグループに参加することも終わりにすることも本人の自由である。自分と向き合うことになるMCGのワークは、気づきたくないことに気づき、否認の壁が揺らぐ、時には厳しいものである。決して他者に強要されてやるものではない。幸いにも母親たちは危険だなあと思えば休むことも選択できる。話しすぎると休み、休んではまた参加し、そのような繰り返しの中でグループに参加し続ける限り母親たちは成長していく。私たちは「場の力」を信じ、グループの日には部屋のドアを開けて、たとえ参加者がゼロだとしても待ち続ける、これがMCGである。

　MCG支援に流れるのはこのように一貫した「無力と無欲の思想」である。

助言することが専門性だと思っている私たちには，難しい在り方が求められることになる。

2　MCGはなぜ必要だったのか
　　──子どもがかわいくない時　他の母親はどうしているんだろう──

（1）専業主婦の孤独な子育て

　子育てに絶対的な方法はなく，悩んでいない母親など一人もいないはずなのに，地域や共同体が崩壊した現代社会の孤独な子育てでは，他の人たちはみんなうまくやれているように思えて，多くの母親たちが，「うまくできてあたりまえ，できないのは母親失格」と，必要以上に自分を責めている。

　大きすぎる罪悪感は母親から心のゆとりを奪い，子どもへの暴力と転化しやすい。そのような状況でも手伝ってくれる人や「大丈夫だよ，よくやってるよ」と認めてくれる人が一人いて，同じように悩みながら子育てをしている仲間の存在を身近に感じることができれば，こんなものでいいのかなと，やり過ごせるだろう。しかし，現実を見渡せば夫は仕事で忙しく，日中は母子だけの核家族の暮らしである。祖父母世代も働いている人たちが多かったりで，手伝ってはもらえない。とくに専業主婦の子育ての孤独は深く，24時間，子ども以外の誰とも話していないという母親たちが大勢いて，「淋しさが頂点に達した時に子どもを叩いてしまう」，という声もある。子どもを母親の育児ストレスの犠牲にしないためにも家族に代わって話を聞き，母親に課せられたプレッシャーを軽くする「場」が必要だったのである。

（2）子育てが引き出す親の「心の傷」や被虐待体験

　人は子ども時代に学んだやり方で子育てをする，と言われている。子どもの虐待防止センターの電話相談の約半分は，「親にされたことをしたくないのにしてしまう」という世代間連鎖の悩みを訴えるものであった。優しかった夫が，父親になったことが契機で赤ちゃんを叩いたりつねったりするようになり，「これは虐待ではないですか？」と深刻な悩みを打ち明ける母親もいる。夫は，

第5章　子育ての苦悩をわかちあうグループ

「自分がなぜこんなことをするのかわからないんだ，泣き声を聞いているとただ怒りがこみあげてくる」，と妻に言ったそうで，子ども時代に兄弟で差別されて育っていたことが後でわかったりする。これはほんの一例であるが，父親にとっても母親にとっても，子育ては生育歴の追体験という側面がある。家族が当事者であれば一番身近な家族が相談相手にはならない。家族や過去の話はすべきではないし聞いても意味がないと思っている医療関係者や援助者もたくさんいる。虐待の世代間連鎖を防ぐためには，家族の中の葛藤や暴力について安心して語れる場が必要であった。

（3）育てるのが難しい子どもたち

　愛着障害や広汎性発達障害などの概念が，保健福祉や医療関係者の間でも知られるようになったのはここ数年のことである。母親たちは思いもよらない診断名を告げられ，子どもの育てにくさや子どもを可愛く思えなかったことが，自分の育て方のせいではなかったとわかり一時は安心するかも知れない。しかし，育てるのが難しい，一方で，愛されることが苦手な子どもたちとの言葉に尽くせない苦労の多い日々に変わりはない。母親たちは子どもに障害があるとわかっても，すぐには受け入れられるはずはない。否認し，怒り，嘆き，時間をかけて受容していくものである。その受容するまでの長いプロセスに付き添ってくれる人と場所が必要である。同じような悩みを抱える仲間と出会い，思いを分かちあえる場があればどれほど母親たちは勇気づけられるだろう。

3　グループの中では何が起きているのか（MCGの実際）
——語ることは感じること，感じることは考えること——

　それではある日の保健センターのグループを再現してみよう。架空のグループであるが，話されていることはグループではしばしば話題になっていることである。母親たちの変化とグループ効果，援助者（ファシリテーター）の態度を感じとってほしい。

第1部　産後のうつをケアする・虐待を予防する

(1) MCGの約束ごと

　時間は90分間，月に1回か2回のペースでグループを開く。座る場所は決めたら移動しないこと，グループワーカーは最低2名でうち一人はファシリテーター（進行役）を務め，もう一人は必要に応じて記録し観察者を務める。このとき記録に熱心になるよりもよい聴き手として座ることの方を優先する。母親たちが保育室に子どもを預けて椅子に座り，保健師よりお茶がサービスされて，グループは始まる。はじめにファシリテーターがグループの意味とルールを説明する。専門用語は使わず，参加者の心に届くように自分の言葉で説明することが大事である。

　以下はその例である。

　この会はお母さんが子どもと離れておしゃべりをする会です。日ごろ悩んでいること，不安や不満に思っていること，なんでもいいです。変えられないと思うことでも，話すと心が少し軽くなります。そのためにルールが二つだけあります。一つは他の人の話を批判したり自分の考え方を押しつけたりしないこと。二つ目はここで聞いたことを外に持ち出さないでここだけにおいて帰る，というルールです。私が進行役になり，順番におしゃべりしていきます。90分間の間，くるくる周ります。話さなくて座っているだけでもよろしいです。その時はパスと言ってください。初めての方はどうしてこの会に来てみようと思ったか，そんなことから始めると話しやすいでしょう。では○○さんからどうぞ。

---

(2) 母親たちの変化と成長

【事例①　育児不安の裏にある葛藤】

母親たちのわかちあいの邪魔をしない

　ユキさんは，「ママひと休み」のチラシを見て自主的に参加してきた，2歳児の母である。ユキさんの悩みは子どもの癇癪であった。

　「スーパーマーケットなどでひっくり返られると，まわりの人から躾がなっ

第5章 子育ての苦悩をわかちあうグループ

ていない母親だと見られているようで辛い，他の人の話を聞いてみたい」，と話す。すると「大変ねえ」とか「今だけよ」とか，つい相手が楽になるような一言を言ってみたくなるのが私たち援助者であるが，ここでは参加者の一員として聞くことに徹し，ユキさんが話し終えたら，「では隣の方どうぞ」と言って回すだけである。ここに他のグループミーティングとちがうＭＣＧの特徴がある。直接，癇癪の話でなくても，グループを続けていれば「食べてくれない」とか「友達をたたく」とか，他の母親たちからも思うようにいかない子育ての悩みが次々と出されて，やがてユキさんは「悩んでいるのは自分だけではない」と，知ることになる。私たちが多くの言葉を尽くすよりも，今子育てをしている者同士ならわずかな言葉でも気持ちが通い合い，癒やされる，助言してしまうのは私たちが不安だからである。大切なことは援助者が母親たちのわかちあいの邪魔にならないように，そこにそっと控えめにしているということである。

お土産は持たせなくていい，本人がつかんで帰るもの

　話すも話さないも参加者自身にまかされている時間の中で，2周3周とくるくる回るうちに母親たちの話も少しずつ深くなって，母親の本当の悩みが見えてくる。

　たとえばユキさんは，「両親から私が子どもにあますぎる，と言われるんです」と話した後で，「両親に叩かれたことがよい影響を自分に与えたと思えないから，私は子どもを叩きたくないんです」と，子どものことではない自分自身の葛藤について話しはじめている。

　ファシリテーターである筆者は，（母は怒ることでわが子を自分のようにしてしまうのではと恐れて，癇癪を起こしている子どもを怒ることもできず，一方で子どももストップ（限界を与える）をかけてくれる人がいなくて，気持ちの収めどころがわからないまま，ますます癇癪に拍車がかかり，親子で悪循環にはまり込んでいるのかもしれない）と思いながら聞いているだけである。

　もし，よかれと思って，このような分析を筆者がユキさんに伝えたらどうな

75

るだろう。ユキさんもわかっているとしたら，折り合いがつかずに悩んでいることを指摘されたのでは，批判されたような気持ちになり，援助者やこの場を怖いと感じてしまい，ここは来たい時に休みにくる安全な居場所ではなくなってしまうかもしれない。子ども時代の自分を目の前の子どもに投影して，泣きわめく子どもが傷ついている自分のように感じられ，ユキさん自身が苦しくなっていると自分で気づく。では，次にどうすればいいのか，それらのすべてはユキさん自身に任されていなければならないのがMCGなのである。

それでも何か助言しなくては，という思いに捕らわれるのだとしたら，「お土産は持たせなくて大丈夫，参加者がつかんで帰るもの」と，心の中で何度も繰りかえしてみるとよいと言われている。もちろん完璧にはいかないものである。

助言をするなら個人ではなく全体に向けてメッセージする

ところで，ルールは絶対に守らなければならないというばかりではない。矛盾するようだが，援助者（ファシリテーター）のケア的な言葉が欲しくて来ている母親もいないわけではない。そこでMCGでは個人を対象としない，参加者全体に通じる助言ならば行ってもよいとしている。このような助言を私たちはMCGメッセージと呼んで共有している。

たとえば，グループの最後にユキさんが改めて「癇癪を起こしたらどうすればいいのですか」と質問したとしたら，何を答えてあげられるだろうか。「叩くことと怒ることは別だよ，子どもは怒られてもすぐにまた同じことをやるでしょ，お母さんは子どもを何回怒っても大丈夫」とだけ控えめに話をしてみるのはどうだろう。メッセージが適切な時にはユキさんだけではない，他に聞いている母親たちの顔がにこにこと緩むものである。中には涙ぐむ人も出てきたり，みんな思い当たることがあるからだろう。

MCGでは，援助者には常識的な言葉を慎みながら，母親たちの限界を受け入れることが求められている。限界を受け入れて終わりなのではない。母親たちが"私はうまくやれないこともあるけれども，自分が思っているほどダメな

第5章　子育ての苦悩をわかちあうグループ

母親ではないのかもしれない"と，このグループでの受容される体験を通して，捕らわれから心を解き放ち，自分を罰することを止めることで動き出すであろう，母親自身に本来備わっている子どもを守り育てていく力を信じようとする態度こそが重要なのである。

母親たちを癒やす，子育てを楽にするＭＣＧメッセージ

◇赤ちゃんが自分の子という実感がわかないと言う不安な母へ
　初めはみんな母親のふりをしているだけ，演技でいいのです。子どもがかわいいと思えるようになるのはもう少し後のこと，泣いていた子が腕の中でスヤスヤと眠ってくれたり，ほほ笑みを返してくれたり，母と子の相互関係の上に母性愛はゆっくりと育ちゆくものなのです。

◇指しゃぶりは母親の愛情が足りないせい，と注意されて落ち込む母へ
　歯科衛生士が歯並びを心配するのは役割。しかし，母親は歯の健康だけでなく心の健康も考える人です。手の足りない母親業を母に代わって助けてくれる「指しゃぶり」，愛情が足りないのではなく，創造力が豊かに育ちはじめたと考えてみたらどうでしょう。

◇下の子をいじめる上の子こそ可愛がるように言われても，できないと悩む母へ
　あなたの育て方のせいではありません。上の子がこのまま意地悪な子に育つなんてこともありません。いじめた子ほど下の子をかわいがるようになるものです。母親は怒りたかったら上の子を怒ってよいのですよ。

◇子どもを叩いたり，ひどい言葉をあびせてしまうと悩む母へ
　子どもは時々かわいいと思えたらそれでいいのです。

◇子どもを殴りたい，捨ててしまいたいと思うことがあって，子育てに自信をなくしている母へ
　思うことと実際にやることはまったく違っていますよね。思うことは自由，何を思っても大丈夫ですよ。

第1部　産後のうつをケアする・虐待を予防する

【事例②　育てるのが難しい子どもを抱える母親の葛藤】
　カオリさんの子どもは5歳。発達障害と診断されて2年になる。
　この3年間，MCGで揺れ動く自分の気持ちを見つめながら子育てに格闘してきた。そんなある日のグループで，「子ども自身は自分の障害を恥ずかしいなんてちっとも思っていないんだと気づいたら，恥ずかしいと思っているのは私の方で，子どもに申し訳ないと思ったんです」と言う。自分の気持ちを言葉にできずに，「私はとくに話したいことはありません」と，座りつづける3年という長い時間を経て，カオリさんの口をついて出た穏やかな言葉であった。二者関係の個別カウンセリングや期限が設けられているグループミーティングでは，カオリさんはケアの場に来ることができなくなっていたかもしれない。このように母親の成長に私たちが付き添えるのは，MCGにはケアの道具としての「待つ時間」が許されているからである。

自分と子ども（他者）の間に境界線を引く
　子ども虐待は，「親が子どもと自分を同一視することから起きる」と言われる。そう考える時，カオリさんのように自分が恥ずかしいと思っても子どもは恥ずかしいとは思ってはいないことに気づき，"母の思いと子どもの思いはちがう"と，両者の間に境界線が引けるようになる。このことは，母親自身の精神的葛藤（精神病理）に子どもを巻き込まない（投影）ためには大切なことである。何かあれば母親の責任が問われる母性神話の強い現実社会であるがゆえの，育児不安や虐待問題から母子を守るためにMCGに求められたのは，哲学者のカリール・ジブランが謳ったように「あなたの子どもはあなたから来たけれどもあなたの子どもではない」と，母親が子どもを自分とは異なる一個の人格をもつものとして引き受けられるような，母親自身がそのことを学びとっていくことが可能になるような支援を提供することであった。
　具体的に言えば，"母親が感じることと，子どもが感じることはちがう"，"ちがってもいい"，"子どもは自分とは異なる他者であるからこそ，子どもが何を思っているのか，母親にもわからないことがたくさんあっていいんだよ"

と，いわば母親に重く課せられた責任を軽くしてあげられるようなケアである。もちろん，この背景には，重すぎる母親の精神的負担が育児不安や子ども虐待の要因になるという考え方がある。

　もし反対に，世間的な常識にとらわれてカオリさんに，「子どもこそつらいのだから母親が理解してあげなければいけない」と，助言したらどうなるだろう。カオリさんの自尊心はひどく傷つき，罪責感は強化され"私さえ頑張ればいいんだ"と思い込んでしまうい，子どもを過剰に意識し，今度は，子どもをコントロールするようになるかもしれないのである。

ＭＣＧは非現実的な時間

　このようにＭＣＧの提供する心のケアとは，ＭＣＧメッセージでも明らかなように，現実社会で母親に投げかけられる言葉とはちがう。ちがうからこそＭＣＧの提供する心理的支援に意味が備わると言える。したがってファシリテーターは，グループの時間が非現実的な時間であることを認識して，ルールのところで述べたように，母親たちにグループの始まりと終わりをきちんと伝える必要が出てくるのである。

変えられないことを受け入れる落ち着き

　ところで，最近のカオリさんは，「この子が他の子とちがってもいい，私はこの子のできることを伸ばしてあげることでいいんだ」と言う。グループに座って他の母親たちの話を聞くうちに，"親にも子にも自分たちの努力だけでは変えることのできない様々な悩みや苦しみが与えられている"，ということに心が開かれてきているのではないか。カオリさんには《変えられないことを受け入れる落ち着き》が備わってきたかに見える。

　繰り返しになるが，母親が自分を責めることを止め，自分を許せるようになることが，わが子を愛することにつながるプロセスなのではないか。もちろんそのためには母親も一人の人間として認められ受け入れられなければならない。ＭＣＧはそのためのお手伝いをするところなのである。カオリさんの成長は，

自身が一人で部屋に閉じこもっているだけでは得られなかった体験である。「すぐには変えられない苦しみだからこそ，歩いてグループに参加してみよう，そして他の人たちの話に耳を傾けてごらん」と言えるのは，これは私たち援助者にできる役割である。MCGではこの効果を「足でかせぐ」と母親たちに説明している。

【事例③　虐待問題を抱える母親の変化と回復】

他人を悩む人から自分を悩む人になる

参加者が5～6人のグループでは，一人に約3回，話す順番がまわり，内容も少しずつ深くなって変化していく。

マミさんは3歳児健診で保健師にグループを紹介され参加した。

マミさんは，初めは子どもが頭を壁に叩きつけたり，突然脅えたように泣くことが不安と言い，2順目では夫のDVのことやマミさん自身もDV家庭で育ったことが話され，最後には，「私は殴られてもなぜ家を出ないのだろう」と，変わっていった。この変化をグループでは，「他人を悩む人から自分自身を悩む人になる」と言って，母親の成長のひとつの節目と捉えている。

子どもの問題にされる母親の葛藤

子どもの癲癇に悩むユキさんも，子どもの発達問題に苦しむカオリさんもそうだったように，母親たちは子どもの問題を掲げてグループに参加してくる。しかし，グループの椅子に座り続けている間に，それが子どもの問題ではなく自分自身の問題であることに気づいていく。

たとえば，「異常に子どもが泣く」と訴える母親の，本当の問題は母親自身の淋しさであったり，また，「子どもが手に負えない」と繰り返す母親の，実際に手に負えなくなっていたのは，「私は子どもの頃がまんしていたのに，なぜこの子はがまんできないのか」と，自己主張するわが子に戸惑い混乱する母親自身の内面の姿だったりするのである。

MCGで扱うこのような母親の問題にはどこにでもあるような「折り合いの

第5章 子育ての苦悩をわかちあうグループ

つかない葛藤」から，マミさんのように「暴力にまつわる子ども時代の心の傷」が背景に隠れているものまで，多様である。しかし共通して言えることは，MCGで取り組むこのテーマが育児本や子育て相談では今なお扱われにくいテーマであるということである。

グループには自分を映し出す鏡がある

マミさんに話を戻し，マミさんに変化が起こった理由についてみてみる。

この日のグループにはDVの夫から逃げて，母子で新しい生活に踏み出したもう一人の母親が，自分の体験について涙を流しながら話していたからであった。その人の存在が，初めて参加したマミさんの洞察を引きだしたと思われる。自分は大丈夫と否認していても，グループで他者と出会い，その人の話の中に自分と同じような痛みと悲しみを見出した時には，自分の気持ちにウソをつき通すのは難しい。個別カウンセリングでは自分も相手もごまかせても，グループになるとごまかし続けるのは難しい。それは，グループには自分を映し出すたくさんの鏡があるからだと言われている。一見，涙も流さず淡々と夫のDVについて話すマミさんの方が健康的に思えるかも知れないが，グループでは押し殺していた辛い感情を，少しずつ解き放って痛みを語る，「もう一人の母親」の方がマミさんの前を歩くお手本であり，グループではこういう状況を〈先行く人〉と呼んでいる。

怒りは言葉にすればあっさりと流れ出る

子ども時代に両親から虐待を受け，それを「親は私のためを思って殴った」と正当化して大人になると，自分が親になった時にわが子に親にされたことと同じことを繰り返してしまう，と，その著書『魂の殺人』の中で警告を発したのはアリス・ミラーである。さらにアリス・ミラーは，自分が親にされたことを子どもにしないためには，子どもに向けている怒りを本来はどこに向けるべきものなのか気づき，自分自身の子ども時代の悲しみとして認め，それを悲しめるようになることである，と説いている。

確かに何人かの母親たちは，それをやり遂げたかに見えるが，現実に地域の保健機関で開催されるグループでこの深いテーマを扱うことは，様々な問題レベルの人が集まって来ることを考えれば，不可能に近い。しかし，多くは話さなくても（沈黙の中においても），子ども時代の家族の中にあった暴力について振り返り，親への怒りを話す代わりにわが子への怒りを話す。母親たちが，「子どもに泣かれるのが嫌だ」とか「子どもがかわいくない」とか言えれば，怒りはあっさり流れ出て，恨みにかわらない（変質しない）と言われる。グループにおいて，母親たちから子ども時代に受けた虐待から生じた親への怒りを聞くことができなくても，母親たちの今の子どもへの怒りを聞くことができ，それが子どもを虐待から守るという支援につながる。その場が，まさにMCGなのである。

話すことで行動が変わる

グループで親子関係を振り返り怒りを言葉にすることは，愚痴を言うこととはちがう。なぜなら行動が変わるからである。

たとえばマミさんはMCGの他に，女性センターで開催される「DV被害者のグループ」に参加するようになる。他にも精神科医を受診したり，子どもを保育園に預けたり，自ら児童相談所に電話して子どもの一時保護をお願いしたり，母親たちは，がまんすることから自分を解放してそれぞれに必要な援助を受ける能力，助けを求める力を獲得していく。MCGでの自分を語り受容される経験が自分を信じる力，自尊心の回復につながったのではないかと私たちは考えている。

MCGの効果について母親たちは，「問題は解決したわけではないけれども，グループに参加することで，心が軽くなって子どもが可愛く思えるようになる」とか，子どもへの「暴力が減った」とか「叩かなくなった」と話してくれる。やはり母親の行動は変わっているのである。

第5章 子育ての苦悩をわかちあうグループ

母親をケアして子どもたちを支援する

　ここでは保育室の子どもたちの様子について詳細に触れることはできなかったけれども，母親たちのそうした変化はすぐに保育室の子どもたちの上にも現れる。母親自身の悩みの元は変わらないのに，たとえば子どもへの暴力の背景に夫婦関係があることを母親がその日のグループで認め，「話せたから少し楽になりました」と涙した（感情表出）その日から，保育室のその母親の子どもの表情が明るくなることはよくあることである。それは乳幼児期の子どもたちがいつでも「母親の苦しんでいる原因のせいで苦しんでいるわけではなく，母親の感覚的世界に住んでいる」からこそ起きる，子どもたちへの影響である。母親が喜べば子どもたちも嬉しいし，悲しめばそれが自分のせいではないのに子どもたちは悲しいのである。小さくて原因がわからないからこそ，子どもたちは母親の悲しみを自分に責任があるように感じてしまうのである。

　確かに私たちは母親の抱える根本の問題を変えることはできない，けれども話を聞いてあげることで母親の心を軽くできれば，その向こうにいる子どもたちの心を救い，守ることもできるかも知れないのである。ＭＣＧがめざすのは，このように母親を内面的に支え心のケアをすることで，子どもが母親の精神病理に飲み込まれないように，子どもたちを守ろうという支援なのである。

4　ＭＣＧの課題

(1) 2つの悩み

　ＭＣＧは首都圏の保健福祉センターを中心に各地に広がっているが，寄せられる悩みには共通した部分が多い。

　一つには〈「育児不安の母親」と「暴力やDVに悩む母親」を，一つのグループで扱えるのか〉という問題があり，もう一つには〈グループは開いたものの，参加者が集まりにくい〉という悩みがある。

　表5-1は，子どもの虐待防止センターの相談員がファシリテーターをしている保健福祉センターのグループの経験を，あえて3種類に分けて整理したも

第1部　産後のうつをケアする・虐待を予防する

表5-1　3種類の保健センターのMCG

種類	間口	主たる参加経路	主たる話題	期間制限	1回の人数	継続率
a	柔軟 誰でも入りやすい	広報誌 チラシ 乳幼児検診 電話相談 心理相談 訪問事業 その他	育児ストレス 母の罪悪感 子どもの発達 その他 （現在の事柄）	定めなし	多め （6～9人）	低い （1～3回）
b	クローズド	乳幼児検診 電話相談 心理相談 訪問事業 その他	育児ストレス 母の子ども時代のこと 発達問題 虐待問題 DV問題 （現在～過去に関する事柄）	定めなし	少ない （3～5人）	高い （3回以上～数年）
c	混在型	a + b（育児不安や虐待問題を抱える母親たちのグループ）				

（出典）子どもの虐待防止センターの相談員が体験したグループより。

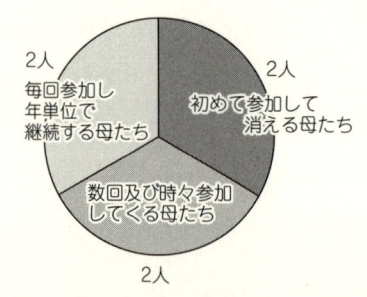

図5-1　軽いテーマと重いテーマが混在するグループ（6人のグループ）
（出典）子どもの虐待防止センターの相談員が体験したグループより。

のである。ここでは「育児不安を中心とした(a)グループ」と「深刻な問題が語られる重い(b)グループ」とその「両方が混在している(c)グループ」の3つの状況を表している。育児不安レベルの母親が多いと，参加人数は6～9人と多いが，定着者は少なく，母親たちはよく入れ替わる。反対に深刻な問題を抱えてくる母親たちが多くなると，いつも参加するメンバーが決まってきて，参加者は3～5人と少なくなり，継続者は多いグループになるが，利用者が限られるということで，その効率が時には問題としてあげられることになる。もっともバランスがよくないからこそ公的機関が扱うべきだとする頼もしい声も上がって，ここは

第5章　子育ての苦悩をわかちあうグループ

いつも議論になるところである。

　そこでグループ(c)の存在についてであるが，現実にうまく機能しているグループはどのグループかよく見てみると，この混在しているグループが少なくないのである（図5-1参照）。図の混在するグループの内訳を見てみると，6人のうち2人が初めて参加して消える育児不安の母親であり，その他の2人が数回，もしくは時々必要に応じて参加してくる母親で，後の2人は毎回参加し，年単位で虐待問題なども抱える母親たちで構成されている。つまりいろんな母親たちを積極的に受け入れようとするグループである。

（2）よく機能しているグループ

　考えてみれば，混在するグループの存在があっても不思議ではない。これまで見たように育児不安であろうが，虐待問題であろうが，表面的に語られないだけであって，母親なら互いに心の深いところでは他人事ではなく，戸惑い共感できることがたくさんあるからである。現実によく機能するグループとは，主催機関の提供するグループが地域性と母親のニーズにうまく適合し，しかも援助者（保健師と保育士とファシリテーター）相互がよく意見交換をし，互いのもてる力を信頼し合い，さらに母親たちを入り口で必要以上に選別せずいろいろなレベルの母親たちを迎え入れるための準備と覚悟と落ち着きをそなえているものであった。ややもすると私たちはグループに合う母親たちを探し出し招き入れようとしがちであるが，大切なことは母親たち自身にもグループを発見してもらえるようにグループの存在を知らせ，グループは母親たちに寄り添い付き合っていくということである。

グループの広がり

　2009年現在では，表5-2に示したように，ＭＣＧは民間型（子どもの虐待防止センター）と保健機関型と児童相談所型に分類できる。主催機関が変われば，参加者の持ち込まれる問題の質も少しずつ変化し，グループの話題や雰囲気も変わるものである。しかし，対等な人間関係の中で，自己を語り，他者の話を

表5-2　MCGの広がり

主催機関	主たる話題	経路
子どもの虐待防止センター（1992年スタート）	被虐待体験と心の傷	電話相談や他機関の紹介
保健センター（1998年～　）	育児不安や虐待問題	保健師の紹介や母本人より
児童相談所（2002年～　）	虐待の否認や児相への怒り（再統合プログラム）	児童福祉司紹介より

聞き，振り返り，洞察し，時には考えることから逃げ出し，休み，また参加して問題を認めたり深めたりして，涙し，自分を許し，自分を好きになり，子どもを受け入れられるようになっていくという，この母親たちの回復のプロセスはどこでやっても基本的には変わらないと考えている。なお児童相談所では東京都や神奈川県，横浜において，分離された母親たちの心のケアにMCGが採用され，経験が今現在も積み上げられているところである。

おわりに

　MCGとは何か，このグループを理解していただくために，ファシリテーターとして座る筆者自身がそこで何を感じ，考えてきたのか，3人の架空の母親たちの存在をかりて説明させていただいた。しかし，これは決して個人的経験談ではない。ファシリテーターとしてMCGに座り続けている，子どもの虐待防止センターの他の相談員たちの共通する体験であり，前述したようにAAミーティングをはじめとする「嗜癖問題をかかえる自助グループ」の知見が数多く含まれている。

　筆者にはグループで悩んでいる母親たちの顔が哲学者のような顔に見えると思う一瞬がある。それだけ子どもと向き合い，ぬきさしならない自分自身とも向き合っているからなのだと思う。するとファシリテーターとして座っている自身は母として，そんなに悩んだのだろうかと不安になる。もしかするとこれほど苦しまなかったのは子育てから逃げていたからなのか，それとも適切だっ

第5章　子育ての苦悩をわかちあうグループ

たからなのか…と，母親たちの話を聞きながら，筆者自身のMCGが，他の母親たちと同じように勝手に動き始めるのである。筆者の答えは未だ見つからないままであるが，ファシリテーターとしての変化と成長もきっとあるはずだとひそかな期待をMCGに寄せているのである。

それにしても「悩まない子育てほど危険なものはない」ということだけはわかったような気がしている。悩んでMCGに参加してくる母親たちは正しいのである。いろんなグループを体験させてもらって，深刻な虐待をしている母親たちほど，「育児は大変ではない，困っていない，助けはいらない」と言っていた。今の筆者には，母親がそのように言っていたのは母親自身の抱えている荷物が重すぎて，子育ての大変さなど，ものの比ではなかったのだと，ようやくわかる気がするのである。

子どもが母親の荷物につぶされないように母親が荷物をおろせる椅子が必要である。しかもそれは一人掛けではない，仲間も座れるようなベンチのようなものがよいであろう。MCGとはそのベンチである。

最後に子どもの虐待防止センターでは，これからMCGを実施しようとする人たちに向けて，CCAPテキストブックNo.11『MCG　子育てに悩む母親のためのグループ』を発行している。現場の保健師のグループ経験も述べられているので，副読本として参考にしてほしい。

参考文献

グロリア・スタイネム，道下匡子訳『ほんとうの自分を求めて』中央公論社，1994.

カリール・ジブラン，佐久間彪訳『預言者』至光社，1984.

齋藤　学『魂の家族を求めて』日本評論社，1995.

ボリス・シリュルニック，斎藤学・柴田都志子訳『壊れない子どもの心の育て方』KKベストセラーズ，2002.

（広岡智子）

第1部　産後のうつをケアする・虐待を予防する

コラム　母子保健の現場から　①　発達障害と児童虐待

　児童虐待の相談件数が2007年度初めて4万件を超えた。虐待の予防や早期発見のため，自治体を事務局に児童相談所や学校，病院などが連携するネットワーク組織が導入されて3年になるが，まだまだ児童虐待の件数はまったく減少を見せていないのが現状である。

　虐待という行為は，子どもの身体，情緒，行動，性格形成など，非常に広い範囲に深刻な影響を与えることがわかっているが，杉山らの調査（杉山，2007）によると子ども虐待症例に認められた発達障害は表1のごとく，多くの虐待症例に発達障害が認められるとのことであった。特に知的には境界線知能を示す者が多いことも特徴である。

　さらに，虐待症例ではない発達障害に比べて，虐待を受けてきた子どもは，暴力によるトラウマの再現性の表れとして，また，問題解決法としての暴力の学習の結果や依存性に対する否認の結果として，弱者に対する暴力を生じやすくなるという特徴をもっている。

表1　子ども虐待症例に認められた問題

診断	人数	%
広汎性発達障害	138	24
注意欠陥多動性障害	115	20
反応性愛着障害	289	50
解離性障害	33	59
心的外傷後ストレス障害（PTSD）	205	36
行為障害（非行）	172	30
その他の障害	59	10

表2　被虐待児で異常が指摘されている脳領域
（遠藤ら，2005）

脳領域	影響
脳梁．（島）	→ 解離症状
海馬．（扁桃体）	→ PTSD
前頭前野	→ 実行機能の障害
前帯状回	→ 注意の障害
上側頭回／眼窩前頭皮質／扁桃体	→ 社会性・コミュニケーションの障害

　最近の画像技術の進歩により，虐待の脳に及ぼす影響が次第に明らかになってきた。すなわち，被虐待児では，表2のような箇所に影響があるとされ，その結果として発達障害の症状も出現するとの見方が有力になりつつある。

　これら虐待児の親の問題も大きい。すなわち，親自身が障害や虐待のトラウマで苦しんでいる場合もあり，親の問題を解決しないと子どもの治療に当たれない。すなわち，被虐待児だけでなく，その家族もケアの対象とすることが重要であり，発達障害に虐待が絡むと非常に複雑で，障害も広範になる。早い段階で適切に治療するため，情緒障害児短期治療施設だけでなく，子どもの虐待の専門部門をもつ病院ももっと必要であり，チームでの診察をしていく必要がある。

文献
杉山登志郎『子ども虐待という第4の発達障害』学研，2007．

（山下一也）

第5章　子育ての苦悩をわかちあうグループ

> コラム　母子保健の現場から　②　妊娠後結婚は育児が「大変」

　近年の妊娠と結婚のかたちとして，妊娠後に結婚する（入籍する）というかたちはめずらしいことではなくなった。さらに，妊娠がわかったにもかかわらずその後結婚や入籍もしない，できない，いわゆる未入籍のまま母親になる女性も増加してきている。これらの状況の中でとくに問題となるのは妊娠を望まなかった場合である。2004年度の厚生労働省子ども虐待死亡事例検証結果に関する項目を見てみると，"望まない妊娠"があがっている。妊娠のひとつのかたちとしてはやはり，結婚が先にあって，お互いが妊娠を望むというかたちで子どもが迎えられることが好ましい。

　筆者が2007年に行った調査において，妊娠後に結婚（入籍）というかたちをとった妊婦の割合は15.6%（26/167名）あった。さらに妊婦に育児上で感じていること，考えていることについて自由に記述をしてもらい特徴語を抽出した結果からは，このかたちをとったグループは育児を「大変」に感じているというメッセージが読み取れた（図1）。

　この図は対応バブル分析で，自由記述の単語と属性（結婚後妊娠，妊娠後結婚，不妊治療後の3グループ）ごとのデータを2次元上に配置し検討したものである。単語や属性の出現頻度を丸の大きさで表現したもので，丸の大きさが大きければ出現頻度が多く，小さければ少ない。さらに単語と属性との関連は距離が近いものは近い関係にあり，遠いものは遠い関係にある。これを見ると，とくに妊娠後結婚したグループは，「大変」「赤ちゃん」という単語が近い位置関係にあり，「赤ちゃんを育てるのは大変」というメッセージが読み取れた。（なお軸は各関係を2次元上にうまくマッピングするために求めた値であり，数値に意味はない。）

　妊娠後に結婚する（入籍する）というかたちをとった場合においてさえ「赤ちゃんを育てるのは大変」であるため，未入籍の母親や望まない妊娠から出産となった母親に対する育児支援は非常に重要な課題であることがわかる。

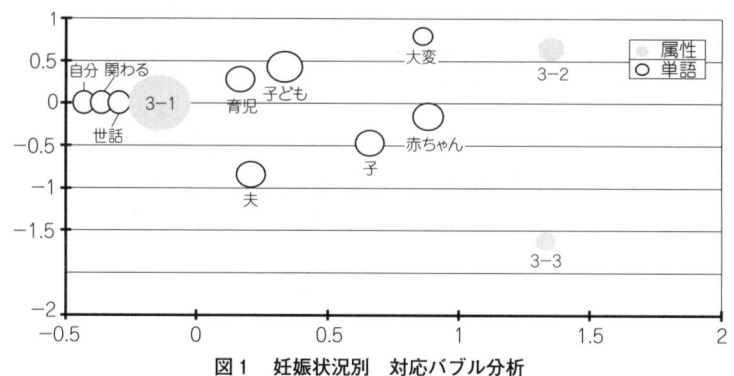

図1　妊娠状況別　対応バブル分析
3-1：結婚後妊娠　　3-2：妊娠後結婚　　3-3：不妊治療後妊娠

（三島みどり）

第1部　産後のうつをケアする・虐待を予防する

コラム　母子保健の現場から　③　女性の育児不安と育児支援

　2007（平成19）年度の総務省統計によると，女性の雇用者数は2,328万人で，雇用者総数に占める女性の割合は41.8％である。24年前の1984（昭和59）年が1,460万人，34.8％であり，実数・割合ともにずいぶん働く女性は増加した[1]。また夫婦とも雇用者世帯の共働き家庭は，1981（昭和56）年が614万世帯で，2007（平成19）年は977万世帯となり，26年間でおよそ1.5倍になっている。

　このように働く女性や共働き家庭の増加によって，女性の社会進出が進んでいると言われているが，家庭における家事・育児の分担は進んでいるとは言えず，1日平均家事時間は夫11分，妻184分（＊1），育児時間は夫12分，妻46分（＊2）という報告もある[2]。こうした状況を捉えて「夫（男）は仕事，妻（女）は家事」ならぬ「夫は仕事，妻は仕事も家事も」という「新性別役割分担」という言葉まで使われ始めている[3][4]。家事・育児に費やす労力は電化・機械化などで簡便にはなったかもしれないが，男性に比べて女性の負担は時間を見る限り変わらないと言えよう。

　子育てに関する意識調査（財団法人こども未来財団，平成18年度）によれば，「子育てをしながら孤立感を感じることがあるか」という問いに対して，「よくある」「ときどきある」を合わせた回答は，共働きの母親46.6％，パートの母親48.9％，専業主婦53.5％とそれぞれ5割前後に対し，父親は「めったにない」が64％であり，父親と母親の感じ方には差があると報告している[5]。就労女性に比較して専業主婦の方が子育てのストレス，不安が強い傾向にあることはよく知られているが，父親と比較すると，就労の有無にかかわらず母親はかなり高い割合で子育てに孤立感をもっていることがわかる。同調査において子育ての孤立感の解消の方法について尋ねたところ，母親の4～5割が「パートナーが子育てにもっと時間をとって実際に関わるようになれば」と「パートナーが子育ての喜びや大変さ，自分の孤独感を受け止め，共感してくれれば」を選択していた。父親が同じ回答を選択していたのは1割程度で，父親と母親ではかなりの差があった。つまり，母親はパートナーが「育児の時間をとること」「共感してくれること」によって子育ての孤立感を解消できるとしている。

　育児不安に対し父親の育児参加，情緒的サポートが重要とする報告は数多い。母親の育児不安や育児ストレスは父親より強いこと，父親の育児参加と共感によりそれらが軽減されることを，父親自身に理解してもらえるよう働きかけることが大切である。労働時間が長く帰宅時間が遅いなど職場環境という社会体制の大きな問題があり，父親の家事・育児時間の確保や改善はすぐにできないであろう。しかし，妻の気持ちの理解や共感などの情緒的サポートについては，今日から少しずつでも実行可能だということを理解してもらいたい。（＊1：夫婦とも雇用者世帯，＊2 夫婦とも雇用者世帯で子育て期の夫婦）

1）総務省「労働力調査・雇用形態別雇用者数」
　http://www.stat.go.jp/data/roudou/longtime/03roudou.htm
2）総務省「平成18年社会生活基本調査・曜日，ライフステージ，共働きか否か，夫と妻の週間就業時間，行動の種類別総平均時間，行動者平均時間及び行動者率（夫・妻）」
　http://www.e-stat.go.jp/SG1/estat/List.do?bid=000001008020&cycode=0

3）松田茂樹 「性別役割分業と新・性別役割分業・仕事と家事の二重負担」『哲学』106，三田哲学会，2001．
4）松信ひろみ「家族とくらし――性別役割分業の視点から」住沢博紀・堀越栄子編『21世紀の仕事とくらし――社会制御と共生契約の視角』第一書林，2000．
5）財団法人こども未来財団調査研究部「平成18年度　子育てに関する意識調査報告書」
　http://www.i-kosodate.net/mirai/research/syousika_syakai.html#02

（濱村美和子）

第 2 部

食育の実践と指導

第1章
食育とは

1　食育基本法の制定

　近年における国民の食生活の環境をめぐる現状が大きく変化し，栄養バランスの偏り，不規則な食生活，糖尿病等の生活習慣病の増加，過度な痩身等の問題，また，BSE問題及びその前後のO-157問題，食品表示偽装問題等の食品の安全性をめぐる問題の発生により，食品に対する信頼性が極度に低下する事態に至り，国民の食に関する理解について幅広く取り組む必要性が高まってきた。さらに食の海外依存の問題といった状況下において，国民が生涯にわたって健全な心身を培い，豊かな人間性をはぐくむための食育を推進することが緊要な課題となっている。食品の安全性については，食品安全基本法が制定され，内閣府に食品安全委員会が設置される等，食品安全に関する政策の強化が図られた。その食品安全基本法第19条には，「食品の安全性の確保に関する施策の策定に当たっては，食品の安全性の確保に関する教育及び学習の振興並びに食品の安全性の確保に関する広報活動の充実により国民が食品の安全性の確保に関する知識と理解を深めるために必要な措置が講じられなければならない。」とし，食品安全における「食育」推進の必要性が謳われている。
　我が国の食生活は様々な要因によって大きく変わりつつあり，再び食を考え

表1-2 食育基本法の法案提案から施行までの主な経緯

2004(平成16)年	3月15日	参議院に食育基本法案提出（第159回国会（常会））
	6月3日	参議院から取り下げ　衆議院に同法案提出・継続審査
	12月1日	衆議院内閣委員会で提案理由説明・継続審査（第161回国会（臨時会））
2005(平成17)年	4月19日	衆議院本会議で可決（第162回国会（常会））
	6月10日	参議院本会議で可決・成立
	6月17日	公布（平成17年法律第63号）
	7月15日	施行

直し，食生活全体を改善していくことが必要となった。こういったことを解決するために食育に関し，基本理念を定め，及び国，地方公共団体等の責務を明らかにするとともに，食育に関する施策の基本となる事項を定めることにより，食育に関する施策を総合的かつ計画的に推進し，もって現在及び将来にわたる健康で文化的な国民の生活と豊かで活力ある社会の実現に寄与することから食育基本法案が国会議員により参議院へ2004（平成16）年3月15日に提出された。その後，表1-2に示す経過を経て，2005（平成17）年6月10日に成立した（食育基本法の概要，104頁表1-2参照）。

2　国民の「食」をめぐる現状と課題

（1）栄養の偏り

　昭和50年代半ばには，米を中心とした水産物，畜産物，野菜等の多様な副食から構成され栄養バランスに優れた「日本型食生活」が実現していたが，近年，脂質の過剰摂取や野菜の摂取不足等の栄養の偏りが見られる。野菜の摂取量は，年齢が高いほど多い傾向にあるが，最も摂取量の多い60歳代であっても目標とする野菜の摂取量の350gに達していない（図1-1）。

（2）不規則な食事

　朝食の欠食に代表されるような，いわゆる不規則な食事が，子どもも含めて近年目立つようになってきた。朝食の欠食率については，男女ともに20歳代が最も高く，次いで30歳代となっており，年々増加傾向にある。欠食率を年次推

第2部　食育の実践と指導

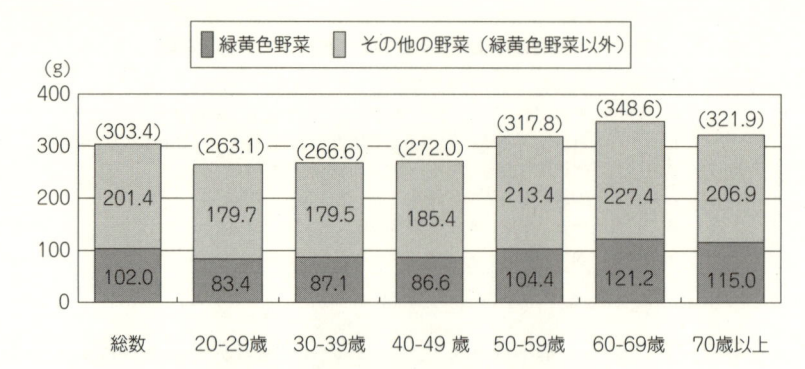

図1-1　野菜摂取量の平均値（20歳以上）

凡例：緑黄色野菜／その他の野菜（緑黄色野菜以外）

区分	緑黄色野菜	その他の野菜	合計
総数	102.0	201.4	(303.4)
20-29歳	83.4	179.7	(263.1)
30-39歳	87.1	179.5	(266.6)
40-49歳	86.6	185.4	(272.0)
50-59歳	104.4	213.4	(317.8)
60-69歳	121.2	227.4	(348.6)
70歳以上	115.0	206.9	(321.9)

（出典）厚生労働省「平成18年度国民健康・栄養調査の結果」より。

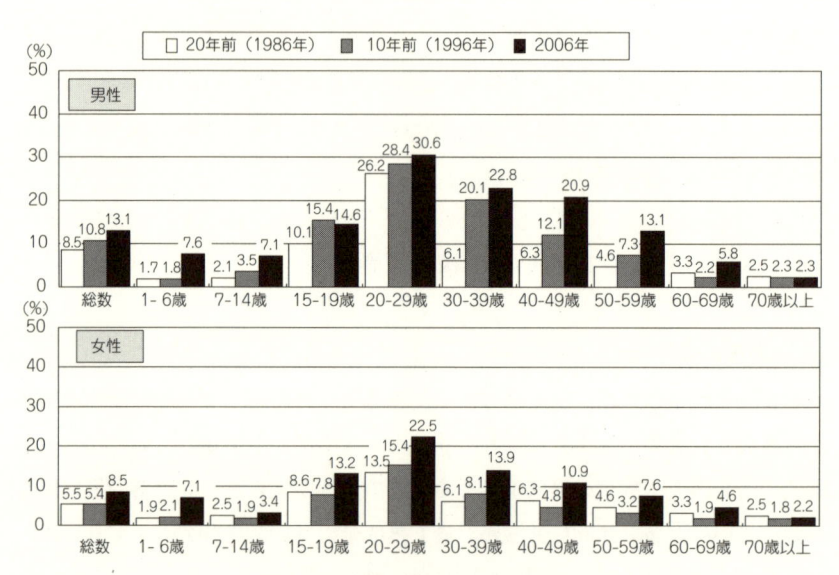

図1-2　朝食の欠食率（1歳以上）

凡例：20年前（1986年）／10年前（1996年）／2006年

男性(%)

年齢	20年前	10年前	2006年
総数	8.5	10.8	13.1
1-6歳	1.7	1.8	7.6
7-14歳	2.1	3.5	7.1
15-19歳	10.1	15.4	14.6
20-29歳	26.2	28.4	30.6
30-39歳	6.1	20.1	22.8
40-49歳	6.3	12.1	20.9
50-59歳	4.6	7.3	13.1
60-69歳	3.3	2.2	5.8
70歳以上	2.5	2.3	2.3

女性(%)

年齢	20年前	10年前	2006年
総数	5.5	5.4	8.5
1-6歳	1.9	2.1	7.1
7-14歳	2.5	1.9	3.4
15-19歳	8.6	7.8	13.2
20-29歳	13.5	15.4	22.5
30-39歳	6.1	8.1	13.9
40-49歳	6.3	4.8	10.9
50-59歳	4.6	3.2	7.6
60-69歳	3.3	1.9	4.6
70歳以上	2.5	1.8	2.2

（出典）厚生労働省「平成18年国民健康・栄養調査の結果」より。

移で見ると，男女共に高くなる傾向であり，2006（平成18）年では男女共に20歳代で最も高く，男性で約3割，女性で約2割，朝食の欠食率は，男女共に20歳代で最も高く，男性30.6％，女性22.5％であり，30歳代以降は，年齢とともに，低くなっていた（図1-2）。

第1章　食育とは

（3）肥満と過度の痩身

　近年では，子どもを含めて肥満の増加が見られる。男性では，30～60歳の約3割に肥満が見られ，女性では60歳以上で約3割に肥満が見られる。女性の場合は20歳代の約5人に1人がやせており，若い世代を中心にやせている人の割合が増加傾向となる等，過度の痩身志向の問題も指摘されるようになってきている。年次推移で見ると男性では，全ての年齢階級においても，肥満者の割合が20年前（1986年），10年前（1996年）と比べて増加していた。女性では，40歳代において肥満者の割合が20年前，10年前と比べて減少している一方で，20歳代の約2割が低体重（やせ）であった。男女共に70歳以上において低体重（やせ）の者の割合が減少していた（図1-3）。

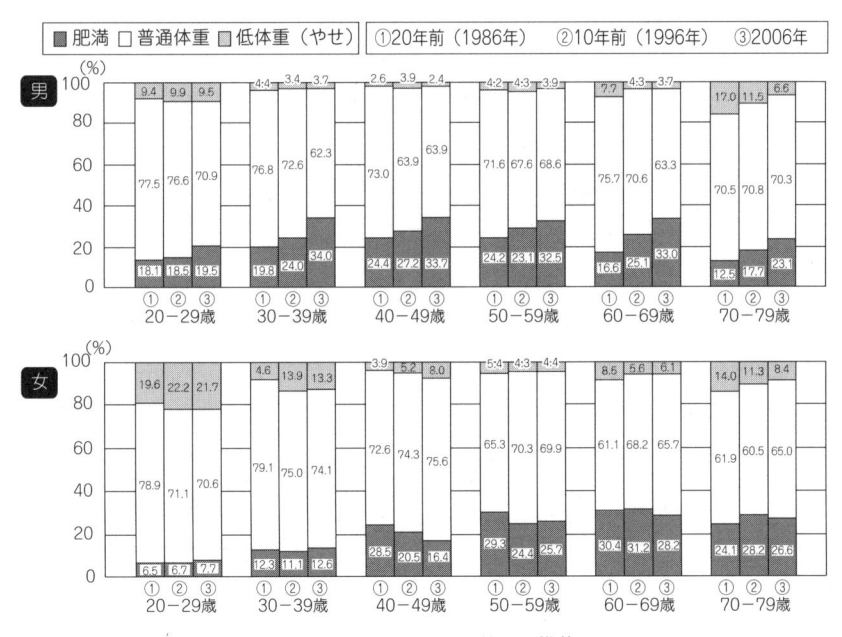

図1-3　肥満とやせの状況の推移

（出典）厚生労働省「平成18年国民健康・栄養調査の結果」より。

第2部　食育の実践と指導

(4) 生活習慣病の増加

　生活習慣病のうち，高血圧症の有病者は3,970万人／正常高値血圧者1,520万人で，糖尿病が強く疑われる人820万人，可能性が否定できない人1,050万人となっており，全人口の1割を超える1,870万人が「糖尿病の可能性が否定できない人」に当てはまる。年次推移を見ると，糖尿病が強く疑われる人は9年間で130万人（約19%）増加，可能性が否定できない人を加えると500万人（約36%）増加している（図1-4）。

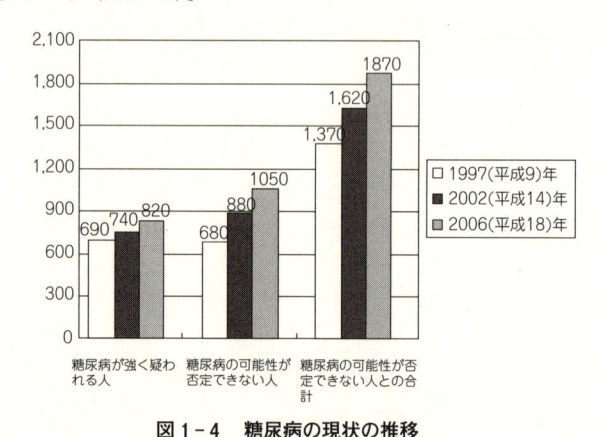

図1-4　糖尿病の現状の推移
（出典）　厚生労働省「平成18年国民健康・栄養調査の結果」より。

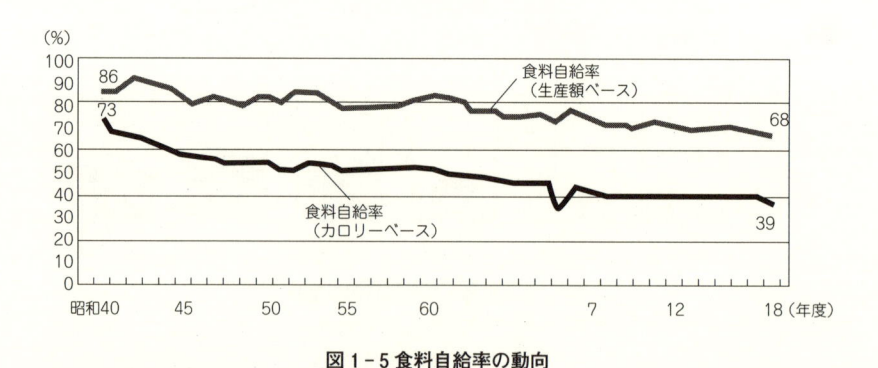

図1-5 食料自給率の動向
（出典）　農林水産省「平成17年度　食料需給表」より。

第1章 食育とは

（5）海外への依存の問題

　我が国の食料自給率は世界の先進国の中で最低の水準であり，食を大きく海外に依存している。最近の輸入食品の安全に関わる事象の発生や世界的な穀物価格の高騰等は，カロリーベースで食料の60％以上を海外からの輸入に依存する我が国の現状に対して，あらためて認識しなければならない（図1-5）。

（6）食品の安全性に関する基礎的知識があるとする国民の割合

　「安全性をめぐる問題」や「食」に関する情報が社会に氾濫している。こういったことから，食品の安全性に関する基礎的知識の有無について，「健康に悪影響を与えないようにするために，どのような食品を選んだ方がよいかや，どのような調理が必要かについての知識があると思うか」という設問をした。その結果，「十分にあると思う」及び「ある程度あると思う」と回答した割合は，2005（平成17）年度調査で45.7％，2006（平成18）年度調査で66.4％である（図1-6）。

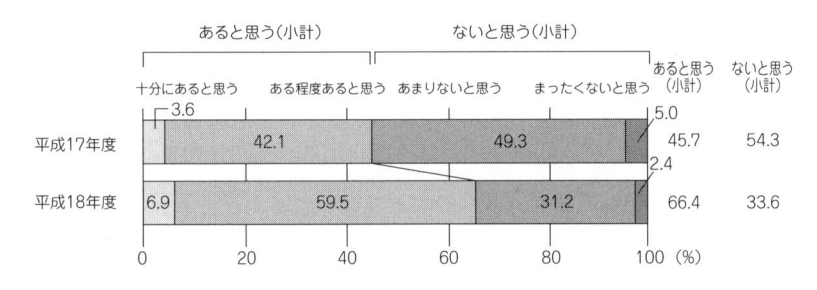

図1-6　食品の安全性に関する基礎的知識があるとする国民の割合

注：調査項目の設問は「健康に悪影響を与えないようにするために，どのような食品を選んだらよいかや，どのような調理が必要かについて知識があると思うか」
（出典）　食品安全委員会「平成18年度　食品安全確保総合調査」より。

3　食育とは

　食育基本法では，食育は，生きる上での基本であって，教育の三本の柱であ

第2部 食育の実践と指導

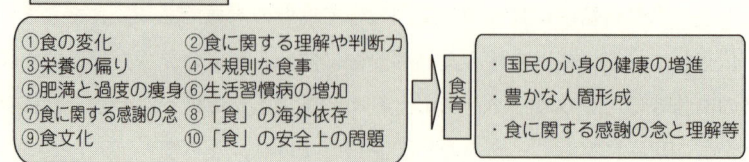

```
┌─食をめぐる現状と課題─┐
│ ①食の変化      ②食に関する理解や判断力 │
│ ③栄養の偏り    ④不規則な食事          │ ⇒ 食育 ・国民の心身の健康の増進
│ ⑤肥満と過度の痩身 ⑥生活習慣病の増加    │       ・豊かな人間形成
│ ⑦食に関する感謝の念 ⑧「食」の海外依存  │       ・食に関する感謝の念と理解等
│ ⑨食文化        ⑩「食」の安全上の問題  │
└──────────────────┘
```

図1-7　食育とは

る知育，徳育，体育の基礎となるべきものと位置づけられるとともに，様々な経験を通じて，「食」に関する知識と「食」を選択する力を習得し，健全な食生活を実践することができる人間を育てるものとして食育の推進が求められ，「食をめぐる現状と課題」を「食育」により解決するものである（図1-7）。

4　食育基本法に基づく食育推進基本計画

(1) 策定の経緯

　食育推進基本計画は，食育の推進に関する施策の総合的かつ計画的な推進を図るため，食育基本法に基づき，内閣府に設置される食育推進会議（会長：内閣総理大臣）において作成されると定められている。第1回食育推進会議は，2005（平成17）年10月に開催され，食育推進基本計画の作成方針等について審議した結果，内閣府特命担当大臣を座長とする食育推進基本計画検討会を開催すること，内閣府において国民の意見を幅広く聴取することを決定した。検討会は，2005年10月から5回にわたり，基本計画の内容について審議し，基本計画案を取りまとめた。その間には，食育を積極的に推進している大阪府，福井県小浜市，茨城県において地方意見交換会を開催し，活発な意見交換が行われた。また，基本計画案については，インターネットによる意見の募集を行って，2006（平成18）年3月31日に食育推進基本計画が決定された。

第1章　食育とは

```
┌─────────────────────────────────────────────────┐
│              食育推進基本計画のポイント              │
└─────────────────────────────────────────────────┘

【はじめに】
計画期間は平成18年度から22年度までの5年間

【第1　食育の推進に関する施策についての基本的な方針】
国民の心身の健康の増進と豊かな人間形成
食に関する感謝の念と理解，食育推進運動の展開
子どもの食育における保護者，教育関係者等の役割等

【第3　食育の総合的な促進に関する事項】
1. 家庭における食育の推進
2. 学校，保育所等における食育の推進
3. 地域における食生活の改善のための取組の推進
4. 食育推進運動の展開
   （食育月間（毎年6月），食育の日（毎月19））
5. 生産者と消費者との交流の促進　環境と調和の
   とれた農村漁業の活性化等
6. 食文化の継承のための活動への支援等
7. 食品の安全性，栄養その他の食生活に関する
   調査　研究　情報の提供及び国際交流の推進

【第2　食育の推進の目標に関する事項】
1. 食育に関心を持っている国民の割合（70%→90%）
2. 朝食を欠食する国民の割合（子ども4%→0%，20代男性30%→15%，その他）
3. 学校給食における地場産物を使用する割合（21%→80%）
4. 「食事バランスガイド」等を参考に食生活を送っている国民の割合（60%）
5. 内臓脂肪症候群（メタボリックシンドローム）を認知している国民の割合（80%）
6. 食育の推進に関わるボランティアの数（20%増）
7. 教育ファームの取組がなされている市町村の割合（42%→60%）
8. 食品の安全性に関する基礎的な知識を持っている国民の割合（60%）
9. 推進計画を作成・実施している自治体の割合（都道府県100%，市町村50%）

【第4　食育の推進に関する施策を総合的かつ計画的に推進するために必要な事項】
○都道府県等による推進計画の策定
　促進　基本計画の見直し等
```

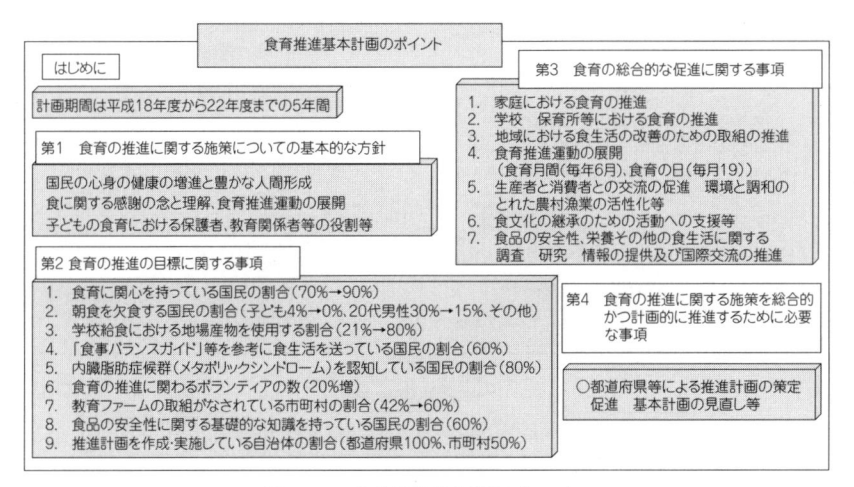

図1-8　食育推進基本計画（2008）

（2）食育推進基本計画の構成と概要

　食育推進基本計画は，2006（平成18）年度から2010（平成22）年度までの5年間を対象とする計画として作成された。その内容としては，「はじめに」，「食育の基本的な方針」，「食育の目標」，「食育の総合的な促進」，「食育の推進に必要な事項」の各事項から構成されている（詳細は食育推進基本計画を参照（平成18年3月31日食育推進会議決定））（図1-8）。

5　食育白書等を読む

（1）食育白書

　食育白書は，食育基本法（平成17年法律第63号）第15条に規定する「食育の推進に関して講じた施策に関する報告書」であり，政府が毎年国会に提出しなければならないとされているものである。正式には食育推進施策としている。
　その年次報告書の第1回作成の2005（平成17）年度食育推進施策（食育白書平成18年版）は，食育推進にいたる背景と取り組みの本格化として，「今なぜ食育

第2部 食育の実践と指導

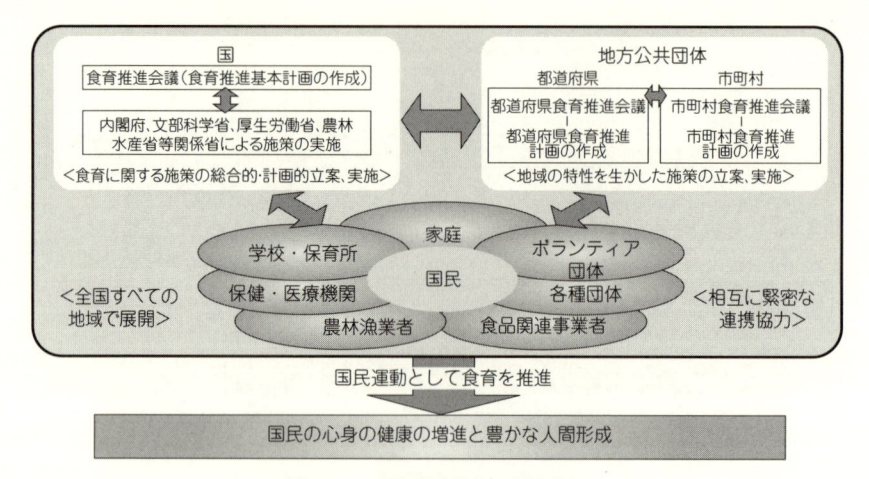

図1-9 食育推進施策の推進体制
(出典) 内閣府「平成19年版食育白書」より。

なのか」と「食育基本法の制定と食育推進基本計画の策定」について掲載されている。

　また，食育推進施策の実施状況として，2005（平成17）年度から2006（平成18）年度前半にかけて講じた食育推進施策について，「食育推進基本計画（平成18年3月31日食育推進会議決定）」における「食育の総合的な促進に関する事項」の項目に従い整理し，掲載されている。2006（平成18）年度食育推進施策（食育白書平成19年版）は，2006（平成18）年度から2007（平成19）年度前半にかけて講じた食育推進施策について，食育推進基本計画に基づき「国民運動としての食育の推進」を中心に各項目を整理している（図1-9）。また，地方自治体が作成するよう務めることとしている「食育推進計画」の促進や国民運動の推進を図るために，「都道府県食育推進計画において数値目標として設定された主な目標」及び「家庭・地域等との連携による食育推進国民運動の重点事項」がまとめられている。

第1章 食育とは

(2) 食育評価専門委員会及び企業分野等食育活動検討会

　食育評価専門委員会は、「食育推進基本計画」の実施を推進するとともに、食育の推進状況について評価等を行うもので、現在、主要施策の進捗状況や評価の手法について検討を行っている。企業分野等食育活動検討会は、食品関連事業を営む企業やマスメディア等の食育推進の担い手が行う情報提供の内容をより具体的に検討・整理し、情報として伝えるべき項目や事例、効果的な伝達手法の事例等を提示するために開催された。その結果、「企業分野等食育活動検討会議報告─ 新たな「食でつなぐきずな」の創造に向けて─」が報告されている。

1. 家庭の食卓の変容と危機

(1) 日々の食事の現状
・家庭の食卓
・朝食の欠食等
・家族がそろわない夕食、勝手食い、ばっかり食べ等
・楽しさを重視する反面しつけが軽視
・知識はあっても実践に結びついていない
(2) 食に関するしつけ、マナーの伝承の場の喪失
・日本の食卓は大きく変化（膳、卓状台、ダイニングテーブル）
・しつけの場としての食卓と団らん
・現代も通用する基本的なマナーが必要
(3) 忘れられる伝統的な日本食や味覚
・栄養バランスに優れている日本食のよさ
・伝統的な日本食の基本は、ご飯、汁、菜等
・伝統的な味覚には早くから慣れ親しむ必要
・地域の優れた郷土食への理解

2. 家庭の食卓の再生に向けて

(1) 食の大切さを見直す必要性
・毎日の食が心身をつくることの大切さを再認識
(2) 健全な食生活の実践のために
・食生活改善のための取組の継続的実践
・家族で囲む食卓の団らん再生とワークライフバランスの実現を通じた「家族の時間」の確保
(3) 味覚形成の重要性・味覚形成の意義
・楽しさがおいしさにつながる、子どもの時からの味覚形成
(4) 様々な実践体験の重要性
・調理体験と農業体験
・教育ファームによる農業体験

3. 企業分野等への提言と期待

(1) 企業分野等への期待
・企業分野等と消費者との食をめぐる密接なつながり
・情報提供と商品・メニュー等の提供
・体験活動の機会の提供
・人、もの、情報のつながりを通じる「食でつなぐきずな」
・人材育成と食育の伝統
(2) 消費者に対する積極的な情報発信への提言
①「毎日の食のからだとこころをつくる、毎日3食食べる、毎日バランスよく食べる」ことを知る
②栄養バランスに優れた日本食の良さや豊かな味覚を知る
③食べ物の届く道を知る
④自分で食事を作る、作り方を知る
⑤食事のマナー・作法を知る
⑥「もったいない」精神を知る
⑦家族等で食卓を囲む楽しさを知る
(3) マスメディアへの期待
・正確な情報、科学的な知見に基づく客観的な事実等を速やかにかつ広く伝える
・食習慣改善につながるきっかけ、毎日継続できる方法をわかりやすく継続的に伝える
・企業分野の先進的な取組、地域の優れた食文化、地域に根ざした地道な食に関する活動を取り上げ、広める

おわりに─「食でつなぐきずな」づくり─

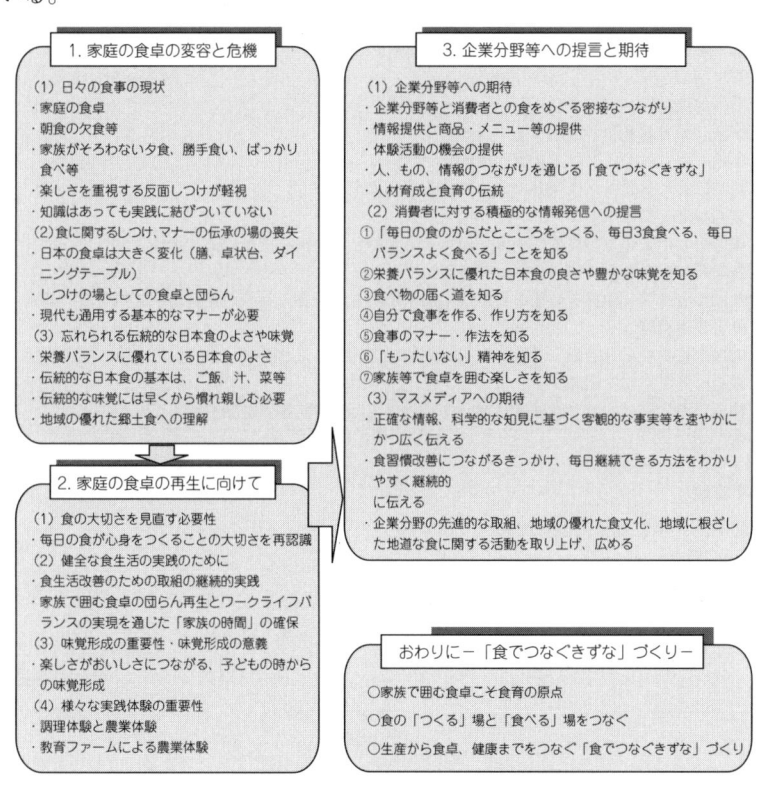

○家族で囲む食卓こそ食育の原点
○食の「つくる」場と「食べる」場をつなぐ
○生産から食卓、健康までをつなぐ「食でつなぐきずな」づくり

図1-10　企業分野等食育活動検討会議報告書（概要）

第2部　食育の実践と指導

表1-2　食育基本法の概要

1．目的
　国民が健全な心身を培い，豊かな人間性をはぐくむ食育を推進するため，施策を総合的かつ計画的に推進すること等を目的とする。
2．関係者の責務
(1)　食育の推進について，国，地方公共団体，教育関係者，農林漁業関係者，食品関連事業者，国民等の責務を定める。
(2)　政府は，毎年，食育の推進に関して講じた施策に関し，国会に報告書を提出する。
3．食育推進基本計画の作成
(1)　食育推進会議は，以下の事項について食育推進基本計画を作成する。
　①食育の推進に関する施策についての基本的な方針
　②食育の推進の目標に関する事項
　③国民等の行う自発的な食育推進活動等の総合的な促進に関する事項
　④その他必要な事項
(2)　都道府県は都道府県食育推進基本計画，市町村は市町村食育推進基本計画を作成するよう努める。
4．基本的施策
　①家庭における食育の推進
　②学校，保育所等における食育の推進
　③地域における食生活の改善のための取り組みの推進
　④食育推進運動の展開
　⑤生産者と消費者との交流の促進，環境と調和のとれた農林漁業の活性化等
　⑥食文化の継承のための活動への支援等
　⑦食品の安全性，栄養その他の食生活に関する調査，研究，情報の提供及び国際交流の推進
5．食育推進会議
(1)　内閣府に食育推進会議を置き，会長（内閣総理大臣）及び委員（食育担当大臣，関係大臣，有識者）25名以内で組織する。
(2)　都道府県に都道府県食育推進会議，市町村に市町村食育推進会議を置くことができる。

参考文献

内閣府「18年版食育白書」2006．

内閣府「19年版食育白書」2007．

中村丁次・田中延子「食育指導ガイドブック」丸善株式会社，2007．

厚生労働省「平成18年国民健康・栄養調査の概要」2007．

　　　　　　　　　　　　　　　　　　　　　　　　　　　　　　　　（田中弘之）

第2章
様々な場での食育の取り組み

1　様々な場での食育の取り組み

　食育については，従来から，文部科学省，厚生労働省，農林水産省を中心に，地方公共団体や教育，農林漁業，食品産業等の関係者，民間団体等により，自発的な取り組みが行われてきた。しかし近年，社会構造が複雑となり社会的価値観が多様化し，食育の成果をあげていくことが難しい状況となってきた。このような状況の中で，食育をより実効性のあるものとするため，平成17年に食育基本法が制定された。食育基本法では，食育に関する施策を総合的かつ計画的に推進することを目的とし，国民及び各関連機関が連携して食育を推進していくことを旨としている。人は複数の組織が絡み合った社会の中にある。今後の食育では，各関係者がそれぞれの役割をもち，連携し，その専門性を生かした取り組みを行うことが求められる。

　食育推進基本計画の2年目を迎えた2007（平成19年）6月，国民運動としての食育推進のさらなる充実のため，食育推進有識者懇談会において「食育推進国民運動の重点事項」が取りまとめられた。この重点事項では，家庭を食育の中心としてとらえ，学校，保育所，食品関連事業者等の食育を実践している各担い手の役割や取り組みの在り方を明確化し，相互にいかに適切な連携を図る

第2部　食育の実践と指導

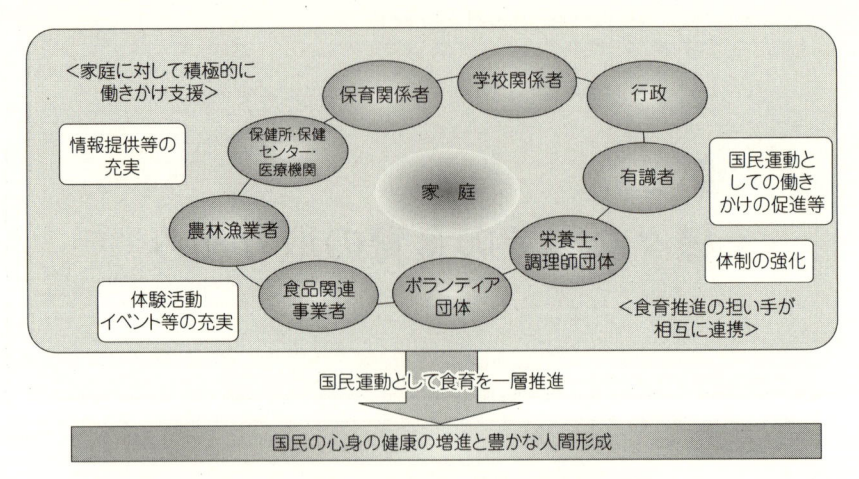

図2-1　家庭における食育と食育推進運動の展開
（出典）　内閣府「平成19年版食育白書」より。

表2-1　家庭における取り組み（例）

食に関する基礎の習得
家庭等での食卓を囲む機会の増加・充実
食前・食後の挨拶の慣習化
正しいマナー・作法による食事
食に関する基礎の理解
「もったいない」活動の実践
体験活動を通じた理解の増進
家庭内での食事を通した食文化の継承，豊かな味覚の形成
食に関する知識と選択力の習得・健全な食生活の実践
食品の安全性に関する意識の増進
食事バランスの向上
生活のリズムの向上

（出典）　内閣府「食育推進国民運動の重要事項」より。

のか，そして家庭に対して具体的にどのように働きかけていくのかが提示されている（図2-1）。

（1）家庭における取り組み

　家庭は食育の出発点であり，家庭の食育は食育の基礎となる。家庭において

は，子どもの保護者自らも「食」についての意識を高め，健全な食生活を実践し，子どもの発達段階に応じて，食に関する基本所作の実践や基礎の理解，健全な食習慣等を身につけさせる取り組みを行う（表2-1）。

一方，国では，家庭での食育を推進するため，食育推進基本計画に以下の施策を掲げている。

・生活リズムの向上
・子どもの肥満予防の推進
・望ましい食習慣や知識の習得
・妊産婦や乳幼児に関する栄養指導
・栄養教諭を中核とした取り組み
・青少年及びその保護者に対する食育推進

（2）保育所における取り組み

保育所は乳幼児が生涯にわたる人間形成の基礎を培うきわめて重要な時期に，その生活の多くの時間を過ごすところである。保育所では，乳幼児期からの望ましい食習慣の定着や豊かな人間性の育成を図るため，多様な体験を通じた食

目標：現在を最もよく生き，かつ，生涯にわたって健康で質の高い生活を送る基本としての「食を営む力」の育成に向け，その基礎を培うこと。

①お腹がすくリズムのもてる子ども，②食べたいもの，好きなものが増える子ども
③一緒に食べたい人がいる子ども，④食事づくり，準備にかかわる子ども
⑤食べものを話題にする子ども

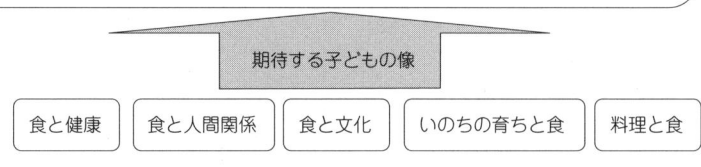

期待する子どもの像

| 食と健康 | 食と人間関係 | 食と文化 | いのちの育ちと食 | 料理と食 |

図2-2 「保育所における食育に関する指針」における食育の目標と取り組み

育の実践と，家庭や地域と連携した取り組みを行う。保育所における食育の推進については，「保育所保育指針」，「保育所における食育に関する指針」，「保育所における食育計画づくりガイド」が示されている。保育計画に連動した「食育計画」を作成し，家庭や地域と連携し，それぞれの職員の専門性を生かしながら進めていくことが大切である（図2-2）。

(3) 学校における取り組み

学校の食育では，子どもが食に関する正しい知識や選択力を身につけ，自らの健康を考え，望ましい食生活を実践することができることをめざす。栄養教諭を中核とし，学校給食を生きた教材として活用した学校教育活動全体の中での体系的，継続的な，家庭や地域と連携した取り組みを行う。また，地場産物や米飯給食の普及等の学校給食の充実，体験活動の充実等も期待されている。

(4) 農林漁業者等の取り組み

農林漁業者等は，農林漁業に関する体験活動等が食に関する国民の関心及び理解を増進する上で重要な意義を有することから，家庭や学校，地域と連携し，農林漁業に関する多様な体験の機会の提供や，地産地消の推進等の取り組みを行う。

(5) 食品関連事業者等の取り組み

食品関連事業者等は，消費者との接点を多く有していることから，家庭や地域と連携し，多様な食に関わる体験活動の機会の提供，より健康に配慮した商品やメニューの提供，食に関する情報や知識の提供等の取り組みを行う。また，食品廃棄物等の発生抑制・再生利用・減量の促進等も期待されている。

(6) 食生活改善推進員等のボランティア団体の取り組み

食生活改善推進員等のボランティア団体は，家庭や地域に密着していることから，家庭や地域，行政側と連携し，国民の間に食育の浸透を図っていくよう

第2章　様々な場での食育の取り組み

料理教室等の多様な体験活動の機会の提供や普及啓発活動等の取り組みを行う。

(7) 保健所・保健センター・医療機関等における取り組み

保健所・保健センター・医療機関等は，健康づくりや生活習慣病の予防を積極的に推進するため，ライフステージに応じた栄養指導や運動指導の充実，食生活を支える口腔機能の維持についての指導の充実を図るとともに，家庭や地域と連携した食育に関する普及や啓発活動等の取り組みを行う。

(8) 地方自治体における取り組み

地方自治体は，国民，各関係機関が行う食育の推進に関する活動が，地域の特性を生かしつつ，相互に緊密な連携協力を図りながら展開されるよう支援する役割を担う。地域関係者のネットワークの中心としての取り組みを行う。

(9) 海外での取り組みの現状

世界保健機構（WHO）は2004年に不健全な食生活と身体活動を主たる要因として生ずる心疾患，糖尿病等の死亡率等の改善をめざし，加盟国等に対し，エネルギー摂取のバランス，野菜や果実の摂取，適切な体重の維持等のガイドライン策定を含む具体的な取り組みを求める「食事，運動と健康に関する世界戦略」を取りまとめた。これにより，現在，各国で様々な食育の取り組みが行われている。

(10) 食育の推進のための国の取り組み
①「食育月間」と「食育の日」の設定・実施

国，地方公共団体，関係団体等が協力して，食育推進運動を重点的かつ効果的に実施し，食育の国民への浸透を図るため，食育推進計画において，毎年6月を「食育月間」と定めている。さらに，食育推進運動を継続的に展開し，食育の一層の定着を図るため，毎月19日を「食育の日」と定めている。

第2部　食育の実践と指導

②「早寝・早起き・朝ごはん」運動

　文部科学省では，子どもの基本的生活習慣の確立や生活リズムの向上のため，「早ね・早おき・朝ごはん」運動を展開している。2006（平成18）年には，本運動に賛同した個人や団体等，幅広い関係者により，「早ね・早おき・朝ごはん」全国協議会が設立された。

シンボルマーク

③調査研究と結果の公表

　効果的な広報啓発活動の実施や食育に関する施策の企画立案等を行うため，食育に関する国民の意識や食生活の実態等について調査研究を行うとともに，その成果の公表を行っている。

④その他

　内閣府では関連団体等との懇談会，民間団体の食育の取り組みに対する表彰や「食育標語」の募集を，厚生労働省では，健康日本21全国大会や意見交換会を，また，農林水産省では，「食事バランスガイド」キャンペーンやニッポン食育フェア，食育シンポジウム，全国地産地消推進フォーラム等を行っている。

参考文献
内閣府「平成19年版食育白書」佐伯印刷，2007.

（名和田清子）

第2章　様々な場での食育の取り組み

(コラム) 食育の実践①　保育所における取り組み　(きのみ保育園)
──子どもの味覚確立は10歳まで──

　「子どもの味覚は十（つなし）まで」と言われている。この，「つなし」とは数を数えると，1つ2つ3つ4つ・・・9つとなるが，10には「つ」がつかないことからきている。味覚や音感は，10歳までに確立されると言われ，この頃までに覚えた味覚は一生忘れず，成人してもその味を好んで食べる。保育園の食事を通して，食材のもつ本当の美味しさや，旬の素材がもつ旨みや香りを味わうことによって，日本人がもっている本来の味覚を育ててほしいと願っている。

　給食の時間は，約1時間半，この間，保育士によるピアノの生演奏を毎日行う。「早く食べなさい」と急がせたり，食事が楽しくなくなるような言葉がけをしないように心がけている。

　また，この保育園では「好きなだけ食べたらいいよ」と言っている。食べ過ぎにならないか？　子どもの食べる必要量をお茶碗にいっぺんにはよそわない。まず，『2分の1を最初によそう→食べ終わる→まだ食べたい→お代りに来る→残り半分のさらに2分の1の量（全体の4分の1の量）をよそう』この動作を繰り返す。「もうちょっと食べたい」と2回目にお代りに来た時に残り全部よそう。これで本来の必要量に相当する。お代りをする時には，他の友だちも並んでいるので食べるまでに時間差ができ，満腹中枢が働きお腹がいっぱいに感じる。親が迎えに来た時，「お母さん，今日の給食2回もお代りしたよ」「すごいね。いっぱい食べたのね」と褒められる。心が満たされることで，遊びこみ遊びきることもできる。

　「純和風完全米飯給食」を実践して30年が経った。献立は主食の玄米ご飯に副食，魚介類が週に2回，肉類が週1回で，その他には季節の野菜の煮物，和え物，酢の物，漬物等が添えられる。脂ものは月に1～2回程度。こどもが大好きなカレーライスも月に1回しか出ない。土曜日に通園する子どもには，手づくりの弁当を持って来てもらっている。親が，わが子にどんなものを食べさせ，どの程度食べると思っているのかを知りたくて選択した方法である。持ってきた弁当に使用している食材を徹底して給食に使わないようにした結果が日本の伝統的な純和風の給食となった。ダシは昆布と鰹節と煮干でしっかりとる。『食材の持ち味を壊さない』，『味は作ったらあかん，創る味より旬の味。』と伝えている。丁寧な味を10歳になるまでの子どもたちに届けることで，将来正しい味覚をもった子どもに育つと確信している。午前中のおやつは干するめや昆布を1cm角に切ったもの1片，午後のおやつはおにぎりや石焼き芋，とうもろこし，果実等

に炒りじゃこ，丹波地方産の炒り黒大豆を年齢の数だけ一緒に添えている。硬いものを食べることで顎が発達し，言葉が明瞭になるからである。

近い将来，子どもたちに植付けから収穫までさせてやりたいと考えている。モノの大切さは『自分が参加することで分かるものがある』というのが私の持論である。農作業を通じて「足る」ということを，子どもたちに学んでもらいたいと思っている。そうすることで手をあわせて「いただきます」と心から言える子どもたちに育つと考えている。

「食」の文字は，人に良いと書く。「食べ物は人の体を良くするものでなくてはならない。」口に入れるもので健康は決まる。

(坂下喜佐久)

コラム 食育の実践② 小学校における取り組み （東光寺小学校）

日野市は東京都心より西へ35km，東京都のほぼ中央に位置している。昔は稲作地帯として農地も多くあったが，都市化によって農地の宅地化が進んでいる。人口は約175000人，農業人口約1％，農地約1％。

安全でおいしく楽しい給食をめざして　　～東光寺小学校の実践から～

地元野菜を学校給食に活用するようになって今年で26年目に入っている。

現在，日野市の全小中学校が市内を三地域に分け活用。野菜・芋・果物・米・卵・沢庵漬け等約25品目が，地域の生産者から直接学校に納品されている。

学校給食は教育の一環として目標を掲げて実践している。本校ではこれらの目標を具現化するために年間を通して給食の行事を実施している。

◇給食行事
1. 野外（お弁当）給食：給食室で作ったお弁当を持って近くの公園や広場で食べる。
2. ふれあい給食：野菜の生産者やパトロール隊員の方々を学校に招待し，3年生と会食
3. カフェテリア給食：栄養士の授業後実習，数種類の料理の中から選択して食べる。食べた分のエネルギーも計算する。
4. お別れ給食：全校児童が6年生と会食，6年生から手作りの給食用台布巾の贈り物
5. バイキング給食：6年生が数種類の料理から選択し，専科等の教師と会食する。
6. 収穫祭：5年生が地域の農業生産者の指導にお礼の気持ちとお祝いの会を開く。
7. セレクト給食
8. キウイフルーツ：6年生が収穫，熟成は調理員，選定は用務員
9. リクエストメニュー：アンケートを取り，3位までを2月の給食の献立で実施する。

◇地域農家の教育力の活用——田や畑の先生として活躍している。
1. 1・2年生はとうもろこしの講座と皮むき体験。給食で使用。3年生は梨園見学。玉葱の講座と収穫体験。給食で使用。玉葱種まき。3年生は漬物用東光寺大根の種まき，うろ抜き，収穫を体験し，洗って干す作業を見学。学校での沢庵漬けの体験。

そのまま学校に保存し，給食で使用。4年生は玉葱の講座と収穫体験。給食で使用。
　　5年生はもち米作りの講座と田植えから収穫までの体験活動。給食で使用。
2．日野産大豆の活用：市内全小中学校の給食で使用。
　　生産者の指導の下で，市民・行政・学生・栄養士・調理員が取り組んでいる。4年生は莢出しと選別（栄養士・調理員も），豆腐屋さんの指導で豆腐作りを体験。
◇食育の成果
1．農産物活用は農産物の旬や特徴がわかる。
2．健康教育ができる　毎日「給食つうしん」を発行・給食掲示板
3．心を豊かにする　マナー指導ができる。
4．野菜好きの子どもを育てる・・・おいしく，顔の見える野菜
◇おわりに
　地元野菜の活用は子どもの野菜嫌いを解消する手段として考えたものが実を結んだものである。その後，日野市では基本構想に地元農産物の学校給食への活用が位置付けられ，日本初の農業基本条例が制定された。
　子どもの健康教育は地元野菜を活用した給食で大きな教育効果が得られる。

（斎藤好江）

（コラム）**食育の実践③　大学における取り組み　（京都大学）**

京都大学生活協同組合における「食育」の実践

〇管理された食事から自己管理へ
　大学生は入学するまで，食生活のほとんどを親に依存（管理された）してきた人たちが多い。京都大学生活協同組合（以下京大生協）では，大学生の食育の課題を「食の自立」に決め，様々なサポートをしている。
〇食の自立の課題
　大学生の「食の自立」の課題を二つ設定した。一つは「自分に必要な食事が選択できる力」（自己決定）をつけること。もう一つは「自分でも料理できる力をつける」ことである。
　京大生協の食堂には定食がない。自由に選択するカフェテリア食堂である。好きなものだけ食べていては栄養のバランスはとれない。バランスよくメニューを選択することが必要である。選択した食事は，レシートに栄養価が表示され，栄養のバランスやエネルギー量が一目で分かるようになっている。
〇継続的な情報提供と呼応した食堂メニュー
　食事をバランスよく選択するためには，食生活や健康に関する正しい知識が必要である。情報提供は，食堂の食卓の上に置いてある「卓上メモ」が主である。1974年から始

め，10日に1回の発行を継続してきた。食生活に関する知識は，頭で理解するだけでは生かされない。「卓上メモ」を読んで，メニューを選択し，食べて実感することが大切である。情報提供した内容が生協食堂で実践（メニューとして提供）できることを重視してきた。「卓上メモ」だけでなく，メニューのプライスカードにも情報を掲載している。また，京大生協の機関紙でも「健康」と「簡単クッキング」が創刊以来の定番記事となっている。

○学生が参画する食育の取り組み

　自炊教室は，1983年から学生の実行委員会形式で取り組んでいる。15年前からは新入生を対象に自炊教室を開催し，実行委員の学生が献立から買い物，調理指導をしている。また，全新入生に自炊のノウハウを満載した「パンフレット」を無料配布している。これには先輩たちから受け継いだ自炊の知恵とノウハウ，新しいメンバーの工夫が掲載されている。学生たちから募集する「わたしの自慢メニューコンテスト」では，優秀作品が京大生協の食堂メニューに登場する。また，年間1200名が参加する「わくわく健康ランド」（体力測定，骨密度測定，食生活相談会etc.）等学生自らが企画している。「楽しく継続」をモットーに先輩から後輩へ食育の活動が伝えられている。

　全国大学生協連合会の「学生生活実態調査」（毎年秋に調査）の結果では，京大生の朝食摂取は年々増加している。また，食生活の意識が高いことも特徴である。

（友藤弘子）

2　食糧供給の現状

（1）世界の食料事情の変化

　世界の穀物等（小麦，米，とうもろこし，大豆等）の需要量は，世界人口の増加等により確実に増加している一方，生産量は，農地面積がそれほど増加しない中，主に単位面積当たりの収量の増加により，世界で増大する需要を賄ってきた。しかしながら，穀物等の国際価格は2006年秋以降上昇し，2008年夏頃には，過去最高の価格を記録する等，世界の穀物市場はひっ迫傾向を強めている。この要因は，オーストラリアにおける2年連続の干ばつや，投機資金の流入といった要因もあるが，基本的には，

① 中国やインド等の途上国の経済発展による食料需要の増大
② 世界的なバイオ燃料の原料という食料以外の需要の増大
③ 地球規模の気候変動の影響

といった，中長期的に継続する構造的な要因があり，このような食料需給のひっ迫傾向は長期的に続くと見通されている。

　このような中，諸外国では，食料の輸出に制限をかける国が出てきたり，特に穀物を輸入している発展途上国においては，パンや畜産物等の価格高騰のため暴動が起きている国もある。また，世界には依然として約9億人の栄養不足人口があり，5秒に1人の子どもが餓死している等，食料をめぐっては，世界でも深刻な問題となっている。

（2）我が国における食料供給

　一方，我が国に目を向けると，1965（昭和40）年度には73％あった食料自給率（カロリーベース）は，2007（平成19）年度には40％と，主要先進国の中で最低の水準まで低下しており，現在，食料の6割をアメリカ，カナダ，オーストラリア，中国等からの輸入に頼っている。

　食料自給率が大きく低下した主な要因は，高度経済成長をはじめとする社会

情勢の変化等を背景として食生活が大きく変化し，国内で自給可能な米の消費量が大幅に減少する一方，コスト面での制約等から国内で生産が困難な飼料穀物や油糧原料（大豆，なたね）を使用する畜産物や油脂類の消費が大幅に増加したことにある。このような食生活の変化により，脂質の摂り過ぎ等栄養バランスが悪化し，それに伴って肥満や生活習慣病の増加といった健康面への影響も出てきている。2005（平成17）年度国民健康・栄養調査によると，40～74歳の男性の2人に1人，女性の5人に1人が，メタボリックシンドローム（内臓脂肪症候群）が強く疑われる者又は予備群と考えられている。また，食料自給率が40％と主要先進国中最低水準の中で，我が国の将来の食料供給に不安を感じる人の割合も増加傾向にあり，2008（平成20）年9月に内閣府が実施した特別世論調査によると，9割以上の人が将来の食料供給に不安を抱えており，食料自給率を引き上げるべきだと回答している。

（3）食料自給率向上への取り組み

　このような中，政府では，10年程度を見通した農業政策の基本方針を定めた「食料・農業・農村基本計画」において，食料自給率の目標を定め，その向上に生産，消費の両面から取り組んでいる。

　特に，平成20年度からは，消費面での取り組みとして，民間企業と連携して食料自給率向上に向けた国民運動「FOOD ACTION NIPPON」を推進している。この運動は，国民がまず食料をめぐる問題について知り，食料自給率の向上に向けてできることから1歩1歩行動していくことをめざしている。具体的には表2-2のような取り組みを進めている。

　このように，政府では，国民の皆様が国産農産物を使う・食べることや，食料自給率を向上させる消費面での取り組みを行うことにより，国産の農産物の需要が増え，これが生産サイドに伝わり，生産者側から需要に即した質の高い農産物が供給されることが重要であり，この様な取り組みを通じて，我が国の子どもたちに確かな食の未来を残していきたいと考えている。

第2章　様々な場での食育の取り組み

表2-2　FOOD ACTION NIPPONにおける取り組み

① 「いまが旬」の食べものを選びましょう
「旬」の農産物は，もっとも適した時期に無理なく作られるので，余分な手間や燃料等を必要としません。味もよく，栄養もたっぷりで，体にも環境にもやさしい食事が実現できます。

② 地元でとれる食材を日々の食事に活かしましょう
私たちが住んでいる土地には，その風土や環境に適した農産物が育ちます。身近でとれた農産物は新鮮です。一人一人が地元でとれる食材を選ぶことが，地域の農業を応援することになります。（地元農業の応援はもちろん国産農産物の応援になります。）

③ ごはんを中心に，野菜をたっぷり使ったバランスのよい食事を心がけましょう
油のとりすぎは様々な生活習慣病を引き起こす原因にもなっています。ごはんを中心に，野菜をたっぷり使ったバランスのよい食事を心がけましょう。

④ 食べ残しを減らしましょう
発展途上国で飢餓が問題となっている中，日本では食料を大量に輸入して大量に捨てています。この現状を踏まえ，家庭においても，食品の無駄な廃棄，食べ残しを減らしましょう。（食料の無駄を減らすことは，食料輸入を少なくすることにもつながります。）

⑤ 自給率向上を図るさまざまな取り組みを知り，試し，応援しましょう
米粉を使ったパン・麺等の新しいメニュー，国産飼料を使った牛や豚，鶏等の肥育，地産地消，地域ブランド，直接契約による生産等のさまざまな試みを知り，試しに味わってみる等，応援しましょう。

（出典）　FOOD ACTION NIPPON公式サイト（http://www.syokuryo.jp）

（小川英伸）

第2部　食育の実践と指導

> コラム　食育の実践④　地産地消の取り組み

　地産地消は，地域で生産した農林水産物を地域で消費する取り組みである。時代をさかのぼれば当たり前に行われていたことであるが，流通が発達し，国際化が進み，多くの食材を輸入に頼るようになった今，地元の食材や食文化を見直すことは，食料自給率の向上にもつながるものとして，改めて重要視されている。

　地産地消の取り組みは，地域の消費者と生産者を結びつけ，消費者が，生産者の顔が見え，話ができる関係で，地域の農林水産物を購入する機会を作り出している。また，農業者の高齢化が深刻な問題になっている中，高齢農業者が，地域の直売所に出荷すること等によって活躍しており，地域農業や関連産業の発展に貢献するものとして，国としても，「食料・農業・農村基本計画（2005年3月）」に位置づけて推進を図っている。最近では，地元の食材は輸入品に比べて輸送距離が短いことから，CO_2の排出が抑えられ，地球温暖化防止にも貢献する取り組みとしても注目されている。

　2008（平成20）年6月，学校給食法が改正され，栄養教諭が食の指導を行うに当たり，地域の産物を学校給食に活用する等により，地域の食文化，食に係る産業，自然環境の恵沢に対する理解の増進を図るよう努めることとされた。学校給食においても，食育の観点から，積極的に地場産物を利用することが法に位置づけられたのである。
　学校給食については，全国各地で様々な地産地消の取り組みが行われている。栃木県の都賀町では，町の学校給食センター，教育委員会，JA，青果商組合，生産者が連携して，町内産農産物を学校給食に安定的に供給する体制づくりをし，2004（平成16）年4月から町内産農産物の納品を開始した。生きた教材として食育に活用した地域に根ざした学校給食を提供している。町内産農産物を計画的に生産し，地産地消献立に活用しており，町内産農産物の利用品目・量は年々増加し，取り組み以前の2003（平成15）年度の1品目・49kgが2007（平成19）年度は12品目・8.5tまで拡大した。また，天候の都合等で町内の生産者が納品できない時は，青果商組合が納品する等の役割分担をしている。さらに，生産者の協力により児童生徒の収穫体験，交流給食や，食育の授業を実施したり，生産者の顔写真入りの給食だよりや食育だよりを発行し，保護者や町民への啓発も行っている。中学校の総合的な学習の時間で，栄養士志望の2年生を受け入れて地産地消バイキング給食を作り，1年生が家庭科の授業で栄養等の学習をした上で，そのバイキング給食でその学習を実践化させている等の興味深い取り組みも行っている。これらの活動により，地域農業への理解が進み，残食率が減少する等の食育としての成果が見られている。

　このように，地産地消の取り組みは，地域の農業，食や食文化等への理解を深めるきっかけとなることが期待される。

（高橋周子）

第2章　様々な場での食育の取り組み

3　食育の現状と課題

　これまで，食育推進基本計画に基づいて，食育推進のための様々な取り組みが行われてきた。食育推進基本計画の2年目における目標値と現状値は図2-3に示す通りである。
　食育に関心をもっている国民の割合は2008（平成20）年において増加しているものの，「90％以上」とする目標値とは乖離がある。また，女性で関心がある人の割合は83.7％であるのに対し，男性では64.0％にとどまっていた。とりわけ男性を対象とした普及啓発が必要である。
　朝食を欠食する人の割合は，2006（平成18）年度から国民運動として展開された「早ね早おき朝ごはん」運動を始めとする様々な取り組みが功を奏している様子が伺える。目標値とはまだ，大きな乖離がある。
　「食事バランスガイド」等を参考に食生活を送っている国民の割合は減少傾向にある。さらなる啓発普及が必要である。
　内臓脂肪症候群（メタボリックシンドローム）を認知している国民の割合は目標の「80％以上」を超えていたが，メタボリックシンドロームの予防や改善のために適切な食事または運動を継続的に実践している人の割合は30.3％にとどまっていた。実践に向けた取り組みが今後の課題である。
　教育ファームの取り組みが計画的になされている市町村の割合は0.4％にとどまっていた。「60％以上」とする目標値とは大きな乖離があり，現状の課題を踏まえた推進方策が必要である。ただし，市町村，学校，農林漁業者等様々な主体が教育ファームに取り組んでいる市町村の割合は65％と増加していた。
　食品の安全性に関する基礎的な知識をもっている国民の割合は2005（平成17）年に比べると向上しているが，2006（平成18）年度の66.4％に比べれば減少している。「60％以上」とする目標値に向け，引き続き普及啓発が必要である。
　このような現状の中，2007（平成19）年には，「食育推進国民運動の重点事項」が取りまとめられ具体的な食育の取り組みの在り方が示された。また，

第2部　食育の実践と指導

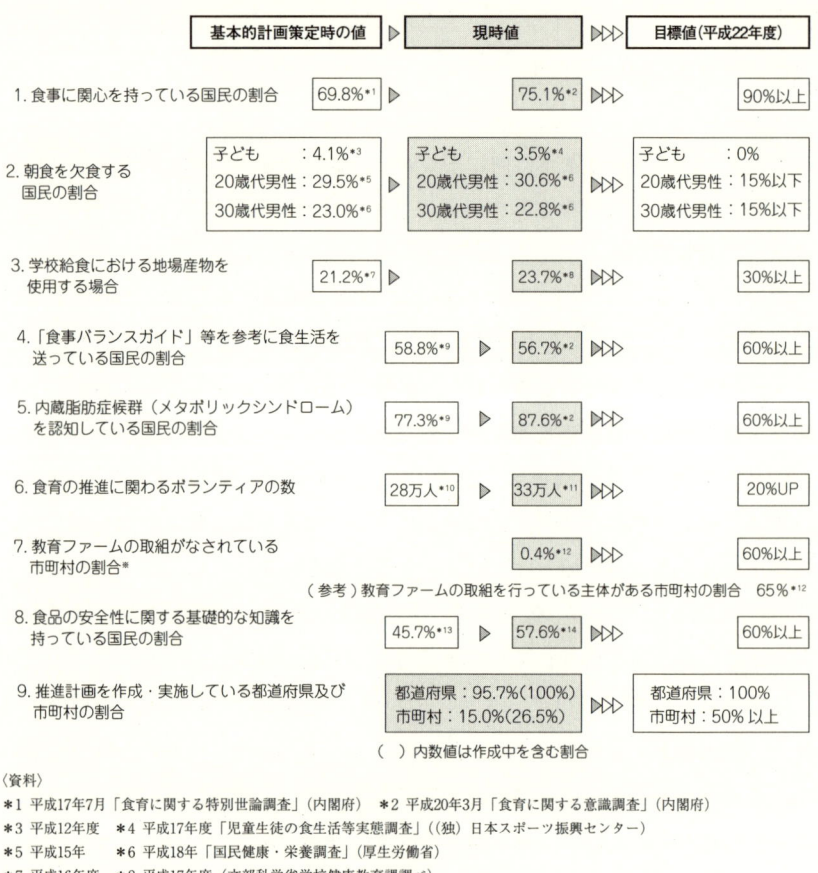

項目	基本的計画策定時の値	現時値	目標値（平成22年度）
1. 食事に関心を持っている国民の割合	69.8%*1	75.1%*2	90%以上
2. 朝食を欠食する国民の割合	子ども：4.1%*3 20歳代男性：29.5%*5 30歳代男性：23.0%*6	子ども：3.5%*4 20歳代男性：30.6%*6 30歳代男性：22.8%*6	子ども：0% 20歳代男性：15%以下 30歳代男性：15%以下
3. 学校給食における地場産物を使用する割合	21.2%*7	23.7%*8	30%以上
4. 「食事バランスガイド」等を参考に食生活を送っている国民の割合	58.8%*9	56.7%*2	60%以上
5. 内臓脂肪症候群（メタボリックシンドローム）を認知している国民の割合	77.3%*9	87.6%*2	60%以上
6. 食育の推進に関わるボランティアの数	28万人*10	33万人*11	20%UP
7. 教育ファームの取組がなされている市町村の割合※		0.4%*12 （参考）教育ファームの取組を行っている主体がある市町村の割合　65%*12	60%以上
8. 食品の安全性に関する基礎的な知識を持っている国民の割合	45.7%*13	57.6%*14	60%以上
9. 推進計画を作成・実施している都道府県及び市町村の割合	都道府県：95.7%（100%） 市町村：15.0%（26.5%） （　）内数値は作成中を含む割合		都道府県：100% 市町村：50%以上

〈資料〉
＊1 平成17年7月「食育に関する特別世論調査」（内閣府）　＊2 平成20年3月「食育に関する意識調査」（内閣府）
＊3 平成12年度　＊4 平成17年度「児童生徒の食生活等実態調査」（（独）日本スポーツ振興センター）
＊5 平成15年　＊6 平成18年「国民健康・栄養調査」（厚生労働省）
＊7 平成16年度　＊8 平成17年度（文部科学省学校健康教育課調べ）
＊9 平成19年3月　＊10 平成18年度　＊11 平成19年度（内閣府食育推進室調べほか）
＊12 平成19年度「農林漁業体験学習の取組（教育ファーム）実態調査」（農林水産省）
※市町村等の関係者によって計画が作成され様々な主体による教育ファームの取組がなされている市町村の割合
＊13 平成17年度　＊14 平成19年度「食品安全確保総合調査」（食品安全委員会）
＊15 平成20年6月末日現在（内閣府食育推進室調べ）

図2-3　食育推進基本計画における食育の推進に当たっての目標値と現状値
　　　　（平成20年9月現在）
（出典）　内閣府『平成20年版食育白書』より。

第2章　様々な場での食育の取り組み

　2008(平成20)年改定の保育所保育指針には，食育の在り方とその必要性が示され，同年改定の学校給食法には，地域の産物を学校給食に活用する等により，食糧の生産，配分及び消費について，正しい理解に導くこととの項目が新たに加えられた。

　今後は，家庭を含めた広範な関係者がこれらの内容を正しく理解し，連携し，国民運動として，より実効性のある食育を実践していくことが必要となる。

参考文献
内閣府『平成20年版食育白書』佐伯印刷，2008．

（名和田清子）

第2部　食育の実践と指導

コラム　学校における食育の現状と課題

「晩ご飯はスパゲッティの麺を茹でるだけ。あとは，4人それぞれが市販の好きなソースをかけるだけよ。」

「うちも包丁なんてできるだけ使わない。簡単な料理がいいわよね。」

これは，参観日に集まった母親たちの会話である。この会話のことを教えてくださったお母さんは食育に関心のある方で，会話の内容に唖然としてじっと聞くだけだったという。これに似たウソのようなホントの話は，今や日本全国至る所にあふれている。「『子どもが好きだから』と朝食にケーキを食べさせる親がいる」と嘆いていた幼稚園の先生もいる。このような状況は，文部科学省や内閣府等の調査によっても明らかになり，深刻の度合いを増しつつある。

そのような中，2006（平成18）年3月に施行された食育基本法の制定に始まり，栄養教諭制度が導入されたことで学校における食育の推進が期待されるようになってきた。それまで，家庭の問題として片付けられてきた子どもの食習慣の乱れが，喫緊の教育課題としてクローズアップされるようになってきたのである。

そして今，全国の学校では，地域の実態に即した様々な取り組みが実践されている。

ある学校では，"子どもが作るお弁当の日"を設けている。この取り組みは，「地域を知る」（総合的な学習の時間）・「地域の方の協力により米作りを行う」（社会科）・「収穫した米でご飯と味噌汁を作る」（家庭科）・「自分でお弁当を作る」（家庭学習）・「食と生活習慣」（体育・保健）といった系統的な学習の一環として行われている。自分で献立をたて調理する中で，地域の食材について学んだり親の苦労や愛情をあらためて感じたりすることができたという。この学習を組み立て，学習に応じた地域の人材を生かすコーディネーターの役割を果たしているのが，栄養教諭である。それまで担任が点として行っていた学習を食育の視点から線にし，面としての学習に広げていくのである。

この外，「子どもたちに本物の味覚を取り戻そう」と立ち上がったプロのシェフたちとともに，フランスで始まった「味覚授業」に取り組んでいる学校も増えつつある。

また，中学校では，部活動と栄養に視点を当て生徒自らが健康管理に目を向ける実践やふるさと学習をする中で，地産地消の重要性に気づく実践等が展開されている。

一方，行政のバックアップも積極的に行われている。島根県では，食育の副教材として「食の学習ノート」を作成し，県内の全児童に配布している。このノートは，学校での学習を家庭につないでいくというコンセプトで作成されている。

このような学校での食育は始まったばかりである。今後，家庭・地域を巻き込んだ大きなうねりとなった時，子どもを取り巻く食の環境は大きく変わると期待している。

（古川康徳）

第3章
食育の在り方と多職種の連携

1 医師の立場から

「食育基本法」の背景のうちで,医師(小児科医)が係る部分は,母乳哺育の推進,乳幼児・学童期からの肥満・生活習慣病の予防,思春期女子の過度のダイエットによるやせすぎの予防にある。食育現場としては,家庭,教育機関,地域社会であるが,ここでは,家庭,学校における食育について取り上げる。

(1) 家庭での食育
① 母乳哺育(日本小児科学会栄養委員会,2007)

食育の原点は母乳哺育であり,小児科医は母乳哺育支援の推進者である。具体的なことは助産師・保健師・栄養士等が行っているので,以下に述べるエビデンスを共有し,乳児健診現場で母親に正しい知識を提供する必要がある。

栄養学的意義に関して初乳は,新生児腸管での免疫機能構築と成長発達に重要である。成熟乳中のたんぱく質は,カゼインと乳清たんぱく質が40%と60%の割合で含まれている。脂質は,その約90%が中性脂肪であり,必須脂肪酸,リノール酸,α-リノレン酸,多価不飽和脂肪酸,コレステロールを含んでいる。炭水化物の80%以上が乳糖であり,その他グルコース,ガラクトース,オ

リゴ糖が含まれている。ビタミン・ミネラルに関しては，ビタミンKはほとんど含有されておらず，鉄分やカルシウムの含有量も少ない。母子関係に関して子どもから母親への愛着は胎生期から形成され，6カ月頃には授乳中の母親を認識し，9カ月頃には認識が確立する。一方，母親から子どもへの愛着は，子どもの吸啜が母親のホルモン（オキシトシン，プロラクチン）を変化させ，愛着を強める。認知発達に関して，母乳栄養児は人口栄養児に比べ，認知発達が良好である傾向（特に，早産児）にある。生活習慣病に関して小児期早期の栄養と成人肥満との連鎖で，最も有力な説はAdiposity reboundである。Body mass index（BMI）は生後2歳頃から一旦減少し，3～7歳に最低値となり，以後成人に至るまで増加し続ける。この最低値からの立ち上がりをAdiposity reboundという。この時期が早いほど重症肥満になりやすい。母乳育児がAdiposity reboundの時期を遅らせることができるか否か，これが今後の疫学調査に期待される。感染免疫・防御能に関しては，母乳中の分泌型IgAをはじめとする感染防御因子が母乳栄養児と人工栄養児の間に免疫能の差を生む可能性がある。アレルギーに関して，児にアレルギー症状を引き起こす食物は母乳哺育を行っている母親が摂取を制限する必要がある。予防的な観点からの母親に対する食物除去は安易に行うべきではない。母子感染に関し，HIV（Human Immunodeficiency Virus）母子感染率は母乳哺育により，人工栄養児と比較して，44%増加する。母親がHIVに感染している場合，母乳を与えるべきではない。HTLV‐1（Human T‐cell Lymphotropic Virus type‐1）は成人T細胞性白血病（Adult T‐cell Leukemia：ATL）の病因である。主として母乳を介してHTLV‐1は感染する。母乳の加熱や凍結によって，HTLV‐1の感染性は消失する。母乳直接授乳を選択する場合は，3カ月未満の授乳に限ると良い。サイトメガロウイルス（CMV）の場合は，低出生体重児を除けば，母乳哺乳は問題ない。B型・C型肝炎ウイルスキャリアの母親の母乳哺育は問題ない。環境汚染に関して乳児は母乳を介して耐容一日摂取量（Tolerable Daily Intake：TDI）の何倍にも及ぶダイオキシン類を摂取している。しかし，母乳を哺乳する期間は限られており，1歳時の健康に影響がないことから，ダイオキシン類汚染のために母

乳を中止する必要はない。母親の服薬に関して，授乳禁忌薬として，「抗がん薬（代謝拮抗薬）」，「免疫抑制薬」，「乱用薬物」「放射線医薬品」等がある。向精神薬（抗不安薬，抗うつ薬，抗精神病薬），ホルモン関係薬は要注意である。糖尿病薬（スルホンアミド），抗生物質（クロラムフェニコール，テトラサイクリン）は副作用の危険がある。

② 食習慣の確立

(1) 朝食欠食（富山スタディー）（徳村他，2004）

1989（平成元）年度の富山県下での出生児を対象とし，3歳，小学1年生，小学4年生，中学1年生（以下，小1，小4，中1）の追跡調査（体格，食習慣，生活習慣）を行った。朝食欠食率は3歳時25.3%，小1時8.1%，小4時7.0%，中1時12.7%であり，3歳時の家庭での欠食率が高いのは，保育所で朝食を食べている児が含まれていた。朝食欠食児は，3歳時から「夜食頻度」，「間食頻度」，「外食頻度」，「インスタント麺を食べる頻度」，「母と朝食を食べない子ども」が多く，それに，小1時以降は「ひとりで朝食を食べる」傾向もみられた。また，3歳時から「起床時刻」，「就寝時刻」が遅く，「睡眠時間」は短い傾向があり，小1時以降は「テレビ視聴時間」が長かった。このように，朝食欠食習慣は3歳時から認められ，その他の食習慣，生活習慣と連鎖し，小4時以降の肥満との関連が示唆された。2005（平成17）年度乳幼児栄養調査報告によれば，朝食欠食児は，親の朝食欠食と関連があった。

(2) 夜食・孤食（日本保健学会，2006）

夜食に関しては「よくある」，「ときどきある」と答えた児童生徒は，全体では，男子21.2%，女子13.5%で，小学生では少ないが，男子では中学生の約4人に1人が，高校生では約3人に1人が，女子では中・高校生の約16%が夜食をしていた。朝食の孤食に関しては，全体では，男子48.4%，女子40.8%で，小学生では約13〜17%，中学生では約40%，高校生では約56%であった。

夕食の孤食に関しては，全体では，男子19.2%，女子16.6%で小学生では少ないが，中学生では約13〜15%，高校生では男子の約37%，女子の約27%であった。

(3) 朝食欠食・夜食・孤食への対応

年齢が上がるにつれ，朝食欠食・夜食・孤食は頻度が高くなり，年齢が低いほど母親の影響を受けていた。生活習慣との関連から，家庭内では，「早寝・早起きをし，朝食を食べ，子どもが小さいうちは母親が中心で食事の面倒をみ，それが習慣となるように家族で協力する」ことが望まれた。

（2）学校での食育

2005（平成17）年度学校保健統計調査報告書（文部科学省，2006）によれば，肥満傾向児・瘦身傾向児のピークはともに男児11歳，女児12歳である。1977〜2005年の年次推移（小西，2007）では，肥満傾向児は増加傾向にあり，11歳，12歳で増加率が高い。瘦身傾向児は8歳以上の年齢で増加傾向にあり，12,13歳女児で出現率が高い。2000年以降は男児・女児とも肥満傾向児，瘦身傾向児は高原安定が続いている。

このように現在の日本人小児の，特に，思春期では，肥満とやせが両極化している。よって肥満・やせを予防するような栄養学に基づいた食育について解説する。

① 小・中学生の食事調査（3日間記録法）（南里，2004）

1997年に都市部の小学1・4年生，中学1年生の食事調査を行った。小学生ではエネルギー，たんぱく質，脂質摂取量は多く，糖質摂取量は少なかった。カルシウム摂取量は一部をのぞき多かったが，鉄摂取量は少なかった。脂肪エネルギー比率は30％を上回り，P/S比（多価不飽和脂肪酸：飽和脂肪酸）は0.6であった。以上から，穀類，魚介類，豆類，乳類の摂取量を増やし，獣鳥鯨肉類の摂取量を減らす必要があった。

中学生では，男子は，たんぱく質，脂質摂取量は多く，エネルギー，糖質摂取量は少なかった。女子では，たんぱく質摂取量は多く，エネルギー，脂質，糖質摂取量は少なかった。カルシウム，鉄摂取量は，男女とも少なかった。男女とも脂肪エネルギー比率は30％を上回り，P/S比は0.7であった。以上から，小学生と同様のことが言え，とくに女子では，エネルギー，カルシウム摂取不

表3-1 糖質摂取量による4群間の比較
—中学3年生女子3日間記録法による食事調査—

(平均値)

	A群 (n=70)	B群 (n=38)	C群 (n=48)	D群 (n=76)
エネルギー (kcal)	2,116	2,050	1,680	1,587
エネルギー比率				
たんぱく質（％）	16.0	15.9	17.4	17.5
脂質（％）	32.3	34.1	33.4	35.4
糖質（％）	51.6	49.9	49.1	47.5
カルシウム（mg）	620	657	456	504
鉄（mg）	10.9	10.7	9.1	9.0
米飯摂取量（g）	350.6	188.9	314.0	172.7
砂糖摂取量（g）	24.0	36.5	12.7	17.8
摂取食品数	27	28	26	25

A群：糖質摂取量平均値以上，米飯摂取量平均値以上
B群：糖質摂取量平均値以上，米飯摂取量平均値未満
C群：糖質摂取量平均値未満，米飯摂取量平均値以上
D群：糖質摂取量平均値未満，米飯摂取量平均値未満

表3-2 体型による比較
—中学3年生女子3日間記録法による食事調査—

(平均値)

	肥満度 −10％以下群 n=65		肥満度 0％以上群 n=55	思春期 やせ症 n=1
エネルギー（kcal）	1,743	＊	1,904	1,744
たんぱく質（g）	71.9	＊	79.1	111.4
脂質（g）	64.0	＊	72.2	32.8
糖質（g）	213.0		229.0	263.1
脂肪エネルギー比率（％）	33.2		33.9	16.5
P/S比	0.74		0.67	1.24
食物繊維（g）	13.2		13.9	31.7
コレステロール（mg）	371	＊	449	232
鉄（mg）	9.6		10.4	20.8
菓子量（g）	39.8	＊	57.0	0

肥満度−10％以下群と肥満度0％以上群群検定　＊$p<0.05$

足を補うために複合糖質，乳類の摂取を増やす必要があった。

② 中学3年生女子の食事調査（3日間記録法）（南里他，2004）

1998～2000年に食事調査を行った。たんぱく質，脂質摂取量は多く，エネル

ギー，糖質，カルシウム，鉄摂取量は少なかった。脂肪エネルギー比率は30％を上回り，P/S比は，0.6であった。以上から，複合糖質の摂取量を増やすことによりエネルギー摂取量を増やし，たんぱく質，脂質の摂取量を減らし，脂質の質では，多価不飽和脂肪酸を増やし，飽和脂肪酸を減らす必要があった。

　糖質摂取量・米飯摂取量の観点から食事内容を検討（表3-1）すると，A群では，穀類，野菜類，乳類等の摂取量が多く，米飯の摂取量が増えることにより，他の食品群の摂取量も増えていた。B群では，嗜好飲料類，菓子類，砂糖類の摂取量が多く，糖質の摂取量は多いが，内容的には，単純糖質，脂質の過剰摂取につながっていた。D群は，穀類の摂取量が少なく，たんぱく質，鉄，カルシウムの摂取不足がみられ，脂肪エネルギー比率が高く，ダイエット中の食事内容がうかがえた。さらに，やせ群（肥満度-10％以下），非やせ群（肥満度０％以上），思春期やせ症（神経性食欲不振症）児の食事内容（表3-2）を検討した。やせ群は，非やせ群と比較すると，エネルギー，たんぱく質，脂質，コレステロール，菓子類摂取量は少なく，P/S比は高かった。やせ群の食事内容は非やせ群に比べ生活習慣病予防の意味では優れた点が多い。しかし，思春期やせ症児の食事内容は，行き過ぎている感があった。

③　栄養学に基づいた指導（南里，2007）（表3-3）

　このような小・中学生の食生活の実態に基づき，児童・生徒・保護者に以下のことを指導している。

　エネルギー摂取量は最小量を10kcal/身長（cm）としたのは，基礎代謝量とPrader-Willi症候群における肥満治療に基づき，最大量を15kcal/身長（cm）としたのは，日本人の食事摂取基準（2005年度）に基づいている。各栄養素の必要量は糖質では複合糖質である米飯は，過剰とならない範囲ですすめられるが，単純糖質の過剰摂取は，高インスリン血症をきたすので，1日摂取量は1g/標準体重で50g以下が好ましい。たんぱく質は，動物性は，植物性に比べ，必須アミノ酸組成がヒトのアミノ酸必要量のパターンに近いので，その比率を40％以上にする。動物性脂質の過剰摂取を避けるには動物性の摂取比率は50％以下が好ましい。脂肪エネルギー比率はNCEP（National Cholesterol Education Prog-

第3章 食育の在り方と多職種の連携

表3-3 エネルギー・栄養素1日摂取量（肥満・やせを考慮して）

1．エネルギー摂取量 　　最少量10kcal/身長cm，最大量15kcal/身長cm 　　（例）　身長160cm 1,600～2,400kcal 2．摂取食品数 　　最低1日20食品，25食品以上 3．3食のエネルギーバランス 　　朝食：昼食：夕食：間食＝2：3：4：1，できれば3：3：3：1 　　＊間食は1日摂取エネルギーの10％以下とする 4．各栄養素の摂取量 　　(1) 糖質　エネルギー比率　50～60％ 　　(2) たんぱく質　エネルギー比率　15～20％ 　　　　動物性たんぱく質　摂取比率　40～50％ 　　(3) 脂肪エネルギー比率　20～30％ 　　(4) コレステロール　200mg～400mg 　　(5) 食物繊維　10g以上 　　(6) カルシウム　450mg以上 　　(7) 鉄　10mg以上 　　(8) 食塩　3g以上　10g以下 　　(9) ビタミン類，無機質（ミネラル）類 　　　　推定エネルギー必要量80％以下の場合注意

ram：全米コレステロール教育プログラム）の脂質異常症治療の第1段階では，脂肪エネルギー比率は30％未満，とすべきであると勧告している。脂肪エネルギー比率は約13％が最低必要量と考えられる。コレステロールはNCEPの脂質異常症治療の勧告を参考とし，200～400mg程度と考えられる。食物繊維は大腸がん予防の目安としては，最低10g以上である。カルシウムは成人における骨粗鬆症予防の観点から，一日最低450mgは必要である。鉄は成人女性の月経による損失と中学生の調査から，10mg/日は必要である。食塩は，最低3g/日は必要である。ビタミン類，無機質（ミネラル）類はエネルギー摂取量が推定エネルギー必要量の80％以下の場合は，不足する可能性がある。

（3）まとめ

　子どもの食育を考えることは，家族が健全な心身を培う機会であり，家族ぐるみで健康的な食生活を送り，次世代へと継承していく必要がある。それには，

まず，母乳哺育を心掛けることである。食習慣に関しては，朝食欠食に代表される好ましくない食習慣は，幼児期から認められ，年齢とともに増加しているが，それには，母親の食習慣が関与している。この朝食欠食は，他の好ましくない食習慣・生活習慣と連鎖し，学童期以降の肥満に関連している。思春期女子のやせに関しては，母親のダイエット行動，食に関する意識の低さ，娘との食に関する会話の少なさが，娘のダイエット行動に影響を与えている。また，妊婦のやせ（低栄養）・肥満（過栄養）が出生児の将来のメタボリックシンドロームや2型糖尿病の発症を高める可能性がある。とはいえ，現在の日本の生活環境は，家庭内では核家族化，少子化，受験（塾通い），母親の就労，父親の長時間労働，母子・父子家庭の増加がある。また，家庭外ではファーストフード，清涼飲料水自動販売機，外食産業，コンビニエンスストアの増加がある。この内外の生活環境は子どもたちを夜型生活にし，不健全な食習慣を形成する要因と考えられる。また，思春期女子のやせ願望は，近年の社会的風潮によりテレビや雑誌の影響も受けている。家庭内外の生活環境が一朝一夕に変化することはないで，子どもや母親への食育が必要である。父親の役割は，母親が安心して子育てできる環境を作ることであり，社会は親が安心して子育てできるようバックアップすることである。

参考文献

日本小児科学会栄養委員会「若手小児科医に伝えたい母乳の話」『日本小児科学会雑誌』111：922-941，2007．

德村光昭他「朝食欠食と小児肥満の関係」『日本小児科学会雑誌』106：1487-1494，2004．

日本学校保健会「平成16年度児童生徒の健康状態サーベイランス」『事業報告書』52-58，2006．

文部科学省『平成17年度学校保健調査報告書』114-115，2006．

小池通夫「肥満と痩身はいつの時代から現れ，また，何歳に始まるのだろう―日本の小学校中学校身体検査1960年までを回顧―」『小児科』48：505-516，2007．

南里清一郎「生活習慣病と小・中学生の食生活」『小児科』45：258-266，2004．

南里清一郎他「やせと食事」『小児科臨床』57：2575-2582，2004．

南里清一郎「小児科医として子どもの食育を考える―健康的な食生活の継承―」Kellogg's

Update 91：1-4, 2007.
デイヴィット・バーカー，藤井留美訳『胎内で成人病は始まっている』ソニーマガジンズ，2005.

(南里清一郎)

2　食が変わる食育

(1) 学校における食育の現状

　写真は，ある一人暮らしの大学生の，3日間の食事である。著者らは2004年から3年にわたり，1000人以上の大学生の食事を調査してきたが，一人暮らしの大学生の多くは，おおよそこのような食事である（写真3-1）。

　多くの大学生の食事に共通する特徴は「ほとんど調理をしない」，「野菜を食べない」，「揚げ物や甘い食事が多い」。この背景として，健康のために食事を摂取するという食への認識の欠如，基本的な調理能力の欠如がある。

　統計（内閣府，2006）では，適切な食事摂取のために「必要な知識・技術が

写真3-1　ある大学生の3日間の食事
(注)　左上は1日目の昼食，左下は1日目夕食，中央上は2日目昼食，中央下は2日目夕食，右上は3日目昼食，右下は3日目夕食。
(出典)　筆者の研究室で，2007年長崎大学健康科学講義において，講義受講生を対象に実施した食事調査結果。

十分にある」，あるいは「まあまあある」と答えた人の割合は，男女ともに，15-19歳が最も低かった。15-19歳とは義務教育終了直後である。この世代の食の能力が一番低いということは，義務教育が食の教育において機能していない，ということでもある。実際，筆者らが調査したところ，義務教育において，基本的な調理技術や食事の栄養バランスに関する十分な教育は行われていなかった（中村・宮崎ら2007）。

たとえば，家庭科では食品の分類として，小学校で3つ，中学校では6つ，高校では4つの食品群という分類方法を教える。これは系統立てて子どもを育てるという手法ではない。家庭科だけに限ったことではない。食の指導を担う栄養教諭もまた，系統だてずに，田植えの体験，食べ物への感謝の気持ち等が，学年や教科とは無関係に，食の教育の課題として各地で取り組まれている。これは栄養教諭個々人に問題があるのではなく，義務教育において食の教育の系統立てが行われていないことが最大の原因である。

こうした食の教育の欠如の「成果」が冒頭の大学生の食事である。

（2）食が変わる食育プログラム

なお，本プログラムでは生活習慣病対策を最大の課題とする。

日本の食育基本法では多くの課題が列挙されたため，生活習慣病対策は埋もれ，多くの課題のうちの一つでしかない。しかし，世界を見渡せば，生活習慣病対策は緊急の課題である。たとえば，イギリスでは家庭科は選択科目として徐々に削減される傾向にあったが，生活習慣病対策をかかげた調理技術の授業は2012年から必修となる。

生活習慣病による病人，医療費の増大による国家財政の圧迫は世界各国の共通課題である。

筆者らは，小学5年生に対し，適切な食事を摂取するための指導方法を開発してきた。5年生を対象に検討してきた指導方法であるが，結果的には大学生や成人にも有効な食育プログラムとなっている。（中村ほか，2006）

この食育プログラムは，食への考え方，技術としての入門編という位置づけ

第3章　食育の在り方と多職種の連携

で作成している。算数で言えば，足し算，引き算という入門である。しかし，足し算，引き算ができなければ，かけ算も割り算も，微分積分もできない。

基本をきちんと学ばなければ，実際の食の変化にはつながらない，という強い思いで作ったプログラムである。

プログラムでは，以下に紹介する，5つの技術を見につけることを目標としている。

① 体調を知る技：水に浮くウンコ

「あなたのウンコは水に浮きますか？　沈みますか？」

こんな質問をすると，子どもも大人も，9割ほどが「沈む」に手を挙げる。

そこで，「野菜をたくさん食べると，黄色っぽくて水に浮く，いいウンコになります」と教える。勉強の目標を，「野菜をたくさん食べてウンコが水に浮くようになる」にすることで子どもにはわかりやすく，興味深いものになる。

食の教育の最大の課題である生活習慣病は5年も10年もかけて徐々に進行する。これに対抗するためには年に1度の健康診断はもちろん，ウンコの観察を通して日々の体調の変化を観察する能力が必要である。

教える技術としても「うんこ」は重要な小技である。20歳以下の子どもたちは，冒頭で紹介した写真のような食生活を続けても，若さゆえに，体調を崩したり，病気になるわけではない。それゆえ，彼らに「食と健康」の関係を教えても，十分な納得はしない。ましてや，生活習慣病等まったくの他人事である。

しかし，食事が乱れれば（食事が乱れるときの最初の段階は野菜の摂取量が少なくなる）てきめんに便秘になる。あるいは水に沈むうんこになる。これが彼らの弱点である。

伝える相手の現状をふまえることで，教育プログラムは生きてくる。

「この1週間で食べた野菜の数を1分間で書いてください」という質問も有効な小技である。10種類以上書くことができればいいが，一人暮らしの大学生は5種類程度である。最低3種類（キャベツ，キュウリ，トマト）という学生も毎クラス数人はいる。

② 生活習慣病を知る

　生活習慣病を教えるのは難しい。筆者らは大学の健康科学の講義を分担で3年ほど担当したが，学生にアンケートをとると，数週間前に医学部の教員から受講したはずの生活習慣病についての知識を，ほとんどの学生は忘れていた。

　そこで，実施したのが紙芝居である。ある糖尿病患者の暮らしが紹介されたHPをもとに作成した紙芝居で，糖尿病の怖さを伝えることにし，成功した。（中村（2006）の付録CDに紙芝居のデータを入れている）。

③ 基本の食

　テレビや雑誌で食に関する情報がとびかっているにもかかわらず，「今晩，健康にいい食事の献立」を思い浮かべ「実際に調理できる」能力をもつ人は少ない。

　そこで基本の食として「ご飯，味噌汁，おひたし，焼き魚」を教え，実際に3回宿題として作らせる。

　基本の食は，「正しい食事」ではない。子どもが健康のために何を食べればいいかわからなくなったときに立ち返る献立であり，生活習慣病を防ぐ献立であり，野菜をたくさん食べるための調理方法の基本である。

　たとえば，「ご飯，味噌汁，アジの干物，おひたし」の食事では脂質割合14％（455kcal）なのに対し，「食パン，オムレツ，サラダ，紅茶」の食事の脂質割合は40％（602kcal）となる（的場，2007）。

　厚生労働省のすすめる脂質割合は20～30％であるから，基本の食は脂質のとりすぎ・メタボリックシンドローム克服の標準献立でもある。

　さらに，基本の食は，農林水産省が求める，自給率の高い献立でもある。

　さて，大学生が野菜を食べようとするときの技は，サラダ（といっても，キャベツとキュウリとトマトを切るだけ），野菜炒め，野菜ジュースである。サラダには油いっぱいのドレッシング，マヨネーズを使っている。野菜炒めも油をたくさん使う。

　基本の食での「おひたし」は，季節の野菜をさっとお湯にくぐらせて，野菜をたくさん食べる技である。あるいは，煮野菜でもいい。どちらも，野菜をた

くさん食べることができる。刻むだけのサラダや野菜炒めよりも，よほど簡単な調理方法であり，なおかつ，ほとんどの大学生が身につけていない調理方法である。

　健康日本21によれば，現在，日本人の野菜摂取量は目標摂取量350gを大きく下回っている。そこで，1日に食べるべき野菜の量，350g（小学生は300g）を量って，子どもたちに見せることで，サラダではなく，おひたしの必要性を感じさせることができる。

　また，基本の食を学ぶと，コンビニやスーパーのお惣菜，ファミレス等の外食店を利用する際に，基本の食に近い食事を，選ぶことができるようになる。

④　食品表示を見る技

　生活習慣病の原因でもある砂糖，塩，油の過剰摂取が体によくないことを学び，食品を買うときに栄養成分表示を見ることで，それらの量を制限することを学習する。

　小学5年生で，砂糖20g，塩10g，油60g程度が適量である。この量を基準に，食品の裏にある食品表示の「栄養成分表示」を見て，体に必要な量よりも多いか少ないか判断する。

　たとえば，砂糖は果汁0％の清涼飲料水であれば「炭水化物」の欄がそのまま砂糖の量と考えられる。そこで，こうした飲料を教材にして，表示を読ませ，500mlのペットボトルの清涼飲料水1本に50gの砂糖が入っていることを伝える。実際に50gの砂糖を横に置くと，教材として迫力がでる。

　たった1本で2.5日分の砂糖が，たった1本でとれてしまう。

　授業の前後で，「買い物をする際，①値段しか見ない，②賞味期限，消費期限まで見る，③細かな表示まで見る」で質問しておくと，授業後には③の子どもたちが増えているはずだ。増えていなければ，指導方法を工夫する必要がある。

⑤　経済社会に食べさせられていることを知る技

　2007年度の，日本政府の食育関連予算は50億円程度である。一方で，食品産業の広告費用は1社で50億円，100億円使っている。

なぜ，自分のからだに必要でないものを食べているのか，ということを考えさせることも，子どもたちには必要である。（詳細　中村（2006）を参照）

時間的な余裕がある場合は，DVD「スーパーサイズ・ミー」を活用するのもいいだろう。ファストフードを1カ月食べ続けた記録である。

（3）これからの食育の展開について

さて，栄養学がこれほど発達し，栄養士がたくさん育成されているにもかかわらず，なぜ人々の食は悪化してきたのか。このことを疑問に思う研究者や栄養士は，ほとんどいない。

栄養学はもともと欠乏症対策の学問として発展してきた。貧乏な社会において，限られた食料を有効に活用して，欠乏症から逃れるための学問が栄養学であった。

一方，現代の課題は，豊富な食事による病気，生活習慣病である。豊かな社会で，過剰に脂質を摂取し，中毒症状（生活習慣病）を引き起こしている。

にもかかわらず，欠乏症とその対策を学んだ栄養士の多くは，肥満になった患者を前に，「〇〇を食べると，健康になれます」と言うしかない。これ以上，何を食べさせるというのだ。

残念ながら，豊かな社会における，個々人の食のあり方を論じる学問。それを伝える手法は，まだまだ確立していない。

参考文献
内閣府『18年版食育白書』2006．
伏木亨編著『基礎栄養学』光生館，2004．
小学校学習指導要領（平成10年12月告示，15年12月一部改正）
的場輝佳「日本型食生活と生活習慣病予防」『栄養教諭』2007．
中村修編著『実践！食育プログラム』家の光協会，2006．
中村修・宮崎藍・渡邊美穂「食育活動の現状と課題」『長崎大学総合環境研究』(10) 1：11-16，2007．

　　　　　　　　　　　　　　　　　　　　　　　（中村　修・宮崎　藍）

3 効果ある食育プログラムとは

　現在，糖尿病や高血圧，脂質異常症等の生活習慣病が増加しており，これらの病気においては食習慣が大きな影響を及ぼしている。食習慣は長い間かけて形成され，一度形成された食習慣はなかなか修正することが難しいため，乳幼児から高齢者まですべてのライフステージを対象に食育を行うことが必要である。特に，成長期である子どものうちに食に関する正しい知識と習慣を身につけることで，将来大人になってからも健全な食生活をおくることができる。

　食育はこれまでは家庭が担ってきた。しかし，近年，社会環境，生活スタイル，食形態が変化したことにより，十分な知識に基づいた教育を家庭において行うことは困難になってきた。そこで，学校，保育所，幼稚園においても適切な食育を実施し，家庭，地域社会と連携して，次世代を担う子どもの望ましい食習慣の形成に努める必要がある。

(1) 望ましい食育を実施するために

　食育は，幅広い分野に関連しており内容も豊富であることから，単発的なイベントで終わることも少なくない。そこで，食生活の乱れを解消するためには，継続した食育を実施することが必要である。効果的な食育は，計画（Plan），実行（Do），評価（Check），改善（Action）に沿って実施することが必要である。すなわち，(1)対象者の実態把握や問題の発見，指導計画の作成と目標の設定，(2)計画に沿った実行，(3)計画的に実施しているかどうか，目標が達成できたかどうか等の実施した結果についての点検・評価を行う，(4)実施計画に沿っていない部分，目標に達していない部分について修正する。これらを繰り返しながら改善し，次ぎのステップにつなげることが重要である。

（2）学校で実施する食育

① 食育の計画ならびに目標の設定

　学校における食育は，学校教育活動全体として，組織的，計画的，継続的に実施することが望ましい。すなわち，食育推進体制を整備し，学校の実情や子どもの実態，保護者・地域住民の意見や要望等のニーズを的確に把握，整理，分析，判断したうえで，食に関する指導の全体計画を作成する。さらに，食に関する指導目標，各学年ごとの目標，単元ごとの目標等を具体的に設定する。この指導計画や目標の設定にあたっては，学習指導要領をもとに各教科，道徳，総合的な学習の時間や特別活動の中でどのように連携しながら進めていくか明確にしておく必要性がある（表3-4）。

② 学習指導要領との関連性

　学校教育においては，学習指導要領をもとに教育課程を編成し，教育を実施する必要性があるが，新しい学習指導要領においては，新たに食育が盛り込まれている。つまり，総則の中では，「学校における体育・健康に関する指導は，児童（生徒）の発達の段階を考慮して，学校の教育活動全体を通じて適切に行うものとする。特に，学校における食育の推進ならびに体力の向上に関する指導，安全に関する指導及び心身の健康の保持増進に関する指導については，体育科（保健体育科）の時間はもとより，家庭科（技術・家庭科），特別活動等においてもそれぞれの特質に応じて適切に行うよう努めることとする。また，それらの指導を通して，家庭や地域社会との連携を図りながら，日常生活において適切な体育・健康に関する活動の実践を促し，生涯を通じて，健康・安全で活力ある生活を送るための基礎が培われるよう配慮しなければならない。」としている（「　」内は中学校学習指導要領総則）。この指導要領の中に盛り込まれたように，食育は学校教育の一環として実施し，家庭科（技術家庭科），体育科（保健体育），生活科，理科，社会，道徳，総合的な学習の時間，特別活動，学校行事等とも大きく関連していることから，各教科相互の関連性，系統性等を考慮しながら，様々な教科と連携して指導を工夫することが求められている。

③ 学校における食育の担い手としての栄養教諭

第3章　食育の在り方と多職種の連携

表3-4　食育の目標例

- 食事の楽しさを理解する。
- 食事の適量や望ましい食事のとり方がわかる。
- 栄養のバランスを理解し自ら管理する能力を身につける。
- 食品の品質や安全性について自ら判断する能力を身につける。
- 適切な食品を自ら選択する能力を身につける。
- 食に対する感謝の心をもつことができる。
- 地場産食材に関して理解する。
- 体験学習を通して言葉や絵などにより感じ取ったことを表現することができる。
- 食事作りや準備にかかわることができる。
- 食事のマナーを身につける。
- 食事を通したコミュニケーション能力を身につける。
- 地域の食文化や食に関する歴史について理解する。
- 自分の食生活を振り返り，問題意識をもち改善しようと努力する。

　学校における食に関する指導を推進するため，2005年度より栄養教諭制度が創設された。栄養教諭の職務は，これまで学校栄養職員が実施してきた学校給食管理に加え，食に関する指導の実施である。栄養教諭が実施する食に関する指導では，肥満，偏食，食物アレルギー等の児童生徒に対する個別指導，学級担任等と連携した学級活動や教科における集団的な指導，家庭・地域と連携した指導を推進するための連絡・調整を行う。また，学校給食の管理においては，栄養管理，衛生管理，検食，物資管理等である。すなわち，学校における食育では，教育に関する資質と栄養に関する専門性を併せもった栄養教諭が，学級担任と連携しながら，学校給食を活用して食に関する指導を実施することで，高い教育効果をもたらすものと考えられる。

④　学校給食を利用した食育

（1）学校給食の目的

　国公私立学校において学校給食を受けている幼児・児童・生徒数は，2006年5月現在で約1,019万人にのぼっており，学校給食は，生きた教材として食に関する指導を効果的に進めることができ，教育的意義が深い。日本における最初の学校給食は1889年に山形県で貧困児童救済のために食事が供与されたのが始まりとされている。政府が1954年に学校給食法を制定したことにより，国庫補助による学校給食が全国で展開されることとなった。当初は不足した栄養を

補うことが主たる目的であった。この学校給食法が制定されて50年以上の年月が経ち、学校給食の目的も大きく変わった。栄養教諭制度の創設をはじめ食育基本法ならびに食育推進基本計画が策定、さらに教育基本法等、教育三法の改定も行われ、これらの法律との整合性を図るかたちで、学校給食法の一部が改正された。この法律では、学校給食の目的を、「学校給食が児童及び生徒の心身の健全な発達に資するものであり、かつ、児童及び生徒の食に関する正しい理解と適切な判断力を養う上で重要な役割を果たすものであることにかんがみ、学校給食及び学校給食を活用した食に関する指導の実施に関し必要な事項を定め、もって学校給食の普及充実及び学校における食育の推進を図ることを目的とする」とし、以前の栄養改善を目的とした法律から、学校給食を活用した食に関する指導の充実、栄養教諭による学校給食を活用した食に関する指導の推進、学校における学校給食の水準及び衛生管理を確保するため等の内容が盛り込まれている（表3-5）。

(2) 学校給食による地場産食材の利用

国が制定した食育推進基本計画においては、学校給食の地場産物の利用率を2006年までに30％以上とすることを数値目標として設定しているが、学校給食に地場産食材を積極的に取り入れ、給食の時間、学級活動、各教科、総合的学習の時間等において食に関する指導の教材として利用し、食に関する指導計画の中に取り入れることで教育効果が向上する（表3-6）。

表3-5　学校給食の目標

1. 適切な栄養の摂取による健康の保持増進を図ること。
2. 日常生活における食事について、正しい理解を深め、健全な食生活を営むことができる判断力を培い、望ましい食習慣を養うこと。
3. 学校生活を豊かにし、明るい社交性及び協同の精神を養うこと。
4. 食生活が自然の恩恵の上に成り立つものであることについての理解を深め、生命及び自然を尊重する精神並びに環境の保全に寄与する態度を養うこと。
5. 食生活が食にかかわる人々の様々な活動に支えられていることについての理解を深め、勤労を重んずる態度を養うこと。
6. 我が国や各地域の優れた伝統的な食文化についての理解を深めること。
7. 食料の生産、流通及び消費について、正しい理解に導くこと。

（出典）　学校給食法より。

第3章　食育の在り方と多職種の連携

表3-6　地場産食材の利用効果

1) 子どもが，より身近に，実感をもって地域の自然，食文化，産業等についての理解を深めることができる。
2) 食料の生産，流通等に当たる人々の努力をより身近に理解することができる。
3) 「顔が見え，話しができる」生産者等により，生産された新鮮で安全な食材を確保することができる。
4) 流通に要するエネルギーや経費の節減，包装の簡素化等により，安価に食材を購入することができ，フードマイレージの低下など環境保護に貢献し環境教育にもつながる。
5) 地域の生産者と連携し，体験的な学習の場として田畑，山林等を使用させてもらい，子どもが実際に種まき，草取り，収穫等の一連の体験活動や生産者を学校に招いて生産に対する苦労や産物に込める思いを聞くことにより，生産者や生産過程等への理解が深まり，食べ物への感謝の気持ちをいだくことができる。
6) 生産者等の側で学校給食をはじめとする学校教育に対する理解が深まり，学校と地域との連携・協力関係を構築することができる。

(3) 学校給食による献立の活用

　学校給食の献立に教科における指導と関連した食材を用いることで，教科内で実施する食に関する指導を効果的に推進することができるものと考えられる。また，地域の郷土料理を献立に取り入れることで，子どもたちはその地域の食文化を知り，次世代に継承してゆく気持ちをもつことができる。諸外国の料理の献立では，日本とは違った民族や宗教についての理解を深め，それぞれの国の文化を尊重する気持ちを醸成する上で重要な役割を果たすことができる。学校給食の試食会や給食の献立を基にした親子料理教室では，家庭や地域との連携を深め，学校給食への理解が深まるとともに，家庭における食育にもつながる。

⑤　食育の評価・改善

(1) 評価の方法

　食育を効果的に実施することで，生活に実践することのできる子どもの育成へとつながってゆくが，そのためには，それぞれの活動において目標ならびに評価指標，評価基準を明確に設定し，その目標が達成できたかどうか的確な評価を実施することが必要である。評価指標は，取り組み指標と成果指標がある。すなわち，取り組み指標では，教育課程への位置付け，食に関する指導の全体計画や年間指導計画等の作成状況，食に関する指導の実施状況，家庭や地域と

の連携体制等の食育推進体制等であり，成果指標においては，食育を実施した後の子どもの朝食の摂食状況や睡眠時間，排便習慣，運動時間，生活習慣等に関する改善状況，栄養バランスについての理解等子どもの変容状況や集団としての高まり等の食育目標の達成度に関するものである。

(2) 評価基準について

　食育評価を実施する際，実態を踏まえたうえで，達成度を判定するための基準を設定する必要がある。たとえば，数値目標を設定した場合は，その目標値に達した場合は「十分達成できた」とし，目標値の80％～90％達成した場合は「ほぼ達成した」，80％以下の場合は「改善が必要である」等といった評価基準をあらかじめ設定しておくことによって，評価が明確になる。また，数値目標ではない場合についても，子どもの理解度等についての判定基準も設定しておくことが必要である。

(3) 評価の実施

　学校における食育の評価は，子どもの発言内容やつぶやき，アンケート，感想分，ワークシート，ノート等の子ども自身の自己評価や指導者の観察等から子どもの変容を把握し，目標の達成状況を検証，分析を行う。さらに，事例研究や公開授業，授業研究，研究協議会を通した指導・支援内容の評価を通して，子どもに対する課題点，指導における改善点を明らかにする。なお，関連教科や道徳，特別活動，総合的な学習の時間等における食に関する指導は，教科等のねらいに沿って指導が行われることから，それぞれの教科の特性や目標にあわせた評価方法を適切に選択し，教科等のねらいに対する評価を行った上で，食育の視点に立った評価を実施することが必要である。なお，食育は家庭や地域と連携して実施することが多いため，アンケートや情報交換等により家庭や地域の外部評価も導入することが望ましい。評価の時期は学習前，学習後，一定期間経過後の行動変容についての評価を組み合わせることも重要である。また，評価の結果を踏まえ，課題点や改善点を明確にし，改善の方向性を確認，考察，修正し，次のステップの計画・実践に役立てる。このような改善を継続的に行っていくことで，個々の子どもの課題やニーズに応じた指導を行い，目

第3章　食育の在り方と多職種の連携

標達成へ導くことができるものと考えられる。

（3）保育所，幼稚園における食育
① 保育所，幼稚園における食育の計画・目標

　保育所において効果的に食育を実施するには，食育を保育の一環として捉え，「保育課程」の中に取り入れ，この保育課程をもとに，指導計画を作成する。食育指導計画の作成にあたっては，まず，子どもの発達に応じた実態や課題，問題点を把握，整理し，具体的なねらいや目標が達成されるような計画を作成する。なお，保育所は，子どもの誕生から就学までを対象としていることから，子どもの各年齢ごとの食育にとどまらず，長期的視野をもって，子ども一人一人の発達過程や状況を踏まえて，一貫性・連続性のあるものにする。なお，保育所における食事の提供は食育の一部であることから，食事の提供を含む内容とする。

　食育の目標は，子どもが「食を営む力」の基礎をつくることができるように，毎日の生活と遊びの中で，自らの意欲をもって食に関わる体験を積み重ね，食べることを楽しみ，大人や仲間等の人々と楽しみ合う子どもに成長していくことを期待するものである。食育の実施に当たっては，園長，保育士，栄養士，調理員等全職員が一丸となって協力し，家庭・地域社会と連携のもと実施することが重要である。

② 保育所保育指針との関連性

　保育所保育指針においては，子どもが豊かな人間性を育み，生きる力を身につけて行くために，保育の中に食育を取り入れ，組織的に食育を推進することが求められている。保育所保育指針の中では，表3-7のように食育の推進が明記されていることから，この指針に沿って食育を実践することが望ましい。

　なお，「保育所における食育に関する指針」では，食と子どもの発達の観点から食育の5項目を表3-8のように設けている。

第2部　食育の実践と指導

表3-7　保育所保育指針における食育推進

> 保育所における食育は，健康な生活の基本としての「食を営む力」の育成に向け，その基礎を培うことを目標として，次の事項に留意して実施しなければならない。
> 1) 子どもが生活と遊びの中で，意欲を持って食に関わる体験を積み重ね，食べることを楽しみ，食事を楽しみ合う子どもに成長していくことを期待するものであること。
> 2) 乳幼児期にふさわしい食生活が展開され，適切な援助が行われるよう，食事の提供を含む食育の計画を作成し，保育の計画に位置付けるとともに，その評価及び改善に努めること。
> 3) 子どもが自らの感覚や体験を通して，自然の恵みとしての食材や調理する人への感謝の気持ちが育つように，子どもと調理員との関わりや，調理室など食に関わる保育環境に配慮すること。
> 4) 体調不良，食物アレルギー，障害のある子どもなど，一人一人の子どもの心身の状態等に応じ，嘱託医，かかりつけ医等の指示や協力の下に適切に対応すること。栄養士が配置されている場合は，専門性を生かした対応を図ること。

表3-8　「保育所における食育に関する指針」の食育の5項目

> 1)「食と健康」：健康な心と体を育て，自らが健康で安全な生活をつくり出す力を養う。
> 2)「食と人間関係」：食を通じて，他の人々と親しみ支え合うために，自立心を育て，人と関わる力を養う。
> 3)「食と文化」：食を通じて，人々が築き，継承してきた様々な文化を理解し，つくり出す力を養う
> 4)「いのちの育ちと食」：食を通じて，自らも含めたすべてのいのちを大切にする力を養う。
> 5)「料理と食」：食を通じて，素材に目を向け，素材にかかわり，素材を調理することに関心をもつ力を養う。

③　保育所における食育の評価・改善

　保育所における食育の評価は，あらかじめ，子ども，保育所，地域の実態に応じて，評価項目や評価の観点を設定しておくことが重要である。特に，食育計画，実践経過，結果，評価を通して記録し，食育計画の中で適切に実践されているかどうかを把握することが重要である。この記録により，食育全般に対する適切な評価が可能になる。なお，評価においては，食育を実施した保育者自身に関する自己評価，食育実践に対する評価，保育者以外または食育を実践した保育所以外から受ける外部評価すなわち第三者評価がある。保育者自身の評価を行う場合は，自己評価を基本とし，子どもに対する指導や援助が適切であったか反省・評価する。食育実践に対する評価は，保育課程，指導計画の目

標，ねらいや内容にもとづいて，子どもたちの行動や理解がどのように変化したか，育ちの評価を行う。その際，数値化できない子どもの内面に着目した評価も行う必要がある。また，食事内容を含めて食育の取り組みを保護者や地域に向けて発信し，保護者や地域の意見等も考慮して計画を柔軟に修正，見直し，改善しながら次の食育の計画・実践へとつなげる。

参考文献

ミネルヴァ書房編集部編『保育所保育指針　幼稚園教育要領　解説とポイント』ミネルヴァ書房，2008．
内閣府『食育白書平成18年度版』2006．
内閣府『食育白書平成19年度版』2007．
文部科学省『文部科学白書』日経印刷株式会社発行，2007．
文部科学省『小学校学習指導要領』東京書籍発行，2008．
文部科学省『中学校学習指導要領』ぎょうせい発行，2008．
上田伸男編『学校栄養教育概論』化学同人，2007．
笠原賀子編『栄養教諭のための学校栄養教育論』医歯薬出版株式会社，2006．
文部科学省『食に関する指導の手引』東山書房，2007．
東京都教育庁学務部学校健康推進課編「食に関する指導資料集（改訂版）」2008．
保育所における食育研究会編『子どもがかがやく乳幼児の食育実践へのアプローチ』財団法人児童育成協会児童給食事業部発行，2005．

（白尾美佳）

第2部　食育の実践と指導

(コラム) 食育の必要性「いま，どのような食育が必要か」

ぼーっとして集中できない，無気力，体力や運動能力の低下，小児生活習慣病，学級崩壊，いじめ，偏食，援助交際，自殺…。近年，子どもたちの健康が脅かされている。学校と塾の往復，休日も習い事といった具合で，「疲れがたまっている」「忙しい」というセリフが園児や小学生から漏れるのも，痛々しい限りだ。

子どもたちがこんな状態で，10年後，20年後の日本社会が豊かで生き生きしているはずはない。「なんとかしなければ！」と対策を模索している専門家は各分野に多数いる。その効果を上げるために，もっとも必要なのは，子どもたちが日々育つ環境の基本，つまり，家庭の「くらしの時間」を改善することではないだろうか。

そこで，うまく家庭を巻き込み，保護者の支持率100%になった食育事例を紹介したい。香川県綾川町立滝宮小学校で2001年に始まった，「子どもが作る"弁当の日"」だ。発案者である当時の校長・竹下和男さんが決めた原則は，「大人は手伝わない」「実施は5，6年生だけ」「2学期から月1回，計5回行う」の3本柱。5，6年生を対象にしたのは，調理の基本，栄養を教える家庭科があるから。献立作りから，レシピ調べ，材料の買い出し，調理，箱詰め，片付け，食べるところまで，全部子ども自身がやる。

「ガス栓や包丁を触らせたこともないのに，危ない」「失敗したら傷つくのでは」──。保護者も教師も最初は心配だらけだったが，当の子どもたちは，「みんなワクワクしていた。早起きもできた」（当時5年生だった岡田礼花さん，現在18歳）。本番には，冷凍食品もほとんど使わない弁当がずらり。慎重に作業するため，小ケガはあっても大ケガはない。

そして，家庭では「くらしの時間」が変わった。卵焼きなど，余ったおかずが家族の朝食になり，親子の会話が増えた。親や兄弟の弁当も一緒に作る子どもも出てきた。親が残業で遅くなったときや体調を崩したとき，「梅雑炊とほうれん草のおひたし作ったよ」など，子どもが食事を用意するようにもなった。

「よくできたね」「弁当，会社で自慢したよ」…。家族からたくさんの感謝の言葉と笑顔を浴びることで，子どもたちは「人に喜ばれること」を心地よく思うようになり，また，「自分は感謝される存在，役に立てる存在なのだ」という自己肯定感もはぐくまれた。また，食べる人のことを考えて献立を決め，油がはねるフライパンを自分で握ったからこそ，自然と「作る人の気持ちが分かった」と言い始め，家庭や給食での偏食や残食が目に見えて減っていったという。

竹下さんは，子どもが育つ時間を3つに分ける（図参照）。もっとも充足させるべきなのが家族と過ごす「くらし」の時間。次に，大人に管理されず，子ども同士で過ごす「あそび」の時間。そ

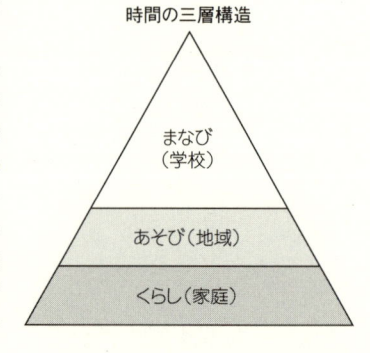

時間の三層構造

- まなび（学校）
- あそび（地域）
- くらし（家庭）

第3章　食育の在り方と多職種の連携

の上に，知力や体力を伸ばす「まなび」の時間。ところが，今，このバランスが崩れている。常に競争や評価がつきとう「まなび」の時間だけが増大し，社会性をはぐくむ「あそび」や「くらし」は，量も質も低下した。それが，冒頭に挙げたような子どもたちの根っこにあるという危ぐが，家庭と一緒にくらしの時間を取り戻す"弁当の日"実践の背景にある。

　誰のための，何のための食育か――。「食」は，栄養，経済，生産，国際関係，調理，文化…などあらゆるテーマとつながるだけに，食育の手段はいくらでもあるだろう。ただ，今の社会で何が問題なのか，10年後，20年後の社会を担い，子育てをする側に立つだろう相手に何を伝えるべきか，関わる大人がしっかりと見定めなければ，生きる力につながる食育にはならない。

　ここで，「を」と「で」の違いを頭に入れておきたい。「食を」教えるのか，「食で」教えるのか，の違いだ。たとえば，田植え。もし，「田植えを」教えるのであれば，実務的にコンバインの操作の仕方を教えればいい。でも，子どもたちに手植えさせるのはなぜだろう。「田植えで」，食べ物を作る人の思い，自然の豊かさ，労働する苦労と心地よさなど，体験を通して伝えたいことがあるからではないだろうか。食も同じ。栄養素など「食を」教えるだけか，「食で」その向こう側にある命の循環や豊かに生きていく技を教えるのか。そこが，これからの食育に問われていると思う。

　そう言えば，こんな話もあった。"弁当の日"が苦痛だという子どもたちの家庭では，親が手出し口出し，または代わりに作っていたという。子どもを信じて見守れない，手間ひまかけることを惜しむ大人に囲まれていては，子どもの生きる力は育たない。食育は，決して子どもだけの問題ではない。

（渡邊美穂）

第4章
食育の必要性

1　栄養と発育・発達について

(1) 小児を取り巻く食・生活環境

　きわめて著しい発育・発達する小児において「食」はエネルギーのみならず，未熟な体の身体的発育と神経系，ホルモン系，循環器系，消化器系等バランス的発達を導き，さらにそれに伴い知能，知識，道徳心を形成するのに必要である。

　しかし近年，子どもの食・生活環境は著しく変化し，「食」に関するいくつかの問題が惹起されている。表4-1はその課題を示した。子どもを取り巻く食環境は各種食材や調理法，保存法，化学合成物質等の開発に伴った食の多様化，外食産業の反映，一方，無農薬野菜の現状，各種食品添加物の有無，あるいは，偽装問題等の食の安全性等多くの問題が挙げられる。家族構成も核家族化し，かつ共働き家族の増加，出産数の減少によるきょうだい数の減少等食卓を囲む環境も変化している。さらに生活パターンを親に合わせる傾向から夜型生活が増え，孤食や朝食の欠食，夜食の摂取等が増えている。遊びや教育の場でも変化がみられている。遊び空間の減少，外遊びから室内遊び，たとえばテレビゲームといった遊び等運動量の減少につながっている。また受験の激化や

第4章　食育の必要性

表4-1　子どもの食・生活環境をめぐる現状

1．子どもの食環境の変化 　　食の多様化，外食産業の反映，食の安全 　　子，家族の変化による孤食，欠食の増加，やせ，肥満の増加
2．家族構成の変化 　　核家族化，兄弟の減少，共働きの増加 　　大人の生活リズムの影響
3．子どもの遊びの変化 　　集団遊び（外遊び）の減少，ゲーム遊び（室内遊び）の増加 　　都市部を中心とした遊び場の減少と安全への過大配慮
4．教育環境の変化 　　親の教育への考え方の変化，教育者と親との期待の隔たりの変化 　　塾通いの増加，ゆとり教育の意義と課題

両親の教育への考えから，複数の習い事や塾通いで，子どもたちの活動が限定され，精神的，肉体的疲労が増加していると思われる。このように子どもの生活環境は精神・神経発達に影響し，身体的には肥満ややせの問題につながっている。

（2）小児の食の問題

近年，家族団欒で食事とることが少なくなっている。厚労省の児童環境調査によると，1986（昭和61）年以降5年毎の家族が一緒に夕食をとる頻度は週2－3日以下の家庭が年々増加傾向にあり，2001（平成13）年で10％弱増加していた（図4-1）。一方，食事の重要性の啓蒙運動も各地で行われており，2007

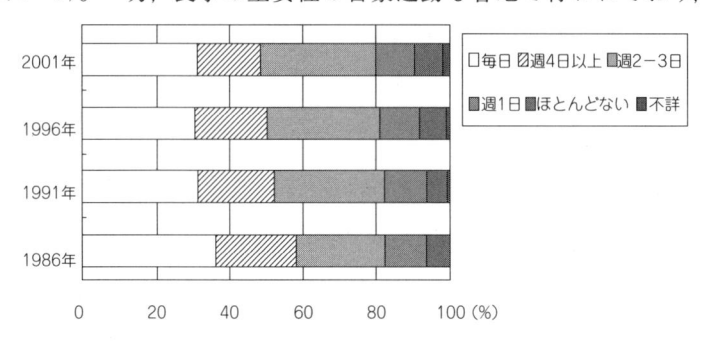

図4-1　1週間のうち家族で夕食を囲んだ頻度の年次推移
（出典）　厚生労働省「平成13年度児童環境調査」より。

第2部　食育の実践と指導

（平成19）年度の静岡県の欠食児の調査では幼稚園児で1.4%，小学生で1.9%，中学生が4.6%で，2001（平成13）年度以降減少傾向が見られるが，さらなる指導の必要性を指摘している（図4-2）。幼児で欠食がみられる頻度は2005（平

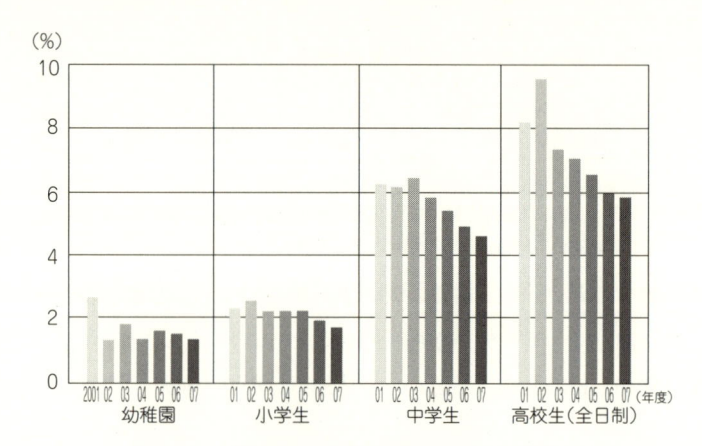

図4-2　静岡県内の校種別朝食欠食率の推移

（出典）　平成19年度静岡県教育委員会調査より

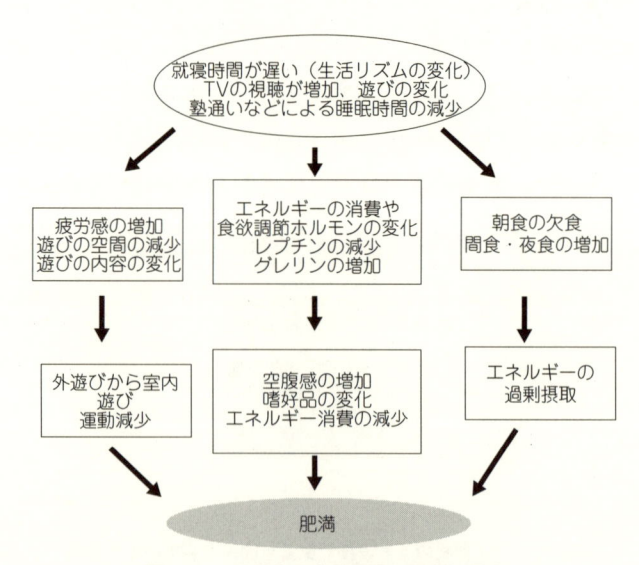

図4-3　子どもの生活課題と肥満の関連

成17）年度乳幼児栄養調査によると9.4％認められ，母親の食習慣に関連していた。また学童以降では塾や勉強等で夜型の生活パターンとなり，夜食をとる傾向が強く，学童で40％，生徒で50％以上が夜食を摂取している。このように夜食の摂取や朝食の欠食に加え，睡眠時間の減少や就寝時間の遅延，さらにはテレビの視聴やゲーム等の遊び等運動量の減少等，不摂生な生活による身体的，精神的影響が懸念され，特に肥満の問題が挙げられている（図4-3）。学童の肥満の40％が成人の肥満につながり，思春期の肥満の70％は成人に移行すると言われている。一方，学童から思春期にかけて女子にやせ願望から不健康な痩せが増加傾向にあり，2002（平成14）年度の中学3年生で5.5％，高校3年生で13.4％と報告されている。

（3）発育に応じた食育

　小児期の食は発育・発達に応じた対応が必要である。特に乳幼児期は哺乳，嚥下，咀嚼の機能に加え，消化管やホルモン，さらには腎臓や肝臓機能等を配慮した食を進める必要がある。また育児の面でも，特に初めての育児は母親にとって食に関する不安は大きい。高橋らの育児の悩み事に関する調査では，しつけ24.7％，健康面19.7％，食事面16.4％と食に関する悩みは多い。

　生後5カ月は授乳に関する不安がある。哺乳は児と母親の安心と安らぎの時で，飲む心地よさを味わい，満足感を得る。2005（平成17）年度厚生労働省の乳幼児栄養調査で，2005（平成17）年の妊娠中の母親の母乳栄養に関する考え方の調査では「母乳で育てたい」43％，「母乳が出れば育てたい」53％とほとんどが母乳栄養を望んでいる。実際，1985年から2005年の3カ月時の栄養法の調査では母乳栄養が母乳のみは38％前後で横ばいであったが，混合栄養を含めると2005年で79％と，この20年でほぼ10％増加していた。

　母乳は母親の乳首から哺乳する母子の触れ合いに加え，衛生面，経済面，栄養面，抗菌作用，免疫作用等多くの利点があり，自然に授乳ができるような環境への配慮，すなわち妊娠中から母親や家族に授乳の重要性を理解させ，出産後できるだけ早く授乳できるように，母児同室にする等何時も授乳可能な環境

第2部　食育の実践と指導

表4-1　離乳食で困っている事柄

わからないこと	%
食べる適量がわからない	46.4
乳汁と離乳食のバランスがわからない	16.3
何を食べさせてよいかわからない	15.6
離乳食の進め方がわからない	14.9
離乳食の作り方がわからない	9.0
何時食べさせたらよいかわからない	5.8

（出典）　平成17年度児童関連サービス調査研究事業報告書より．

を作っていくことが大切である。一方，人工栄養の親子にも，過度の不安を与えないように，哺乳時の優しい声かけやしっかり抱いてあげることで，十分母子相互作用は期待できることを伝え，母親を支援することが必要である。

　通常生後5-7カ月頃から哺乳反射が減弱，消失して離乳の開始となる。離乳食は体の発育とともに乳汁栄養では不足を生じるため，栄養補給としても重要である。乳児期の食事は見て触って食の楽しみを感じる大事な時期であり，多くの食の味を味わう時期でもある。このように離乳食は発育・発達に重要であるが，一方，多くの問題も生じている。2005（平成17）年度の児童関連調査研究事業報告書（表4-1）によると離乳食で親が困っているものは食事量の問題，母乳とのバランス，具体的な食事内容や作り方がわからない等が挙げられている。

　具体的には改定「授乳・離乳の支援ガイド」に示されているが，あくまでも指標であり，子どもの発育に応じた量や調理法で実施してよいのであり，余り神経質にならないように説明する。離乳開始は5-6カ月頃がよい。余り早く始めると，アレルギー発症の一因となると考えられている。離乳食初期は飲み込みと，味と舌触りの慣れにある。空腹時に少量ずつで，母親が食べるしぐさを見せながら食べさせてやるとよい。離乳開始後1カ月（7カ月頃から）くらいから2回食，9，10カ月前後から3回食と次第に形状を整えていく。離乳完了は12-16カ月を目標に実施していく。調理面での配慮は衛生面と味付け（薄味，塩分は0.5%以下，砂糖は少なめにする）に注意し，母親の毎日の調理への負担軽減のため，時に，家族の料理の利用やベビーフードの利用を薦めてもよい。味付けが余り濃くならないように，特に通常の味と余り異ならないようにする。9カ月頃になると，発育・発達が著しく，自分でお座りをし，ハイハイするようになる。歯も生え始め，消化能力も高まる。児は手づかみで食べたがるよう

になり、母親にとって食卓が汚され、たいへんであるが、食べる楽しさ、触る感覚を経験する時期であり、ゆとりのある対応が必要である。また乳幼児期に養われた味覚や嗜好はその後の食習慣に影響することを理解させるとよい。

2-3歳となると空腹感を感覚としてとらえるようになり、食のリズムの基礎ができてくる。3-4歳には細かい運動能力や言葉等が著しく発達し、さらにいろいろなことに好奇心をもつようになる。食に対する関心や興味を増すので、配膳、盛り付けや後片付け等に参加させていくとよい。箸やスプーン等の使い方を指導する。また家族や友達と楽しく食べる経験から安心感、信頼感の育成にもつながる。食と体の発達、発育にも関心をもたせるようにする。

学童期には食事や間食のリズムを確立させ、食事内容のバランスと適量を理解させる。家族や仲間と食事作りの楽しさを体験させ、食材と自然の関係、季節性、地域性を自然に身につくよう学習させると良い。

思春期では食事を自分で考え、作り、食べることが可能になる。体の発育に食の栄養、バランス、リズム等の重要性を知り、食べることと体の健康の大切さを知る。食材や食の流通状況等経済的な繋がりを理解させる。さらに食卓を楽しい会話の場として、家族や仲間とのコミュケーションを大切にする。

小児の食育は個々の発育状況、生活環境等を考慮して、食育の意義が受け入れやすいように、知識を具体的に伝え、特に、家族及びその地域特性を考慮して展開することが望ましい。指導側と家族との密接な協力と理解が必要であり、可能な範囲から目標を掲げ、段階的に連携をとりながら進めることが重要である。

(4) 食育と保育所の有効利用

保育所は小児の食育における重要な環境である。保育所の献立は2005年版の「日本人の食事摂取基準」を元に作成され、可能な限り季節感や地域に密着した食材を取り入れるようにし、同時に食の安全や衛生面に十分配慮するとされている。そして個々の発育状況と実際の摂取量を把握し、栄養量の目標に準じて、柔軟かつ積極的に児の状況に応じ、改善するように求めている。

乳幼児期の食育にとって，保育所は非常に有効な生きた媒体である。保育所の食を通して幅広い嗜好を養い，栄養面，心理面，さらには食のバランスの改善に役立つことが多い。また家庭や地域に保育所から食情報の発信によって，集団的に食に対する関心や改善を図ることができる。

具体的には実際に給食内容や場面を見学させ，子どもの家庭では見られない食行動を観察させ，家庭で食事の工夫に役立てもらう。たとえば子どもは集団の場では家庭で食べない食材を良く食べることがあり，偏食の矯正の場にもなる。また孤食になりがちな家庭の子どもに，友達との食事，バイキング形式の食事，弁当形式の食事等保育環境で食の楽しさを体験させることができる。

また保育所の状況で，調理，配膳，家庭菜園等の利用等で，子どもの参加が可能な場面を配慮するとことができる。

参考文献
厚生労働省「平成17年国民健康・栄養調査の概要」2005.
堤ちはる「授乳・離乳の新たなガイドライン策定のための枠組みに関する研究」平成17年度児童関連サービス調査研究等事業報告書」2005.
山城雄一郎「乳児栄養と生活習慣病のリスク─授乳・離乳の支援ガイドに対する小児科医の立場から─」『東京小児医会報』2008.
児玉浩子・志賀勝秋「食育と子どもの栄養，子どもの成長」『小児科』2008.
厚生労働省「平成17年度乳幼児栄養調査の概要」2005.
鈴木五男・中園宏樹「育児とライフスタイル」『小児科』2005.
厚生労働省「食を通じた子ども「(─いわゆる「食育」の視点から─) のあり方に関する検討会報告書」2004.

（鈴木五男）

2　食べること
──発達と心の健康のつながり──

筆者は食育の専門家ではないので，直接この領域について論述することはできない。そこで，筆者の専門領域である発達心理臨床の観点から，食べること──発達と心の健康とのつながりに──ついて述べることにしたい。ところで，

第4章 食育の必要性

　今からおよそ20数年前，1984年に『小児の発達栄養行動―摂食から排泄まで―生理・心理・臨床』(二木武・川井尚共編著)を出版した。本書は摂り入れたもの(食べること)を心身の発達や健康を維持するために充分つかい，そして余分なもの，あるいは害になるものは排泄するその過程を生理・心理・臨床的観点を加え各分担執筆者が論述したものである。筆者は，本書で生体が自分とは異質な食べものを摂り入れ，身体発育・発達と健康維持につかわれることと，一方心はその出会う自分とは異質な人，もの，出来事を相互作用により摂り入れ，自分のものとしてつかうこと，ここに対応関係が見られることに着目し記述した。そこで，本章では，上述のことを基本に発達心理臨床の観点を摂り入れ論述する。

(1) 摂り入れ，つかうこと：発達と心の健康

　あの情景はいまだに私の胸の中にあざやかに生き続けているというとき，その情景は直証的に私の中にあるといってよい。そもそも外界にあった原情景は私とは異質なものであり，私はその異質なものを私用に変化を加え摂り入れ，私の現在や将来にある効果をもつものとなる。この外界からの摂り入れは，出生直後からはじまり，乳児は自分とは異質な空気を，そしてはじめは母乳やミルク，ついで飲食物を摂り入れ，生体にとって有効な形に変え，つかうことによって生存と活動に，そして身体の発育・発達が生じる。同様に，心は出会う世界との相互作用によってその世界を摂り入れ，つかうことによって発達する。このふたつの摂り入れの異同についてのメカニズムはわからないが，対応関係にあることは後述するように臨床上明らかである。ここで，心の発達を定義すると次のようである。「心の発達とは世界を知ることの全過程」であり，その世界とは自己と他者，そして事物事象とこれら全てが織りなすできごとであるといってよい。そして，ここでいう「知ること」は「摂り入れ」と同義である。この「知ること」とは，普通の言葉でいう〈わかること〉，〈わかり感じること〉であり，相互作用によって自分のものになったもの，心に組み込まれたものであり，そしていつ，どこでも，自由に，現在にも将来にもつかい，行い，

表現できるものといってよい。

① 母子関係の形成と発達

摂り入れ，つかうことに母子関係が深く関与していることを以下論述する。

出生後出会う母親を乳児はまだ知ることはない。しかし，乳児のもつ生得的な母親を求め，呼び寄せる行動，すなわちシグナル行動としての泣き，微笑，喃語，コーリング，身ぶりと，接近行動としてのサッキング，接近，後追い，しがみつきによって母親との相互作用をもとうとする。これをアタッチメント行動という。一方，この乳児の行動に触発されて生得的に応える母親の行動をマターナルアタッチメント行動といい，ここに生じる相互作用が母子関係，すなわちアタッチメント（母と子の愛着関係）を形成し発達させるといってよい。上述のことは，換言すれば，母と子が「相互に知ること—摂り入れ，つかうこと」の過程を歩んでいると言えよう。たとえば，生後2カ月頃，誰が見ても，誰があやしても微笑していた乳児がおよそ4カ月を過ぎる頃から，母親や特定の人にのみ微笑するようになる。このことは，母親がわかりはじめ，これに快の情緒が結びついて生じたものである。また，4カ月ともなれば，これまでだれに抱かれても大丈夫だったのであるが，生後4ないし5カ月過ぎに母親以外の人が抱くと緊張し不安を示すようになる。そして，7～8カ月頃からはじまる「人見知り」は，母親のことがよくわかり，その結果，母親以外の人が見知らぬ人として認知され，その見知らぬもの（ストレンジネス）が怖れの情緒を生じさせるのである。ここに乳児が母親を摂り入れ，つかうこと，つまり「知ること」がよく示されている。それでは，母親を摂り入れ，つかうこととは子どもにとってどの様な利益があるのか，次節に述べたい。なお，ここでいう母親とは実母のみでなく，特定の母性的人物をもさしている。

② 母子関係の基本的機能：安全性〈母子関係——その光の領域Ⅰ〉

母子関係が上述の過程を辿り，形成，発達していくその基本的機能は，安全性にある。このことは母子関係の研究者と心の領域の臨床家共に一致した見解を有している。そして，この安全性を機能させるものは，子どもにとっての危険，危機状況である。それは，危険な環境——人・場・状況——，病気，事故

等であり，子どもを不安や恐怖に陥れる。このとき子どもは上述の母親へと向かうアタッチメント行動を起こし，母親との接近・接触を保ち安全を確保しようとする。一方，母親はこのアタッチメント行動に応え，子どもに向かうマターナルアタッチメント行動を生起させ，子どもを危険・危機からから守り，安全な状況に変えることになる。ところで，長い人生の中で，乳幼児期ほど危険・危機に満ちた時代はない。それだけに，アタッチメント行動とマターナルアタッチメント行動が頻繁に生起し，このことが母子関係の形成と発達を生じさせる。そして，危険・危機を安全な状況に変えていく過程の中で，母子関係の中に〈安全性〉が生まれ機能することになる。母子関係の中にこのような安全性が機能していく過程の中で，子どもの心に「安全感」，「安心感」，「確実感」，「信頼感」が根付くように育つことになる。母子関係の中の安全機能がもたらすこれらの「感」に支えられてはじめて，子どもは自分自身や外界に開き，その出会う世界を摂り入れ，つかうことによって心を発達させ得るのである。また，これらの「感」は生涯にわたりその人の心の健康を基底から支えるものであることから，きわめて重要である。ところで，当たり前のことではあるが，絶対安全，絶対安心，絶対確実，絶対信頼はあり得ない。この「絶対」は求め得ないので，これらの「感」をもつことが必要不可欠となる。これを日常語で表せば「大丈夫」という感じをもつことといってよい。そして，「感」だからこそ，とってつけて獲得することはむずかしく，したがって，乳幼児期の安全性の機能する中で身につけ育てていくことがきわめて重要なのである。一般に言われる「ノイローゼ」とは，精神神経症といい，強迫神経症，不安神経症，対人恐怖症，不潔恐怖症とそのタイプは様々であるが，その症状をもたらす基盤は，「不安・恐怖」である。母子関係がもたらす安全性の機能から生じるこれらの「感」が，精神神経症発症の源である「不安・恐怖」の発生を防ぐのであり，このことがいかに心の健康に重要かつ不可欠であるかが明確に示されている。

③　居場所と母子関係の安全性〈母子関係——その光の領域Ⅱ〉

　居場所があるとは，「ここにいると安心だ，いても大丈夫だ，落ちつく，こ

こにいるときの自分があるがままの自分だ，居心地がいい，よく眠れる，食べ物がおいしい」といった心身状態をいう。居場所とは物理的な場であると同時に心理的な場でもあり，いわば心と身体の安全基地といってもよい。この居場所の形成は乳児期からはじまる。乳児はその初期から視・聴知覚をはじめとする生得的な能力によって，場と関わり，場へのなじみとしての居場所が成立しはじめる。そして，物理的な場としてのなじみを形成していく一方で，その場が母親の居場所であるとき，自分にとっての意味あるものとしての心理的な場，すなわち，自分の居場所を獲得していくのである。乳児は，はじめ母親の居場所の中にすっぽりとはいって，少しずつ居場所の〈核〉をつくりはじめ，幼児期，児童期と自分の居場所を形成していくのである。ここで重要なことは，上述のように安全性が機能する母子関係の中で物理的，心理的な居場所は形成されることによって，心と身体の安全基地が生まれることにある。子どもにとって日常生活の場が居場所になっていくことが大切である。特に，この安全基地である居場所の形成は，上述の食べ物がおいしいというように子どもの食行動と密接な関連をもつものと言える。

④　母子関係：影の領域とその成り立ち

　母子関係の影の領域もまた，その成り立ちは母子関係の本質に根ざしている。起点は前述のアタッチメント行動とマターナルアタッチメント行動にある。すでに述べたように，これらの行動は生物学的基盤をもち，安全確保，獲得のための接近・接触保持のアッタチメント行動と，それに応えるマターナルアタッチメント行動を生起させる生物学的な強制力を有している。この生物学的強制力がこれから述べることの大きな鍵概念である。さて，核心は，アタッチメント行動とマターナルアタッチメント行動を「母親がいかに体験するか」にある。ここに，光と影のいずれの領域が生まれるかの分岐点があるこのふたつの行動に快の体験をもつ母親は，先に述べた〈光の領域〉をつくっていくことになる。一方，不快体験が〈影の領域〉を形成しその成り立ちは，次のようである。子どもが母親に対し，アタッチメント行動を頻繁に起こし，それに対してマターナルアタッチメント行動が生物学的強制力によって生じ，接触し関わりをもつ

第4章　食育の必要性

こと自体が「不快体験」となることが，その成り立ちの起点である。このとき生じる反応は，子どもとの「接近・接触の回避」である。そして，ここに子どもへの「生理的嫌悪感」が生じる。母子関係の形成と発達に，そして，安全性が機能するために直接寄与するものが「外なる危険」であった。しかし，この「不快体験」から生じる「接近・接触回避」そのものが母子関係に内包される「内なる危険」となるのである。母親そのものが危険な対象と化すと言ってよい。そして，その心性は次のようである。「一緒にいたくない」「いなければいい」「いなくなればいい」であり，さらにすすめば，殺したいと直接思わないようにしたいために「死んでくれればいい」「死んでほしい」ということになる。これが虐待の基本的心性である。つまり，虐待の基本的心性は，「心理的虐待」と言ってよい。この心性から，拒否・拒絶・無視・無関心・放置が生じ，すなわち，「ネグレクト」である。しかし，生物学的基盤をもつ母子関係の特性，すなわちアタッチメント行動とマターナルアタッチメント行動は常に生起し，決して「いないもの」とはならず，「一緒にいらずにはおれない」のである。そこで，繰り返し「いないもの」にするために，ひとつは「身体的暴力」が，もうひとつに「言葉・感情的暴力」が生じることになる。「身体的暴力」は死に至り得ることからきわめて危険であるが，身体の危機だけではなく，暴力を体験するのは子どもの心であり，心理的虐待でもある。

「言葉・感情的暴力」には，"あっちにいってて""ここにいないで""顔を見たくない""どこかにいってしまえ""駄目な子""嫌な子""汚い""死んでしまえばいい"等あげれば限りなくある。そして，「生理的嫌悪感」からひとつの食器からは食べない，洗濯はその子だけのものを別にする，子どもが入ったお風呂には入らない，手をつながないし，抱っこもしないのである。

母親だからこそ「身体の暴力」はしたくない，そうすると「言葉の暴力」にいかざるを得ない。けれども言葉でいかに言いつのっても思い通りには当然いかないので「身体の暴力」にならざるをえなくなる。身体と言葉の虐待行為は，「いなくなればいい」「いないでほしい」と，どうにもならない母親の必死の選択の中にある。母子関係の影の領域が生み出す実母による虐待は，本来「安全

性」が提供されるもの自体が「危険」に満ちたものになることから，子どもの心身にわたる発達と健康に深刻な影響を与えることになる。心も身体も摂り入れ，つかうことがきわめて困難な事態を招来することとなる。

　以上，述べてきたように，生体にとって異質な食べ物を摂り入れ，つかうこと，一方心も出会う世界との相互作用によって，自分とは異質なその世界を摂り入れ，つかうことによって発達し，このふたつの対応関係を指摘した。そして，母子関係の形成と発達について，摂り入れつかうことの観点から述べた。そして，母子関係の基本的機能は安全性にあり，このことが発達と心の健康にきわめて重要な役割を有することを指摘した。さらにこの機能が子どもの日常生活の場を安全基地としての居場所の形成に重要な役割をもつことを指摘した。換言すれば，母子関係の形成と発達過程に安全性が充分機能していくとき，子どもが食べ物を摂り入れ，つかうことも，一方，出会う世界との相互作用によって，その世界を摂り入れ，つかうこと，すなわち，発達と心の健康も順調な過程をたどり得ることを指摘した。

（2）心の臨床編

　本節では，様々な状態像を示し心の健康が冒されている人たちが，食べること——摂り入れ，つかうこと——に大きな困難を抱えていることを心の臨床編としてとりあげ，明示したい。

① ポスピタリズム：死に至る病

　ここでは，母性的養育，母と子の相互作用の体験がいかに重要かつ不可欠なものであるかを，ポスピタリズムを通して述べたい。20世紀初頭の乳児院児の死亡率は100％に近かったと言われている。感染症の根本的治療はなく，治療法としてきわめて優れた働きをもつ点滴術も開発されておらず，そして，人工乳も発達していなかったので，当時一般の乳児死亡率が高かったことは事実である。けれども家庭の乳児が100％近く亡くなったわけではなく，そして，小児科病棟に設けられた乳児院では小児科医と看護婦が養育にあたったのであり，この高い死亡率はただごとではないと考えられる。乳児院では乳児の生命を守

るため，特に感染を防ぐことに必死であったと言われている。外部からの人の出入り等を遮断し，病院の深いコットンベットに乳児は寝かされ，将に白一色の世界にいたといってよい。しかし，乳児死亡は防げず，ドイツのデュッセルドルフ乳児院の小児科医ファントラは——ホスピタリズム——死に至る病（施設病）と名付けた。そして，彼は乳児の生命を守るために悪戦苦闘しながら，その中でホスピタリズムとは，母親不在による精神的空虚によるものではないかと考えた。そこで，看護婦に母親が普通にやるように，乳児をあやしたり，抱っこしたり，話しかけたりしてくれるよう依頼した。将に保育看護（二木・川井）の実践を行ったといってよい。その効果はてきめんで1903年から1927年までの25年間で，乳児死亡率が75.5％から17.3％にまで低下したのである。一方，アメリカの乳児院小児科医シャピンは，乳児が病気になったとき，その子どもを一般家庭に預け，里親機能とも言えるものを生かし死亡率低下の好成績を得た。病児を小児科医の元から一般家庭へという通常とは全く逆の試みを行ったその発想はきわめて画期的と言えよう。この死に至る病——ホスピタリズム——を防いだものは，母親の誰しもが行っている当たり前な抱っこやあやすことにあったのであり，この当たり前で，基本的なことがどれほど重要であるかがここに示されている。そして，当たり前なこと，普通なこと，基本を欠くとき，そこに重大・深刻な事態を招くことを我々に教えてくれている。このように，乳児死亡を大きく減退させたのではあるが，乳児院児はその後ながく身体発育の不良や，環境性の発達遅滞を示したのである。身体発育の不良は特に食べ，摂り入れ使うことが充分できず，このことは乳児院児にとって人との関わりを中心とした環境が整えられていなかったことと関係が有ると考えられる。食べたものが身体発育にも寄与してくれなかったといってよい。なお，現在の乳児院，児童養護施設ではより適切な保育看護の実践がなされ，これらの問題の多くは解消されてきていることを付記する。

② 小児自閉症：生れながらにもつ人を求めること，対象希求性に欠ける

　小児自閉症の本態は，人を中心に，物，出来事等を求め関わる対象希求性が生まれながらにして乏しい，あるいは欠けていることにある。特に母親を求め

関わり相互的関わりをもちえず，母子関係の形成と発達が見られないという特異性を有している。そして，この自閉症児の食行動はきわめて特異的である。この子たちの多くは偏食という範疇を越え，きわめて限られたもの以外は食べることはない。たとえば，野菜，果実類は食べないし，白いご飯にふりかけ，あるいは麺類だけという子もいる。母親は様々な食材の調理形態，味付け等工夫をするが一切受けつけることはない。当然のこと，摂食強制も不可能である。ところが，母親からの働きかけに少しずつ応じ，あるいは自分から母親にほんの少しでも注意を向け，わずかではあるがやりとり，関わりが生まれてくると，食べる食品の数が増えてくるのである。母親は大層不思議がるのであるが，このことは食べることと人との関係のありようには密接な関連があることを示している。

③ 摂食拒否を示す3歳男児の事例から

本児は，おはじきを口に入れ飲み込んでしまい，この時ものすごい勢いで泣き叫び，吐き出そうともがいたとのことである。おはじきは便に出て事なきを得たのであるが，以降，これまで食べていたものを全く食べなくなり，口に入れても噛むだけで出してしまう。プレスクールでのお弁当を食べず，「ぼくもう飲み込めないんだよ」と先生にいう。食べるものは，牛乳とあるメーカーの甘いバタークッキーのみであり，元々甘いものは嫌いで食べなかったのにと母親は不思議そうに話した。元々神経質，繊細な子で新しい場所や人に対し警戒心が強い子であり，また，環境の変化にも敏感で安心しないと先に進めないとのことである。たとえば，1歳からスイミングスクールに通い，2歳になり幼児クラスにすすみ，母親と一緒のベビーロッカーから男子用のロッカーに変わるとスイミング自体を嫌だと拒否したとのことである。授乳は母乳からはじめたが，十分出ないので混合授乳にしたところミルクを嫌がって飲まなかったという。離乳食もあまり食べず，無理強いをして，いつも格闘していたと母親は訴える。朝起きて30分は泣き続け，仕方なしにおっぱいを吸わせていたとのことである。今もおっぱいを求め，もう3歳だからやめさせようと思い与えないといつまでも泣くので仕方なく吸わせているという。おっぱいを吸うこと，

第4章 食育の必要性

抱っこしてもらうととても安心し，心身共に穏やかになること，このことを通して自分も人も物，出来事そして食べ物，食べることも大丈夫という「安心感」を育てることが大切であることを母親に伝えた。子どもにはプレイセラピイを続けながら，本児が母親を求め，甘えてきたらおっぱいも抱っこもするように母親はなっていった。本児は次第に母親に甘えることが多くなり，母親もそれに応えはじめた。このような母と子の関わりの変化の過程を歩む中で，少しずつ食べる食品と食べる量も増えていったのである。乳児期から母子関係の安全性の機能が充分に働いてこなかったと言えよう。根付くように育つ「安心感」は食べることとも深い関係があることがここに示されている。

④ 神経性無食欲症・神経性大食症

本症は，きっかけは様々であるが拒食から始まり，痩身にいたる。特徴的なことは痩せて骸骨のような身体になっても，それをみっともないと思わず，かえってそれを良しとする特異的な身体認知を有することである。ところで，痩せたいと考える人は多くおり，食事制限をするのであるが，通常は挫折するものである。痩身に至る成功の鍵は「強迫心性」と言われるものにある。この心性は，あることについて完璧・完全・絶対を飽くことなく求めるのであり，求めそのようにならないと気がすまない「気がすまない症」とも言えるものである。そして，この心性が極度の痩身を実現させる鍵である。ところで，この「気がすまない症」の起源は，前述の母子関係の基本的機能がもたらすはずの「安心感」「安全感」「信頼感」「確実感」の欠如にある。完璧・完全・絶対は本来求め得ないものであり，だからこそこれらの「感」は必要欠くべからざるものと言える。近年，拒食から過食に移行する人が多い。といっても，痩身願望の実現志向には変わりなく，過食しても無理矢理に指をのどまで入れ嘔吐し，もしくは下剤を使う人もいる。筆者と長年心理面接を行っている女性のクライエントは，過食嘔吐を繰り返している。最近，気づいたという，「何とも言えない淋しさ，安心がない，頼りになるものがない，安心，頼りになるもの求めているけどない，こういうときに一気に食べてしまい，食べ終わって絶望感に襲われる」と。このクライエントが面接の中で語った〈こころの言葉〉を記す

と次のようである。

食べること，過食とつながっている思い，感情・情緒に結びつく〈こころの言葉〉

> 「人の愛情，比例している。淋しいんだろうなあ・・・・」
> 「人に甘えたい欲求，人思ったり感じたり，ひとに近寄りたい感覚，親近感，感じたい」
> 「一番近くにいる人探している，安心できる人，場所というか。ちゃんとした精神的つながりもちたい気持ち，でも・・・・」
> 「母親，愛情求めているのに伝わらない，自分，何求めているかわかってきた」
> 「精神的よりどころほしい，物理的には育ててくれたけど」
> 「私，食べることで慰めている，慰め癒されたい，でも・・・・・」
> 「母，特別な存在ですけど，意外と距離遠いというか。甘えられない，気持ちの上で甘えて育ってこなかった」
> 「食べることに頼ってしまう，思い浮かぶこと食べることばかり。空腹だとピリピリして落ち着かない，食べないと落ち着かない」
> 「食べること―淋しい気持ち―母親，つながった感じ，母親にはどんなときも味方していてほしいのに。何とも言えない淋しさ，頼りになるものがない，安心がない，求めているけど駄目，母親に。こういうとき一気に食べてしまう，食べ終わって絶望感に襲われる」と。

　この〈こころの言葉〉にあるように，食べることがいかに母親との関係を中心に，心の有りようと結びついているか，ここに明示されている。

⑤　抑うつ状態，うつ病

　うつ病状態にある人が示す症状に共通してみられるもののひとつが，食欲と味覚の有りようである。すなわち，「食べる気がしない，食べたいと思わない」のであり，「おいしさを感じない，何を食べても，好物も味気なく，砂をかんでいるよう」である。その結果極度の体重減少を示すことになる。この食欲，味覚の問題は，これも共通してみられる希死念慮であり，自殺・希死の危険率

第4章　食育の必要性

がきわめて高いことと強い関連を有している。消えてしまいたいと訴える人もいるが，多くは死について語ることは少ない。しかし，「消えてしまいたい」，「いなくなってしまいたい」，「死んでしまいたい，あるいは死にたいと思うことがありますか」等と尋ねると，ほとんどの人は否定しない。精神科医療に関わる者はまず生命を守る役割を果たすことになる。生命を守るとは，その人の生物学的生命だけでなく，その生命が担うその人独自の，その人だけの歴史を守ることにある。食べることはこのような生命と直に結びついているのであり，したがって，自ら自分自身の歴史を担う生命を絶とうとしている人にとって，食べること自体無意味であり，ここに述べた食欲，味覚の症状は自ずと生存拒否につながるものと考えられる。食べたいという気持ちが少し出て，ほんの少しでも食べ，食べたという気になり，おいしさも多少感じるようになることは，抑うつ状態，うつ病回復のとてもよい兆しである。

おわりに

　食べること，すなわち摂り入れつかうことと，発達と心の健康とのつながりについて，特に母子関係の基本的機能である「安全性」を中核に論述した。
　一方，ホスピタリズムからはじまり，様々な精神症状を示し，心の健康が危機にさらされている人たちが，食べることを中心に摂り入れ，つかうことがいかに困難であるかを心の臨床編としてとりあげた。
　食育は，広範囲な課題を有するものと考えるが，本章において論述したように〈心の領域〉も深く関与しており，その課題のひとつとしてここに提起した。

参考文献
二木武・川井尚編著『乳児の行動発達と保育看護―その理論と臨床―』川島書店，1980．
J．ボウルビイ，二木武監訳『母と子のアタッチメント―心の安全基地―』医歯薬出版，1993．
二木武・川井尚・帆足英一・庄司順一編著『新版・小児の発達栄養行動―摂食から排泄まで―』医歯薬出版，1995（初版1984）．
川井尚「摂り入れ，つかうことの心的過程―遊ぶこと・居場所・アタッチメント―」二木

第2部　食育の実践と指導

　　武・川井尚ほか編著『新版・小児の発達栄養行動』医歯薬出版（1995）．
　川井尚「母子関係―その光と影―」『小児保健研究』61(2), 174-178, 2002.
　川井尚「食べることと母子関係」『母子保健情報』48, 29-31, 2003.

（川井　尚）

3　食育の必要性について

　食育基本法が制定されて3年が経過した。この間，国や地方自治体により，食育推進のための体制作りが行われてきた。一方では，社会環境がますます複雑化し，食の安全性の問題やメタボリックシンドローム等の健康問題等，食にまつわる問題は後を絶たない。ここでは，食育の部のまとめとして，食育の課題を整理し，食育の必要性について述べる。

（1）出産，子育て世代への食育と子育て支援の必要性

　最近，母胎の栄養状態が子の将来の肥満や生活習慣病発症に影響を及ぼすという研究結果が発表され，思春期女性や妊産婦に対する栄養教育の重要性が強調されるようになってきた。また，国民・健康栄養調査の結果においては，特に，20歳代，30歳代の食の乱れが問題とされている。現在の出産，子育て世代は，まだ，子ども時代の食育が充実していなかった世代である。子どもへの食育のみならず，子育てが負担であるという声を聞くことがしばしばある。今後は，家庭での食育を推進していくためには，出産，子育て世代への食育とともに，子育て支援が重要となる。

（2）ライフステージを通じた食育の必要性

　将来を担う子どもへの食育が重要であることは言うまでもないが，一方では，おとなの糖尿病やメタボリックシンドロームの人が増加し続けている。少子高齢化時代を迎えた今，子どもたちを支えていかなければならない世代や，「アクティブ85」をめざす中高齢者への食育も大切である。食育はライフステージ

第4章　食育の必要性

を通じて必要である。

（3）食に関わる全体像ととらえた食育の必要性

　食は，食べることだけではなく，栄養だけでもなく，生産や流通だけでもなく，これらのすべてを包括するきわめて広い概念である。農・水・畜産，輸出入，食品加工や流通，調理，廃棄・保存・再利用，味わい食べる，栄養代謝，他方さまざまな食情報を受発信し，食を営む力の形成・伝承，これら全部を総括するように「生きる力」（個人，家族，地域，地球全体…）の形成，さらにこれらが次の生産活動力の再生産に…とつながっている（図4-4，図4-5）。食育基本法の各所で取り上げられている食の事象も生産から消費，栄養から健康まで，自然から社会・文化まで多岐にわたっている。地球の温暖化が進めば，食生態系が変わり，地域でできる特産物も変わってくる。「食」には様々な事柄が連鎖している。今後は，これら人間の循環的営みを考えた食育が必要であると考える。食育の目的は，国民1人1人の生活の質（QOL）を向上させることにある。

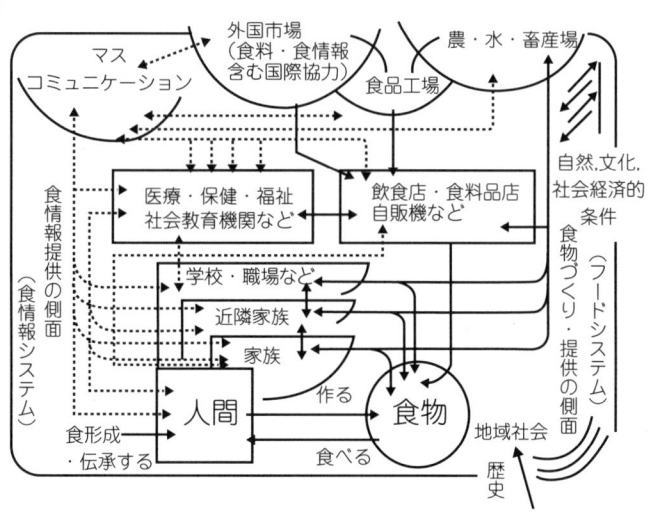

図4-4　人間・食物・地域（食環境）の関わり
　（出典）　足立己幸作図。

第2部　食育の実践と指導

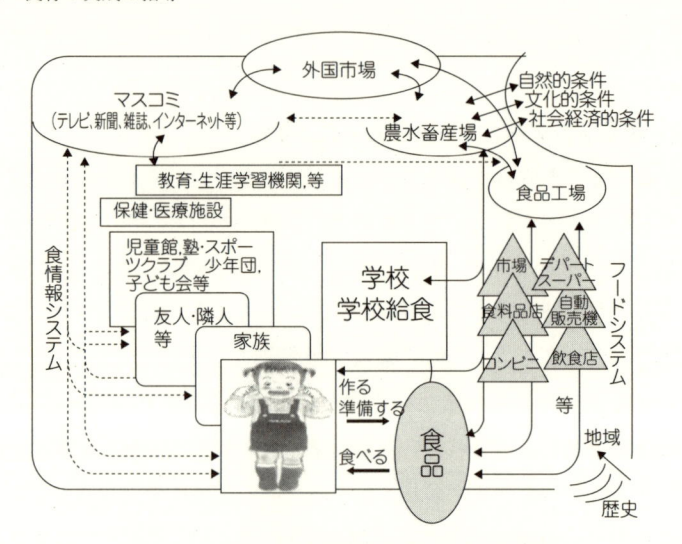

図4-5　子ども，食物，学校，食環境の関連図
（出典）　埼玉県民栄養調査結果等から足立己幸作図。

　国を中心とした，「早ね・早おき・朝ごはん」運動は，子どもの朝食の欠食率を減少させた。今後も，このような食育推進のための国をあげた活動は重要であるが，今後はさらに，食に関わる全体像を見据えた上での食育も必要とされる。さらに，食育の実効性を増すためには，各々が自分自身の課題を捉え，自分自身の役割を認識し，周囲と連携した食育が必要とされる。今後は，実施した取組の評価を行い，その後の活動へフィードバックし，全体を捉えた食育活動の展開していくことが重要であると考える。

参考文献
足立己幸・吉岡有紀子「地域・くらしに根ざした「食」育のキーパーソン！」『保健の科学』48：729．

（足立己幸・針谷順子・名和田清子）

第4章 食育の必要性

> コラム　母体環境としての栄養の必要性

　母体環境と一口にいっても，母体の栄養状態，ホルモンバランスなど，想定される環境はさまざまである。胎児期および乳児期において，低栄養，過剰栄養，特定の栄養素の過不足など，胎盤・母乳を通じて児に伝わる栄養状態の問題が，先天異常をはじめとする発達障害や成長障害を引き起こすことは以前から知られている。

　近年，母子保健領域において，development origins of health and disease（DOHaD）という概念が，臨床的にも基礎的にも重要な課題の一つと認識されている。DOHaDとは，メタボリックシンドロームなどの成人期慢性疾患の発症基盤が，胎児期および乳児期の環境に関連するという概念である。そもそもは，第二次世界大戦前後の飢餓を妊娠中に経験した母親から出生した児が，成人後に肥満や生活習慣病を高率に引き起こすことが疫学的研究によって明らかになり，提唱されたものである。しかしながら，生活水準が安定し，飢餓状態とは無縁である現代の我が国においても，DOHaDの概念は注目すべきものである。近年，生殖年齢にある女性の行き過ぎたダイエット志向により，早産児や低出生体重児の割合が増え，正期産児においても出生体重の低下傾向が指摘されている。2,500g未満の低出生体重児は成人後の肥満の発症率が高いという疫学報告から，低出生体重児や子宮内胎児発育遅延（IUGR）児が，肥満をはじめとする生活習慣病を将来高い確率で発症することが危惧されている。このことは社会医学的に大きな問題であると同時に，これまで正常妊娠・分娩とされてきたケースにも，長期的に見て児に問題を残す可能性のあるものが含まれることを示しており，妊娠中や出生直後の母児の栄養状態の管理について再検討する必要があると考えられる。さらにDOHaDの概念では，胎児は胎内環境に応じて出生後の環境を見越したように適応・成長すると捉えられており，出生後の環境との間にミスマッチが生じた場合，健康状態の悪化，すなわち疾患発症のリスクが高まり，その影響は次世代を越えて3世代にわたることも示唆されている。

　食生活，生活スタイルの欧米化に伴う生活習慣病の増加は，我が国でも見過ごせない社会問題となっている。とりわけ肥満は生活習慣病の悪化要因として重要であり，発症機序の解明が遺伝素因や食習慣などの生活習慣の変化を中心に，精力的に進められている。また，動物実験においては，糖尿病を中心に具体的な発症機序の解明が徐々に進んでおり，今後の予防・治療戦略を開発する端緒となることが期待されている。一方，自己免疫疾患などの難病に胎児期・乳児期の栄養素の摂取バランスが関係しているとの報告もあり，世代を超えた食習慣の変遷が，思わぬ疾患発症の増加を招くことも解明されつつある。食育や栄養指導に携わるスタッフはこうした現状を踏まえ，妊娠現象自体に関する知見を深めるとともに，周産期において栄養がいかに重要な役割を果たしているかを改めて認識し，世代を超えた栄養の役割の早急な解明と臨床現場への還元が速やかになされるよう努めたいものである。

（籠橋有紀子）

第3部

早期発達支援

第3部　早期発達支援

第1章
子どもの発達を見る

1　周産期ハイリスク児の発達

　近年の日本の子どもの発達では，OECD学習到達調査（PISA）での15歳児学力の国際順位低下や，国内体力・運動能力調査での20年前と比較した体力低下が注目されているが，教育現場での子どもの変化と同様に，周産期から乳幼児期にかけての子どもの発達にも大きな変化が訪れている。図1-1は，1955年から現在に至るまでの，日本の低出生体重児の出生率推移を示している。新生児の未熟さを生下体重により評価する場合は2,500g未満の乳児を低出生体重児といい，さらに1,500g未満を極低出生体重児，1,000g未満を超低出生体重児という。胎齢の長さにより未熟さを評価する場合は，胎齢（妊娠齢）37週以降を正期産児，37週未満を早産児という。図1-1からわかるとおり，日本の新生児のうち低出生体重児に相当する子どもは，1980年代までは減少していたが，その後20年以上増加し続け，2007（平成19）年人口動態調査では，出生児の9.6％（女児10.8％，男児8.5％）が2,500g未満の未熟な出生状態となっている。このうち極低出生体重児や超低出生体重児を除く2,500g以上2,500g未満の出生が，図1-1に示すとおりこの増加の鍵を握っている。1990年のこの群の出現率は4.9％であったが，1995年に5.9％，2000年に6.9％となり，2007年に

第1章 子どもの発達を見る

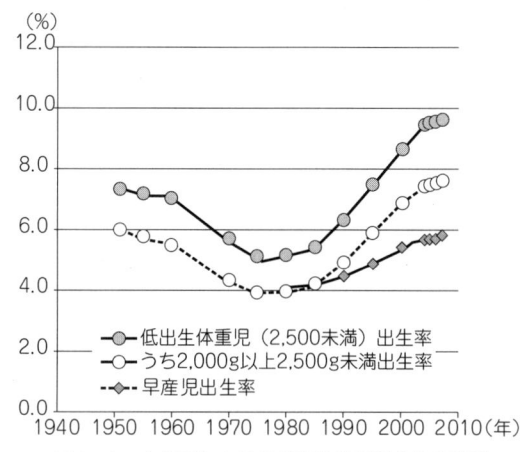

図1-1 わが国における低出生体重児出生率推移
(出典) 平成19年人口動態調査（厚生労働省，2008）より作成。

は7.6％に至り，2007年には低出生体重児の出生率の約80％がこの2,000g以上2,500g未満児の出生により成り立っている。37週未満で出生する早産児も同じように増加傾向にあるが，2007年で5.8％にとどまっており，1980年以降の出生児においては，体重の少ない未熟児の増加が際立っている。

　背景の原因については，死産の減少・複産の増加，高齢出産の増加，女性の非妊娠時のやせ傾向・妊娠中の栄養制限による体重増加率の減少，妊娠中の喫煙率の増加などが複合的に影響していると報告され（馬場ほか，2008），近年，世代を超えた食事のあり方と栄養摂取の見直しのための「食育」（第2部参照）が重要視される大きな要因となっている。一方，出生した子どもの追跡研究から，未熟な状態で出生する子どもの発達傾向については，一貫して発達障害のリスク増加が指摘されているのである。

　日本で1990年に出生した超低出生体重児259例を9歳まで追跡した全国調査研究（中村ほか，1999）によると，消息不明等を除く対象児のうち，9歳での脳性麻痺14.5％，微細運動の不器用なもの12.8％，知的発達障害（遅滞）16.4％おなじく知的発達障害（境界）17.5％であったと報告されている。てんかんの出現率9.8％，ADHD（注意欠如多動性障害）の出現率は4.3％であった。LD

（学習障害）についての検査は実施されてないが，母親へのアンケートの結果，学校での学習困難の訴えが39％あり，中でも「算数」不得意が46％，「体育」不得意が35％であったという。アメリカの大規模コホート研究（Hack, et al., 2000）では，10歳から14歳になった出生体重750g未満児（A群）と750g-1,500g未満児（B群），さらに正期産の対照群の知的発達を知能検査（WISC Ⅲ）で比較した結果，IQ70以下の精神遅滞がA群37％，B群15％，対照群6％であったと報告しており，さらに認知処理過程尺度（K-ABC）の標準得点が，A群83点，B群97点，対照群106点であったと報告している。

　低出生体重児の追跡研究のメタアナリシスによると，人種や社会経済的地位の調整後に外れ値を除いても，低出生体重児のIQは3.8から9.3ポイント対照群より低くなり，出生体重の軽量化に比例して知的機能に勾配（gradient）が認められている（Aylward, 2002）。このメタアナリシスによると，発達障害の出現率には逆の勾配が認められ，超低出生体重児にはLDが50-63％，極低出生体重児には30-38％認められ，対照群は7-18％である。超・極低出生体重児のADHD出現率は対照群の2.6倍であり，青年期の超低出生体重児の9-10％にADHDが報告されているという。

　表1-1は，その他の国々で報告されたコホート研究のまとめであるが，学齢期でのADHD，LD，精神遅滞と境界域知能の出現が同様に報告されていることがわかる。表中，イギリスの研究で使用されているTouwen検査は，姿勢・平衡バランス・粗大運動・手指の動き等の視覚運動系の発達を見る神経心理学的検査法である。MABCは，手指の器用さ・ボールスキル・平衡バランスを見る神経心理学的検査法である。VMIは，図形模写等の視覚運動検査，COMPSは，指で鼻をさわったり素早く腕をまわしたりする神経学的「ソフトサイン」の検査である。これらの検査結果からわかる知覚・運動の統制の弱さ，身体イメージの弱さが，低出生体重児の発達研究では数多く報告されている。
　6歳前後の被験児の人物画を精神年齢尺度（DAM）により比較した日本の研究（向ほか，1997）でも，低出生体重児のDAM-IQ（平均75）は正常出生体重児（平均109）より有意に低く，特に1,500g未満児と1,000g未満児のDAM-IQ（そ

第1章 子どもの発達を見る

表1-1 低出生体重児の障害傾向に関する長期追跡研究

研究(第1執筆者), 年	コホート年, 人数	出生体重, 週齢	追跡検査年齢	結果	障害傾向
イギリス					
Johngmans, 1997	1984-1986生, 183名	1304g (±395) 30w(±2)	6歳	CP(26名)盲(1名)を除く156名中 Touwen検査・異常(31%) MABC・異常(44%) VMI・異常(17%)	視覚運動系 ADHD
Botting, 1997	1980-1983生, 136名	<1500g ≤30w	12歳	ADHD(23%)	ADHD
Cooke, 1999	1980-1983生, 87名	1103g (630-1500g) 28.6w (24-35w)	12歳13歳	MRI検査・形質異常(42.5%) ADHD(21.8%) MABC平均3.5 IQ平均88	視覚運動系 ADHD 境界域知能
Foulder-Hughes, 2003	1991-1992生, 280名	29.8w	7歳8歳	MABC・異常(30.7%) COMPS・異常(42.7%) VMI・異常(24.3%)	視覚運動系 ADHD
カナダ					
Saigal, 2000	1977-1982生, 150名	<1000g	12-16歳	神経系障害(28%) WISC-R平均IQ89(±19) 読み・書き・算数テスト平均75-85 特別支援教育対象(58%)	神経系障害 境界域知能 精神遅滞 LD
オーストラリア					
Rickards, 2001	1980-1982生, 130名	<1500g	14歳	WISCⅢ総IQ平均96.2(±15.5) WISCⅢ言語IQ平均94.5(±16.1) WISCⅢ動作IQ平均99.2(±15.1) 算数障害 低自尊感情	LD 境界域知能
Doyle, 2001	1979-1980生, 79名	500-999g	14歳	CP(10%) 盲(6%)聾(5%) WISCⅢIQ-2SDto<-1SD(25.3%) WISCⅢIQ<-2SD(20.2%) 学習障害	神経系障害 境界域知能 精神遅滞 LD
ニュージーランド					
Horwood, 1998	1986生, 298名	<1500g	7歳8歳	ADHD(27-23%) WISC-R IQ<85(36-24%) 読み・書き・算数標準以下(30-45%) 体育標準以下(20-32%) 特別支援教育対象(24-30%)	神経系障害 境界域知能 LD

れぞれ72.4, 71.6) は1,500g以上児 (80.6) より有意に低い結果となっている。低出生体重児群のDAM-IQは同群の一般的知能検査によるIQ (平均93) より有意に低かった。このDAM-IQにみられる「勾配」現象は，上記の神経心理学的検査法の結果と同様，低出生体重児の発達における，知覚・運動の統制の弱さ，身体イメージの弱さを示していると思われる。

日本の1980年代以降の低出生体重児の増加は，主に2,000-2,500g未満児の増加によるものであるが，以上の低出生体重児の発達傾向に一貫して見られる「勾配」現象は2,000-2,500g未満児群にも潜在しており，現在の学齢期から青年期の発達の背景因子となっている可能性があることに，留意すべきであろう。2007 (平成19) 年人口動態調査では，出生児の約10%が2,500g未満の未熟な出生状態であり，今後ますますこのような発達傾向は増加すると思われる。

2 早期の発達的介入

(1) いつまでに介入するか

周産期のハイリスク要因には，胎児側の因子として，在胎週数の短さによる早産，胎齢に比して体重の少ない低出生体重，心拍数・呼吸努力・筋緊張・反射 (刺激反応性)・皮膚の色などにより判定される仮死，胎位の異常などの複合的な要因が存在する。ほかにも臍帯巻絡や前置胎盤などの付属器物因子，微弱陣痛等の母体側の因子が存在するため，低出生体重児が等しく同じ発達リスクをもつわけではない。周産期リスクの組み合わせにもその後の発達にも大きな個人差があるため，周産期ハイリスク児の中から，将来的に精神発達に困難をもつ疑いのあるグループを選別して，その後に支援を開始する作業が必要になる。

図1-2は，表1-1の中のオーストラリアの研究 (Doyle, 2001) からの引用である。この研究では，1979年と1980年に出生した超低出生体重児 (500-1,000g未満) 88例と2,500g以上の対照群60例を追跡し，14歳時点で低出生体重児79例の発達アセスメントを実施している。知能検査 (WISCⅢ) の結果，

第1章　子どもの発達を見る

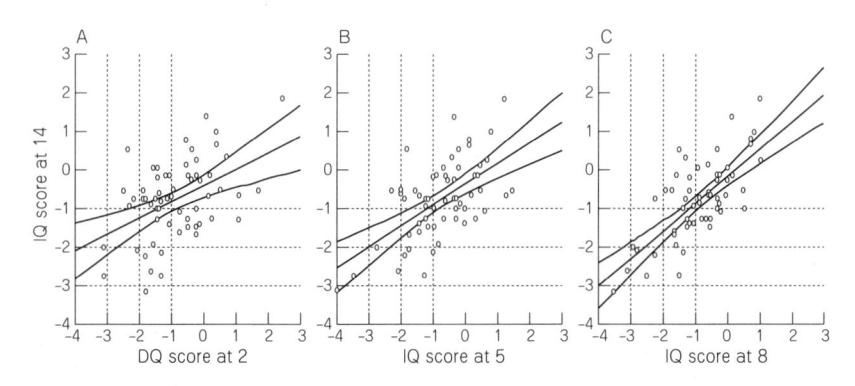

図1-2　14歳時点での低出生体重児（n=61）のIQと2歳時点のDQの連関（左A），5歳時点のIQの連関（中B），8歳時点のIQの連関（右C）
回帰モデルによる説明率は，20.7%（A），34.1%（B），51.3%（C）。図中の目盛線は，正常対照群の平均を0とした時の標準偏差カットオフポイントを示す。
（出典）　Doyle, 2001.

14歳時点で精神遅滞（対照群の平均値から-2SD未満）が20.2%，境界域知能（対照群の平均から-2SD以上-1SD未満）が25.3%みられ，学習困難なしは46%，残りの54%は重度から軽度までの学習困難をかかえていた（対照群での学習困難は16%であった）。このような低出生体重児の学習困難は，14歳時点まで予測できなかったわけではない。図1-2は，低出生体重児群のうち，2歳から14歳まで発達検査のデータの揃った61例のIQの相関を示している。2歳時点の発達指数（DQ）はベイリー乳児発達検査に基づく質問紙法で，5歳と8歳の時点の知能指数（IQ）はウェクスラー式の知能検査（WPPSIあるいはWISC-R）で測定されている。対照群の平均値からの標準偏差区分によって学習の困難度のカットオフポイントを4段階に分け，-1SD以上の指数を示したケースを学習困難「なし」，-1SD未満-2SD以上を「軽度」困難，-2SD未満-3SD以上を「中度」困難，-3SD未満-4SD以上を「重度」困難と分けている。この4段階の評定が，14歳時点と同一であったケースは，2歳で58%，5歳で64%，8歳で70%であり，心理学的検査に基づく低出生体重児の発達的地位（status）の予測が就学前から可能であったこと，8歳で予測精度が高くなることが報告され

177

ている。逆に発達的可塑性の観点から見ると，学習困難児への発達的介入による変動の可能性は，小学校低学年までであると言うことができよう。日本の特別支援教育のスタートが学齢期以降であることが，いかにこれらの発達科学的事実に反しているかに留意すべきであろう。

　低出生体重児への早期介入プログラムの効果は，1980年代から数多く報告されているが，新生児集中治療室から母子同室看護まで指導を持続し，さらに退院後3カ月間まで家庭訪問指導を実施することで，4歳児時点の発達指数が有意に正期産群に追いついたという報告もある（Rauth, et al., 1988）この研究の指導内容は，母子間のフィット感を促すための子ども理解と社会的反応を引き起こすテクニックの指導であり，出産直後の母親の有能感を高める指導となっている。直接子ども本人の発達指導を開始する以前から，親支援を開始することで成果が上がることを示しており，序章で述べた育児相談者の存在の重要性が，周産期ハイリスク児のような「育てにくさ」をもった子の育児では一層重要になると思われる。学習困難児への予防的介入のために，発達を個別に評価し，周産期から親と子を支援する社会的仕組みが，今必要になっている。

（2）誰が介入するか

　図1-3は，現在の日本の市区町村に見られる，母子保健・地域保健・医療・福祉・保育・教育領域の地域ネットワークシステムを示している。序章で述べたとおり，2008年の児童福祉法の改正により，生後4カ月までのすべての出生児のいる家庭が「こんにちは赤ちゃん事業（乳児家庭全戸訪問事業）」の対象となっている。子どもの心身の発達が正常範囲になく，将来の精神・運動・発達面等の障害の可能性のある子どもの家庭や，育児ストレスや育児ノイローゼなどで不安を抱える家庭には，「育児支援家庭訪問事業（養育支援訪問事業）」により専門職者の支援が行われることになっている。まずは，これらの訪問事業と一次健診の担当者によって，精神遅滞や広汎性発達障害のような乳児期から発達的な問題を抱える子と親のスクリーニング（判別）が行われなければならない。

第1章 子どもの発達を見る

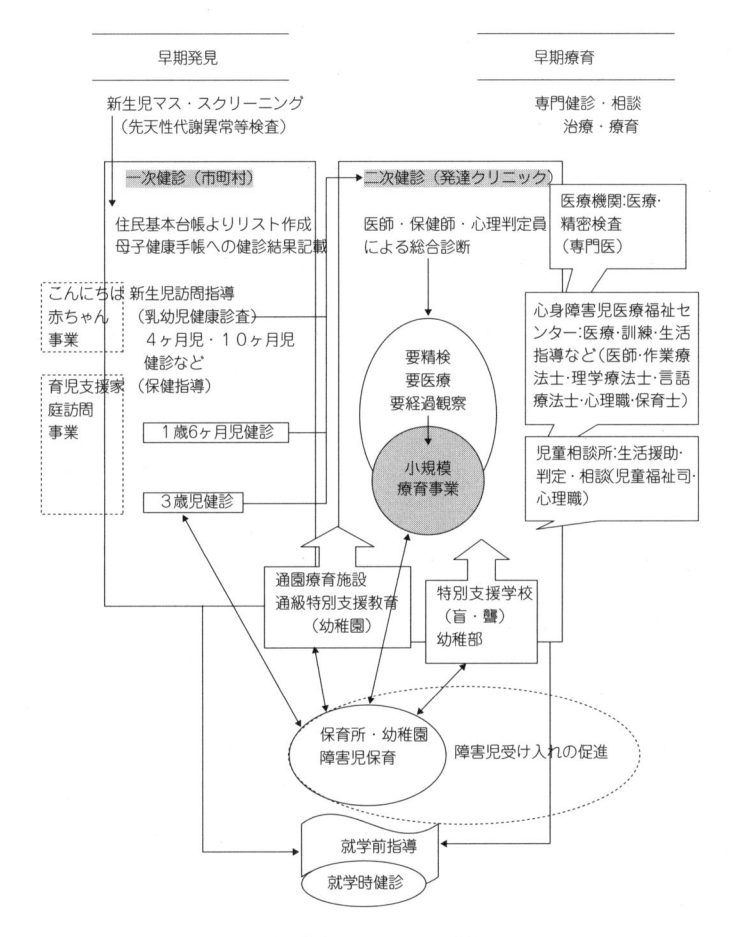

図1-3 早期発見・早期療育にかかわる地域ネットワークシステム

　母子保健と地域保健の専門職とならんで，0歳から保育を担当する保育所保育士も，これらのスクリーニング・スキルをもつ必要がある。コミュニケーション障害や発達性協調運動障害，LDやADHDのような早期の診断が困難な疾患の場合は，3歳児健診以降に在籍する保育所保育士・幼稚園教諭の判別によって，はじめて専門機関との連携が可能になる。近年，このような保育所・幼稚園の保育職と専門機関との連携を強化する目的で，専門サポート・チーム

による巡回指導が行われるようになってきている（コラム「発達支援の実践2」）。序章コラム（「新たな子育て支援の現場」）に登場した島根県浜田市でも，全市保育所・幼稚園の3歳児健診フォロー児と満5歳児を相談支援チーム（保健師・医療専門監・児童心理司・特別支援学校教諭等）が巡回訪問指導している。保育所・幼稚園入所率が3歳児81.7％，4歳児90.2％，5歳児91.8％と高率であることから，全保育所・幼稚園を巡回訪問することで，「こんにちは赤ちゃん事業」でスタートした全ての子どもの顔が見える相談・支援事業を就学前保育までつなぐことができ，専門職連携を育てつつ，乳児期から学齢期までの一貫した支援が可能になっているという。

　これらの多種多様な専門職が，一貫性のある支援活動を実施していくためには，次に，専門職間で発達スクリーニングとアセスメント・ツールが共有され，共通言語として使用可能であることが必要になる。

(3) どのように介入するか

　表1-2は，実際にある早産児の相談・支援で作成された個別指導計画である。この事例のように，一人の子どもの発達支援の経過において，複数の発達評価と検査法が組み合わせで使用されているが，その役割に応じて，(1)発達的な支援の必要性を判別するスクリーニング法，(2)支援の経過を追跡するための標準化されたテスト法，(3)支援プログラムの具体的実施のためのアセスメント（評価）法，の3種を使用して相談・支援を進める必要がある。

　発達スクリーニングは，「遅れ」の指標となる行動のチェックにより，対象者を振り分けるためのものであり，支援スタートの鍵を握っている。専門職者間で最も頻繁に交換される情報となるため，基準は相互に共通していなければならない。日本の専門職ネットワークでは，母子健康手帳に基づく発達スクリーニングを実施することで有効性が増すと考えられる。母子健康手帳の「保護者の記録」欄は0歳から6歳までの発達チェックリストとなっているが，一つひとつの発達項目（はい・いいえの回答）は通過率90％の年齢区分に設定されている。現在の母子健康手帳の基準となる乳幼児身体発育調査が2000（平成12）

第1章　子どもの発達を見る

表1-2　ある早産児のためのポーテージプログラムによる個別指導計画

(様式3)

□子どもの名前：○・○・○（女）　□生年月：平成○年11月○日　（CA：4歳4ヵ月）　□診断名・子どもの特性：発達遅滞（1歳半健診）
□指導開始：平成○年10月○日　（CA：3歳10ヵ月）　□相談頻度：月2回　□相談場所：島根県立大学短期大学部保育学科遊戯室
□指導形態：個別　　□子どもの指導：□家庭　☑家人
□発達検査等諸検査　検査名・実施日　結果：新版K式発達検査（CA：4歳1ヵ月）　全領域DQ76・姿勢運動DQ49・認知適応DQ71・言語社会DQ82
　　AP 9点
生育歴　□妊娠中：特記事項なし　□出生時（分娩の状況など）：早産35週　□出生体重：2,440グラム

医療歴・相談歴・教育歴

年月	CA	機関名	事項（津守式質問紙の結果欄のmは、発達月齢を示している）
平成○年6月	18ヵ月	松江市1歳半健診	歩行（-）・有意語・指差し（-）
平成○年6月	18ヵ月	松江市発達クリニック（二次）	経過観察。子育て支援センター小規模療育事業「なかよし教室」への参加導入
平成○年7月	19ヵ月	松江市「なかよし教室」事業	入級。週3回（月・火・木）活動参加
平成○年5月	29ヵ月	松江市「なかよし教室」個別相談	（担当山下）JDDST実施（結果：疑問）保育所一時保育・集団参加のすすめ
平成○年6月	30ヵ月	松江市「なかよし教室」個別相談	（担当山下）津守式質問紙　運動24m・探索21m・社会21m・習慣21m・言語21m
平成○年8月	32ヵ月	松江市「なかよし教室」個別相談	（担当山下）津守式質問紙　運動30m・探索30m・社会24m・習慣30m・言語24m

指導経過

平成○年10月（47ヵ月）　ポーテージ指導開始。初回アセスメント。10月中2回実施。過去1年間の発達経過の確認。本児の遊戯室への慣れの段階。
平成○年11月（47ヵ月）　ポーテージプログラム3回目。津守式質問紙　運動36m・探索42m・社会36m・習慣42m・言語42m。11月中2回実施。翌年4月幼稚園4歳児クラス入園希望。就園就学にむけて親の希望を取り、3月までの就園前の支援を中心に課題分析実施。
平成○年12月（48ヵ月）　ポーテージプログラム5回目。活動チャートを使った家庭での取り組み指導（運動76「折り紙」のステップ）。
平成○年1月（49ヵ月）　ポーテージプログラム6回目。活動チャートを使った家庭での取り組み指導2回目（運動83「折り紙」のステップ）。

第3部 早期発達支援

平成○年1月現在（49ヵ月）の状況と指導計画

		現在の状況	課題（数字はポーテージプログラムのカード番号を示している）	指導の留意点
乳児期の発達	社会性	極端な人見知りで初対面の大人や新奇場面への順応に時間がかかる。一時保育での子どもどうしの遊びに進展があり、特に仲のよい友だち1名を意識して遊ぶようになったが、まだ親しい大人や親しい友だちを足がかりにしないと集団での遊びに入りにくい。	54：言われなくても知っている大人に挨拶をする 55：大人に指導されてルールに従った集団遊びをする 56：友だちの使っているおもちゃは友だちといるとき、「貸して」と言う 61：年長の子どもに指導されて、ルールのある遊びをする。	親しい1名の友だちとの体験を大切に、集団への導入はあせらず見守る。
	言語	発音が不明瞭な点があり、ゆっくり発話することが少ない。単語数は3歳後半にいっきに増え、カテゴリー名称も自発的に正しく使用する。	62：促されなくてもあいさつを正しく言う 68：時間をあらわすことばを使って話す 70：言葉による指示で連続した3つの動作をする	62の困難は、社会性の特徴と関連している。見守る。 68・70の困難は、行動の系列化に問題があり、動作時間が短く多動気味であることとも関係していると思われる。動作の系列化を日常保育で促し、ごっこ遊びの中でイメージを持ちながら系列を含む質問に応答する力をつける。また、系列化を促す歌遊び・手遊びを繰り返し身につけ、就学までの準備を進める。
	身辺自立	初回アセスメントで「手をこすり合わせて洗う」「靴下をはく」「衣服の前後を見つける」「コップに水を注ぐ」「鼻をかむ」「言われると上着をハンガーに通しておかける」などが通過しておらず、姿勢軸も乳児期式の発達に遅れがあった。乳児期の身体発育、粗大運動の遅れともつながっており、生活習慣をしていくことを通して、身体イメージを獲得していくことが大きな目標であると思われる。	61：言われると片手ずつ渡せばミトンをはめる 65：片手ずつ顔を洗う 75：顔を洗う	61・75の困難は、顔に水をかけることが苦手な点が影響している。また、75は、手に水をためることができないとの母親からの報告があり、指導で水を組んだ52の水の操作を十分に日常の遊びで体験したうえで、水を手ですくうことに移行させる。 入浴時に水をすくう動作を意図的に遊びで導入する。着脱衣、自分の身体をしっかり目と言葉で確認しながら洗うなど、入浴時のルーティンワークに指導を結び付けていく。

182

第1章　子どもの発達を見る

認知	言語の発達が進むにつれて大小・長短・高低・重軽などの概念を使用している。運筆の発達に弱い点があり、直線を2cm以下の幅の経路からはみださずにひくことができない。	48：きかれると男の子・女の子を区別して指さす 59：まねしてV字を描く 60：1辺が10cmくらいの正方形の紙に対角線を描く	指導開始後、靴上・下着などの上下・前後は視覚的支援があれば気づくようになった。衣服をしっかり見ること、構造にしっかり気づくことを「洗濯物」たたみプログラムですすめる。 59・60の形の認識と模倣を進めるより、はさみの使用を優先的に進め、利き手による機能訓練を進めるほうがよいと思われる。形の認識化を進める上で、折り紙・ジグソーパズルなどの手遊びが行われる。
運動	筋肉が柔らかく粗大運動が全般に遅れている。恐怖心が強く、ぜんそくへの心配があり、粗大運動をいやがることに無理がある。ボールを交互に振りながら走るなどの困難は、四肢の協応に問題がある。	82：支えられてでんぐり返しをする 86：20cmの高さから飛び降りて両足で着地する 87：転がってきたボールを蹴る 89：交互に腕を振って10歩走る 98：紙に描いた幅5mm20cm長さの直線をはさみで切る	76・83の折り紙は、支援なしでも自発的に取り組むようになった。 98のはさみの使用を重点的に進めることに結びつけたい。 粗大身体図式の指導は、「なかよし教室」音楽療法でのリズム遊びを足がかりに音楽を交えて進める。

今後の問題点と方針

本児は早産児であり、1歳半健診の段階から母子保健と子育て支援センターで相談・支援をうけてきたが、2歳以降に集団参加することによって発育が促され、小規模療育事業が効果的にすすびついたケースであった。粗大運動の獲得の弱さでがあり、「身辺自立」「運動」でそれらがよくあらわれているが、親しい人のモデリングと言語化の支援によって、もうしこしの領域でも伸びていける可能性をもっている。

来春の就園時に順応性がより高くなるよう、手遊び・歌遊び・工作・運動など、4歳児クラスの標準的な動作が身につく課題を中心に、指導に取り込みたい。4歳児クラス入園時も、幼稚園と小規模療育事業が連携しており、指導を継続する子どもに対する身体図式、空間認知の弱さを統行できるよう、保護者および幼稚園と手の協応の弱さによる非言語性の学習障害者としても考えられるため、個別指導を引き続き、連携を進める。

183

年に実施されており，その全国調査の対象児（一般調査10,021人，病院調査4,094人）のデータから身体発育基準と運動機能ほかの発達通過率を算出している（厚生労働省，2001）。表1-3は，その通過率データから作成したものであるが，たとえば「首のすわり」の通過率は4カ月で90％を超えるため，4カ月以降に「首のすわり」がまだない（いいえの回答）場合に，「遅れ」とみなす。同じ基準で「ねがえり」通過は6カ月以降を「遅れ」とみなす。この「遅れ」の判別に必要な年齢区分のページに，発達項目が配列されている。表1-2の事例は，個別相談開始時にJDDST（日本版デンバー式発達スクリーニング検査）を実施しているが，これも通過率90％を遅れの基準とするスクリーニング法である。現在は日本小児保健協会によりDenverⅡ（コラム「発達支援の技法1」）スクリーニング法が講習されている。

　このようにスクリーニング法は，支援に入るまでの判別法であるが，実際の支援が開始された後は，対象児の発達プロフィールを描き，支援の経過を追跡するために標準化されたテスト法が使用される。表1-2の事例で津守式質問紙と表記されている「乳幼児精神発達検査法」もそのひとつである。表1-3の通過率変化の下段の増加分の数値を見ると，発達項目の通過率変化には，急激な増加を示す年齢区分があることがわかる。たとえば「ひとり座り（1分以上）」は5カ月から6カ月までに26.6％増加し，6カ月から7カ月までに35.6％増加している。このような急激な増加を示す年齢区分をその行動通過の代表年齢とすることが可能であることから，発達検査では一般的に通過率60-70％を基準として項目ごとに通過「発達年齢」を設定する。発達年齢の順序尺度を構成して最も高い発達年齢の項目まで通過をチェックし，対象児の発達プロフィールを発達年齢という水準に置き換えて表現するのである。0歳から就学までの発達障害では，質問紙を用いて子どもの活動をふりかえり，「運動」「基本的生活習慣」「社会性」のような適応行動を中心に，保護者とともに共同作業でプロフィールを描いていく作業が，支援のためにも有効である。表1-2の事例の「発達検査等諸検査」欄，新版K式発達検査の結果のように，相談・支援の経過を追跡する際に，発達指数（発達指数DQ＝発達年齢DA/生活年

第1章 子どもの発達を見る

表1-3 2000年一般調査による乳幼児の運動機能・言語機能通過率

	2カ月	3カ月	4カ月	5カ月	6カ月	7カ月	8カ月	9カ月	10カ月	11カ月	1歳0カ月
A：首のすわり（引き起こし）通過率	13.1	60.3	96.5	99.6	99.6	99.7					
（増加分）	13.1	47.2	36.2	3.1	0.0	0.1					
B：ねがえり（仰位から腹位）通過率	2.5	17.3	52.5	85.2	97.1	98.3	99.3	99.6			
（増加分）	2.5	14.8	35.2	32.7	11.9	1.2	1.0	0.3			
C：ひとり座り（1分以上）通過率	0.0	0.0	1.7	11.2	37.8	73.4	90.7	98.7	99.2	99.6	
（増加分）			1.7	9.5	26.6	35.6	17.3	8.0	0.5	0.4	
D：はいはい（移動）通過率	0.0	0.4	2.1	10.1	28.2	62.9	82.9	94.8	98.8		
（増加分）		0.4	1.7	8.0	18.1	34.7	20.0	11.9	4.0		
E：自立・つかまり立ち通過率	0.0	0.0	0.0	0.7	10.5	35.4	67.3	81.5	95.4	98.0	
（増加分）				0.7	9.8	24.9	31.9	14.2	13.9	2.6	

	8カ月	9カ月	10カ月	11カ月	1歳0カ月	1歳1カ月	1歳2カ月	1歳3カ月	1歳4カ月	1歳5カ月	1歳6カ月
F：ひとり歩き（2.3歩）通過率	1.1	6.1	17.0	40.8	59.7	80.5	89.3	93.8	99.6		
（増加分）	0.8	5.0	10.9	23.8	18.9	20.8	8.8	4.5	5.8		
G：単語を話す（1語以上）通過率	7.8	14.7	26.3	50.8	65.7	75.1	83.6	89.9	92.7	95.0	97.6
（増加分）	7.8	6.9	11.6	24.5	14.9	9.4	8.5	6.3	2.8	2.2	2.6

（注）　各機能項目ごとに，上段数値は該当月齢での通過率，下段イタリック数値は前の月齢からの通過率増加分を示す。
（出典）　「平成12年乳幼児身体発育調査報告書」（厚生労働省，2001）より作成。

齢CA×100）を算出して，現在の状況の指標とすることもある。ただし，新版K式発達検査の「発達年齢」は，通過率50％で求められている。標準化されたテスト法を使用する際には，標準化のための通過率算定基準（合格判定基準・サンプルサイズなど）と，発達年齢の基準，観察の一致などの信頼性，測定された発達傾向の妥当性，などを理解した上で使用する必要がある。

　実際の支援を開始した後は，支援プログラムの具体的実施のためのアセスメント（評価）法を別に実施する。表1-2の事例ではポーテージプログラム（第4章参照）によって，取り組むべき次の課題をえらぶ「カリキュラム・アセスメント」をまず実施している。その結果が「現在の状況」の「課題」に示されている。発達に遅れやかたよりがある場合は，子どもは順序尺度にしたがって育つわけではない。支援のための行動目標設定に役立つアセスメントは，標準

化された検査とは異なる基準で，プログラムごとに作成されている。どのプログラムを使用するかによって，個別に習得する必要がある（コラム「発達支援の技法2」「発達支援の技法3」）。複数の支援プログラムが同時並行して実施される場合もあるが，その際には，相互のプログラムの調整と，プログラムごとの発達評価にとどまらない総合評価が必要になり，上記の標準化された発達検査の結果が使用される。

　個別指導計画の作成にあたって，いつまでに何に取り組むかを，誰が決定するかが重要になる。継続して課題に取り組むのが子ども本人と保護者であれば，子どもの意欲と達成感，親の「子育て」の楽しさや自信を培うことができるよう，保護者の子ども理解に寄り添う形で目標を設定していくのが望ましい。発達的介入プログラムを実施する相談・支援者は「指導」のかたちをとりやすいが，最後まで指導し続けることは本来の目的ではないことに注意すべきであり，親と共同作業で支援プログラムを実施し，次第に支援者の存在が必要なくなった時点で，「子育て支援」が成功したと考えるべきであろう。

　親とともに行う課題の選択と目標設定の話し合いは，施設・保育所・幼稚園等の重要な「子育て支援」カンファレンスの場となる。地域の専門職巡回チーム等のサポートを受けながら，個別の指導計画を作成して発達支援を実施できることが，今後の保育士・幼稚園教諭の職能として求められている。

参考文献

Aylward, G. P., Cognitive and neuropsychological outcomes: More than IQ scores. *Mental Retardation and Developmental Disabilities Research Reviews*, 2002, Vol. 8, No. 4, 234-240.

Botting, N., Powls, A., Cooke, R. W. I., Attention deficit hyperactivety disdorders and other psychiatric outcomes in very low birthweight children at 12 years. *Journal of Child Psychology and Psychiatry*, 1997, Vol.38, No.8, 931-941.

Cooke, R. W. I., Abernethy, L. J., Cranial magnetic resonance imaging and school performance in very low birth weight infants in adolescence. *Archives of Disease in Childhood Fetal and Neonatal Edition*, 1999, Vol.81, F116-F121.

第1章 子どもの発達を見る

Doyle, L. W., Outcome at 14 years of extremely low birthweight infants: a regional study. *Archives of Disease in Childhood Fetal and Neonatal Edition*, 2002, Vol.86, F28-F31.

Foulder-Hughes, L. A., Cooke, R. W. I., Motor, cognitive, and behavioral disoeders in children born very preterm. *Developmental Medicine & child Neurology*, 2003, Vol.45, 97-103.

Hack, M., Taylor, H. G., Klein N. M., Functional limitationas and special health care needs of 10-to 14-year-old children weighting less than 750 grams at birth. *Pediatrics*, 2000, Vol.106, 554-559.

Horwood, L. J., Mogridhe, N., Darlow, B., Cognitive, educational, and behaviorual outcomes at 7 to 8 years in a national very low birthweight cohort. *Archives of Disease in Childhood Fetal and Neonatal Edition*, 1998, Vol.79, F12-F20.

Jongmans, M., Mercuri, E., Linda, de V., Dubowitz, L., Henderson, S. E., Minor neurological signs and perceptual-motor difficulties in prematurely born children. *Archives of Disease in Childhood*, 1997, Vol.76, F9-F14.

Rauh, V. A., Achenbach, T. M., Nurcombe, B., Howell, C. T., Teti, D. M., Minimizing adverse effects of low birthweight: four-year results of an early intervention program. *Child Development*, 1988, Vol.59, 544-553.

Rickards, A. L., Kelly, E. A., Doyle, L. W., Callanan, C., Cognition, academic progress, behavior and self-concept at 14 years of very low birth weight children. *Developmental and Behavioral Pediatrics*, 2001, Vol.22, No.1, 11-18.

Saigal, S., Hoult, L. A., Streiner, D. L., Stoskopf, B. L., Rosenbaum, P. L., School difficulties at adlescence in a regional cohort of children who were extremely low birth weight. *Pediatrics*, 2000, Vol.105, No.2, 325-331.

厚生労働省「平成19年度人口動態調査」2008.

厚生労働省「平成12年度乳幼児身体発育調査報告書」2001.

中村肇（主任研究者）「周産期医療体制に関する研究」厚生科学研究平成11年度研究報告書, 1999.

馬場征一・野村真利香・丸井英二「最近10年間のわが国における低出生体重児増加の分析」『厚生の指標』2008, Vol.55, No.10. 11-16.

向文心・橋本武夫・郡司篤晃「低出生体重児の知能発達測定におけるDAM法（draw a man）の意義に関する研究」『日本新生児学会雑誌』1997, Vol.33, No.2, 169-176.

（山下由紀恵）

第2章
発達障害の病理と支援

1 発達障害とは

　発達障害について統一された定義は，今のところ存在しない。発達障害が公に論じられたのは，1960年代はじめの米国で当時のケネディ大統領が「精神遅滞に関するパネル」を設置してからと言われている。その後，米国連邦議会が1970年に制定した法律（Developmental Disabilities Services and Construction Act, PL91-517）において，「発達障害」（developmental disabilities）は，『18歳以前に精神遅滞に近い神経学的状態にあり，その障害は恒久的あるいは長期に継続するものと思われ，そのためその個人にとって重大な不利益をこうむるもの』とされた。
　医学領域では，1987年に米国精神医学会の診断分類であるDSM—ⅢRにより「発達障害」（developmental disorders）の概念が導入され，『認知，言語，運動，社会的行動（social skills）の習得の障害が基本的問題』であり，『全般的な発達の遅れや特定の技能習熟の障害，発達の他領域における質的歪み（distortions）』などを含むものとされた。そして，含まれる状態としては，精神遅滞，広汎性発達障害，特異的発達障害があげられた。
　一方，わが国においては，2005年4月施行の発達障害者支援法により，発達

障害は，その第2条において，『この法律において「発達障害」とは，自閉症，アスペルガー症候群その他の広汎性発達障害，学習障害，注意欠陥多動性障害その他これに類する脳機能の障害であってその症状が通常低年齢において発現するものとして政令で定めるものをいう。』と定義された。この法律は，それまで法律で支援が規定されていた知的障害（精神遅滞）に対して，支援の裏付けがないその他の発達障害の支援体制を整備することを目的として作られた経緯があり，そのため，「発達障害」の定義から知的障害が除かれることとなった。つまり，発達障害者支援法でいう「発達障害」は，「developmental disabilities」にも「developmental disorders」にも該当しない，わが国独特の行政上の概念となっていると言えるであろう。

発達障害の概念については，医学領域においても必ずしも意見の一致を見ている訳ではない。それでも，現時点では，表2-1のような分類が医学における一般的なものとなっている。

表2-1　医学における発達障害

1．知的障害（精神遅滞） 　1）軽度知的障害（精神遅滞） 　2）中等度知的障害（精神遅滞） 　3）重度知的障害（精神遅滞） 　4）最重度知的障害（精神遅滞） 　5）重症度特定不能の知的障害（精神遅滞） 2．広汎性発達障害 　1）自閉性障害 　2）レット障害 　3）小児期崩壊性障害 　4）アスペルガー障害 　5）特定不能の広汎性発達障害 3．注意欠如／多動性障害 　1）注意欠如／多動性障害 　　(1) 混合型 　　(2) 不注意優勢型 　　(3) 多動性―衝動性優勢型 　2）特定不能の注意欠如／多動性障害	4．学習障害 　1）読字障害 　2）書字表出障害 　3）算数障害 　4）特定不能の学習障害 5．コミュニケーション障害 　1）表出性言語障害 　2）受容―表出混合性言語障害 　3）音韻障害 　4）吃音症 　5）特定不能のコミュニケーション障害 6．運動能力障害 　1）発達性協調運動障害

（出典）　DSM-IV-TR, 2000を参照して作成。

2 発達障害の成因

(1) 原因疾患

　発達障害があり，脳障害を引き起こすことが知られている病的状態がある場合（染色体異常，脳炎後遺症，交通事故による頭部外傷など），その病的状態がその発達障害の原因と推定されるのが一般的である。発達障害との関連性が報告されている疾患・状態は多様である。染色体異常，先天性代謝異常，周産期脳障害，脳炎・髄膜炎など，先天性のもから後天性のものまで，脳に損傷を与える疾患は，発達障害の原因となりうる。

(2) 遺　伝

　発達障害，特に知能障害を伴わない発達障害の多くは，原因と同定できる疾患や病的状態をもたない。そのような場合は，遺伝素因が関係していると考えられるようになってきている。

　発達障害の遺伝では，発達障害自体が伝わるのではなく，発達障害の個々の特性が伝わると推定されている。伝わる個々の特性は，それぞれ独立して別々に伝わる。また，個々の特性は，複数の遺伝子や環境の影響を受け，そのため，程度や質も様々に変化する。

　つまり，発達障害では，伝わる特性の数・種類とその程度，および，環境との相互作用により，典型的な状態から特性の一部だけの状態まで多様・多彩な表現型が出現する可能性が高いことになる。発達障害のある子どもの家系で，似たような特性の一部を示す人がいることも，これで説明できることになる。

3　知的障害 (精神遅滞)

(1) 知的障害 (Mental Retardation, MR; Intellectual Disability, ID) とは

　知的障害（精神遅滞）とは，知的機能の低下に適応行動の障害を伴う状態が

表2-2 知的障害（精神遅滞）の診断基準

A．全体的な知的機能の著明な低下
　個別に行われた知能検査で70以下の知能指数（乳幼児では，臨床的な判断）。
B．同時に存在する適応能力（その文化圏においてその年齢で期待される平均的能力）の欠如あるいは障害
　それは，以下の領域の内少なくとも2領域で認められる。コミュニケーション，自立性，日常生活の行動，社会的活動，社会資源の活用，自己充足性，学業，仕事，余暇活動，健康維持，自己の安全性確保。
C．18歳未満の発症。

（出典）　DSM-Ⅳ-TR, 2000による。

表2-3 知能水準による知的障害（精神遅滞）の分類

	知能指数	知的障害全体の中で占める割合
軽度（mild）	50～70	85%
中等度（moderate）	35～49	10
重度（severe）	20～34	3～4
最重度（profound）	～19	1～2

　発達期に現れるものをいう（表2-2）。知能障害があるだけでは，知的障害とはされないことに注意が必要である。知能が平均以下であっても，日常生活において大きなトラブルもなく生活できている場合には，特別の介入を必要としないことが多いので，知的障害というカテゴリー化をする必要はない，つまり，臨床的にはそうした診断をする必要はない，という考え方による。

　知的障害（精神遅滞）は，知能障害の程度により軽度から最重度までの4段階に分類される（表2-3）。重要なことは，知的障害全体の中では，軽度知的障害の占める割合が圧倒的に大きいということである。また，軽度知的障害では，明らかな脳障害をもたないもの，つまり，生理群が多く，中等度以上の知的障害，特に重度・最重度の知的障害では，何らかの脳障害を認めるもの，つまり，病理群が多いという特徴がある。

（2） 頻度・性別

　一般小児における知的障害の頻度は約1％と推定されている。男女比は，知的障害全体では1.5：1であり，男児の方が多い。さらに，知能障害が重度になるほど男児の割合が増加する。

（3） 基本特性

　知能障害は必ず認められる。知能障害は，個別に行われる知能検査で知能指数（IQ）70以下の場合をさす。知能障害は，最初は，ことばの発達の遅れとして表面化することが多い。ただし，軽度知的障害では，約半数はことばの遅れを示さないので注意が必要である。

　適応行動の問題は，概念的スキル（ことばの理解や使用，文字の読み書き，計算など），社会的スキル（対人関係の構築や維持，約束や規則を守るなど），実践的スキル（食事・衣服着脱・排泄・清潔行動などの日常生活活動，買い物，危険回避など）のどれか1つ以上の活動・行動に制限がある状態とされている。制限があるとは，その人にとって必要とされる活動・行動を自分一人だけで十分に行うことができない状況と言えるであろう。

4　広汎性発達障害

（1） 広汎性発達障害（Pervasive Developmental disorders, PDD）とは

　広汎性発達障害とは，典型的な自閉症に限らず，自閉症に似ているけれども少し違うという，いわゆる自閉的な特徴をもっている状態の総称である。1980年に，DSM—Ⅲで初めて使われた用語である。

　広汎性発達障害の下位分類を表2-4に示す。中心になるのは自閉性障害，いわゆる自閉症である。この分類は，現時点での操作的なものであり，個々の疾患が完全に独立した疾患単位として位置付けられているものではない。このように，「自閉的」な対人関係の障害を示す各障害は，独立した異なるものではなく連続しているという考え方から，広汎性発達障害に含まれる各障害を総

第2章　発達障害の病理と支援

表2-4　広汎性発達障害の下位分類

1．自閉性障害（自閉症）（autisitic disorder, autism）
　広汎性発達障害の代表疾患。広汎性発達障害の特徴を典型的にもつ。
2．レット障害（レット症候群）（Rett's disorder, Rett syndrome）
　自閉的な行動を示しながらも，特有の手の常同運動と精神・運動機能の退行を特徴とするもの。報告例のほとんどは女児例である。
3．小児期崩壊性障害（Childhood disintegrative disorder）
　少なくとも2歳までは正常な発達経過を示し，その後，退行現象が起こり，併行して自閉症の症状や排泄障害が出てくるもの。
4．アスペルガー障害（アスペルガー症候群）（Asperger's disorder, Asperger syndrome）
　3歳までの言語・認知面の発達は正常である（コミュニケーション能力にほとんど異常を認めない）が，社会的な相互交流と興味の限定において自閉症と同様なもの。
5．特定不能の広汎性発達障害（非定型自閉症を含む）（Pervasive developmental disorder not otherwise specified, PDDNOS, atypical autism）
　広汎性発達障害の特徴をもっているが，広汎性発達障害の中の特定のタイプの診断基準に該当しないもの。自閉症の診断基準のうち，年齢（発症年齢が遅い）か症状（症状の数・程度が合わない）のどちらかが該当しないものを非定型自閉症という。

（出典）　DSM-Ⅳ-TR, 2000による。

称して『自閉症スペクトラム障害（Autisitic Spectrum Disorders, ASD)』と呼ぶこともある。

（2）頻度・性別

　自閉症の頻度は，1960年代から1970年代にかけては小児10,000人につき4人前後と言われていたが，次第に，より高い頻度が報告されるようになり，現在では，少なくとも10,000人につき10～20人，つまり0.1～0.2%とされている。さらに，広汎性発達障害全体では，1～1.7%という数字が報告されてきている。性差は，男児に多く，男女比は3～4：1である。

（3）基本特性

　広汎性発達障害に共通する特徴は，以下の4つである。この4つの特徴が典型的に現れているのが自閉性障害と言える（表2-5）。
① 社会性の発達の質的障害
　自閉症の「自閉」という語感から，人を拒絶し部屋の隅にうずくまっている

表 2-5　自閉症の診断基準

A. (1)～(3)の各項目のうち 6 項目以上に該当する。ただし，少なくとも，(1)の項目から 2 項目，(2)と(3)の項目から各々 1 項目を含むこと。
　(1)社会的な交流活動の質的障害で，以下の項目のうち少なくとも 2 項目に該当：
　　(a)相手の目を見つめる，表情，姿勢，身振りなどの社会的交流を調整するような非言語的な対人行動をとることの著明な障害。
　　(b)発達段階に応じた適切な友人関係がもてない。
　　(c)他の人と喜びや関心を共有したり，一緒に一つのことをやり遂げようとしたりすることをしない（たとえば，自分が関心をもった物を相手に示したり，もってきたり，指さしたりしない）。
　　(d)社会的あるいは情緒的な結びつきが乏しい。
　(2)コミュニケーション行動の質的障害で，以下の項目のうち少なくとも 1 項目に該当：
　　(a)話しことばの遅れか，完全な欠如（身振りや手振りなど，他の手段で補おうともしないこと）。
　　(b)ことばがある場合では，自分から話しかけたり，会話を続けることの著明な障害。
　　(c)常同的なことばや独特のことばの反復使用。
　　(d)発達段階に応じたごっこ遊びや役割遊びができない。
　(3)限定された行動，関心，活動の常同的反復で，以下の項目のうち少なくとも 1 項目に該当
　　(a)常同的で限定された興味に没頭する。興味の程度か対象が異常である。
　　(b)特異で効率が悪い決まり切ったやり方や儀式的な方法に非常に固執する。
　　(c)常同的で反復する型にはまった動作（たとえば，手や指をひらひらさせたりくねらせたりする，あるいは，全身の複雑な動き，など）。
　　(d)物の一部分に対する持続的なこだわり。
B. 以下の領域のうち少なくとも 1 領域における遅れや偏りが 3 歳以前に見られる：
　(1)社会的な相互交流
　(2)社会的なコミュニケーションをとるための言語
　(3)象徴的あるいは想像的な遊び
C. レット障害や小児期崩壊性障害によるものではない。

(出典)　DSM-IV-TR, 2000による。

状態が考えられがちであるが，これは正しくはない。一見，人なつっこく見える広汎性発達障害達は決して少なくない。特に，知能障害を伴わない場合はそうである。相手の気持ちや状況に合わせた行動を取らない，つまりは，マイペースで一方的と見られる対人行動が，広汎性発達障害児の特徴である。

② コミュニケーション行動の障害

　コミュニケーションにおいて，情報を伝えてくれる媒体をコミュニケーションモードという。広汎性発達障害児では，言語的モード（話しことば）に留まらず，非言語的モード（話し方（プロソディ），表情，身振りなど）を使ったり

第2章　発達障害の病理と支援

理解したりすることが困難である。言語的モードは意味内容を伝え，非言語的モードは感情や思い（疑問があるなど）を伝えてくれる。非言語的モードの理解の困難は，相手の気持ちがわからないという状況を生じ，そこから，相手の気持ちに添ったコミュニケーションができない，つまり，かみ合わない，一方的なコミュニケーション状況が起こりやすくなっていると考えられる。

③　想像的活動性の障害

　広汎性発達障害児は，物事を想像したり空想するのが苦手である。そのため，乳幼児期は，感覚運動遊びに終始し，ごっこ遊びをしないことも少なくない。私達は，お互いのコミュニケーションにおいて，相手が知っているだろうと思われることは，会話の中で話さない傾向がある。広汎性発達障害児は，想像力の障害のため，そこに話されていないことを補って考えることが苦手となり，相手が話した通りにしか受け取らず，そのために，ことばを表面的に受け取りやすく，かみ合わない応答が生じやすくなると考えられる。

　また，想像する，空想するということは，実際にない事柄を考える，つまりは抽象的・概念的な事柄の理解の背景の一つとなる。想像力の障害は，抽象的な事柄，概念的な事柄の理解の問題につながっていくことが考えられ，このことが，ことばの意味の理解の困難さにつながっていくことが考えられる。

④　活動範囲と興味の対象の著明な限定

　こだわりには，2つのタイプがある。一つは，水洗トイレやスイッチ類など，何らかの理由で気に入ってしまった結果としてのこだわりである。このこだわりは，強制的に介入しても，通常はパニックを生じない。他の一つは，同じ物事・状況ややり方へのこだわりであり，同一性の保持とも言われる。広汎性発達障害児達は，状況理解や言葉の意味理解の困難さもあり，日常的に不安が生じやすくなっていると言われる。そのような状況では，日頃，自分が慣れ親しみ，よく知っている物事・状況ややり方であれば安心しやすくなる。広汎性発達障害児達は，同じ物事で不安を抑えているのであり，そのため，そこに不用意に介入するとパニックを生じやすくなると考えられるのである。

5 注意欠如/多動性障害

(1) ADHD (Attention-deficit/Hyperactivity Disorder, ADHD) とは

　精神年齢に比して不適当な注意力障害，衝動性，多動性を示すものである。米国精神医学会の疾病分類（DSM-Ⅳ-TR）では行動障害に位置づけられているが，臨床の実際では発達障害として見なされていることが多い。注意力障害や多動性に対しては，薬物の効果が70％程度で期待できるのが特徴である。

　なお，わが国では，これまで「注意欠陥／多動性障害」の訳語が用いられてきたが，『欠陥』の表現が不適切と判断され，2008年5月，日本精神神経学会において「注意欠如／多動性障害」の訳語に改められている。

(2) 頻度・性別

　ADHDの行動特徴だけを機械的にチェックすると，小児の7～10％前後が該当するが，実際に生活上で支障を来しているのは小児の3％前後とされている。そのため，ADHDの頻度という場合には，3％前後の数字があげられることが多い。実際，文部科学省の全国実態調査でも，疑われる児童生徒は2.5％とされている。性差では，男児に多いのが特徴である。男女比は，3～4：1と，広汎性発達障害とほぼ同様となっている。

(3) 基本特性

　注意力障害，多動性，衝動性の3つである。その具体的現れは，診断基準（表2-6）に記載されているとおりである。なお，注意力障害では，集中が困難ということの他に，過集中，つまり，集中のし過ぎという問題も見られることがある。関心があることに没頭すると，他に注意を向けられない，つまり，切り替えができない，ということで集団生活において問題にされることが多い。ADHDの注意力障害は，単に集中ができないというのではなく，注意力の適切な配分，コントロールができない，といった方が適切であろう。したがって，

第2章 発達障害の病理と支援

表2-6 注意欠如・多動障害の診断基準

A．(1)か(2)があること．
  (1)以下の注意力障害を示す項目のうち6項目以上が少なくとも6か月以上持続しており，それは日常生活に支障をきたし，かつ，発達段階に不相応なこと．
  注意力障害
    (a)勉強や仕事，あるいは，他の活動時に，細かい注意を払うことができなかったり，ちょっとした誤り（careless mistakes）を起こすことが多い．
    (b)課題や遊びにおいて注意を持続することが困難なことが多い．
    (c)話しかけられていても聞いていないことが多い．
    (d)指示を最後まで聞けず，勉強やちょっとした仕事，あるいは，職場でのやるべき仕事をやり遂げることができないことが多い（反抗や指示の理解不足のためではない）．
    (e)課題や仕事をまとめることができないことが多い．
    (f)持続した精神活動が必要な課題をさけたり，嫌ったり，ためらったりすることが多い（学校の授業や宿題など）．
    (g)課題や他の活動に必要な物をなくすことが多い（たとえば，おもちゃ，学校で必要な物，鉛筆，本，その他の道具など）．
    (h)外からの刺激ですぐに気が散りやすい．
    (i)その日にやることを忘れやすい．
  (2)以下の多動性や衝動性を示す項目のうち6項目以上が少なくとも6か月以上持続しており，それは日常生活に支障をきたし，かつ，発達段階に不相応なこと．
  多動性
    (a)手や足をよく動かしてそわそわしたり，椅子の上でもじもじすることが多い．
    (b)教室や座っていなければいけない状況で離席することが多い．
    (c)してはいけない状況で走り回ったりあちこちよじ登ったりすることが多い（思春期や成人においては，落ち着かないという主観的な感情だけのこともある）．
    (d)静かに遊ぶことが苦手なことが多い．
    (e)絶えず動いていたり，駆り立てられたように動くことが多い．
    (f)過剰に話すことが多い．
  衝動性
    (g)質問が終わっていないのに答えてしまうことが多い．
    (h)順番を待つことが苦手なことが多い．
    (i)他の人がやっていることをじゃましたりむりやり入り込んだりすることが多い（たとえば，他の人の会話やゲームに首を突っ込む，など）．
B．障害をきたすほどの多動性―衝動性，あるいは，注意力障害の症状のいくつかは，7歳以前に出現していること．
C．症状から生じている障害は，2か所以上の場でみられること（たとえば，学校（あるいは職場）と家庭，など）．
D．社会的，学業上，あるいは，職業上，臨床的に明らかに支障をきたすほどの障害があること．
E．広汎性発達障害，精神分裂病やその他の精神病，その他の精神疾患（気分障害，不安障害，解離性障害，人格障害，など）によるものではない．
※下位タイプ
  混合型（Combined Type）：診断基準A1とA2両方に該当するもの
  注意力障害優位型（Predominantly Inattentive Type）：診断基準A1に該当するが，A2には該当しないもの
  多動性―衝動性優位型（Predominantly Hyperactive-Impulsive Type）：診断基準A2に該当するが，A1には該当しないもの

(出典) DSM-IV-TR, 2000による．

物事へ取り組む態度は，その状況の必要性ではなく，子どもの関心の有無によって影響されてしまうことになるのである。

　ADHDの基本症状は，相手や場によってその程度が動揺することが多い。きちんと指示を伝えてくれる相手や，何をすべきかがわかりやすい環境では，ADHD児であってもある程度落ち着いて課題に取り組めることは稀ではない。つまり，学校と家庭での状況が異なることは，ADHD児では珍しくないのである。

　なお，最近，アスペルガー障害では，年少児期にADHD特性を示すものが半数以上いることが知られるようになってきている。つまり，広汎性発達障害とADHDは併存しやすいので，注意が必要である。

6　学習障害

　学習障害（Learning disorders, LD）の概念は，医学領域と教育領域で異なっている。医学領域の学習障害は，英語表記ではlearning disordersとされ，読字，書字，算数（計算）の障害に限定されている（表2-7）。いわゆる，「読み書きそろばん」の障害である。これに対して，教育領域でいう学習障害は，英語のlearning disabilitiesの訳であり，「聞く，話す，読む，書く，計算する，推論する」の6つの学習能力の障害をいう（表2-8）。医学領域の学習障害は，教育領域の学習障害に含まれることになるが，教育領域の学習障害で述べられている「聞く，話す，推論する」ことの障害は，医学領域では学習障害のカテゴリーとして捉えられないことになる。「聞く」と「話す」ことの障害は，医学領域ではコミュニケーション障害に分類され，それぞれ受容—表出混合性言語障害，表出性言語障害という診断名がつく。なお，「推論する」ことだけの障害に相当する医学領域の診断分類は現時点では存在しない。

　いずれにしても，学習障害の最も大きな特徴は，知能の水準と課題成績の間に通常の範囲を超えたギャップがあるという点である。

第2章 発達障害の病理と支援

表2-7 学習障害（learning disorders）の診断基準

1．読書障害 A．読書の正確さや理解力を見る基準化されている個別テストで評価された読書能力が，その小児の暦年齢や知能や教育レベルに比して著しく低い。 B．この障害により読書能力を必要とする学業や日常生活が著しく障害されている。 C．感覚障害がある場合には，通常そうした感覚障害に伴う読書障害よりも程度が著しい。 2．算数障害 A．基準化されている個別テストで評価された算数能力が，その小児の暦年齢や知能や教育レベルに比して著しく低い。 B．この障害により，算数能力を必要とする学業や日常生活が著しく障害されている。 C．感覚障害がある場合には，通常そうした感覚障害に伴う算数障害よりも程度が著しい。 3．書字表出障害 A．基準化されている個別テスト（あるいは，作文能力の機能的評価方法）で評価された作文能力が，その小児の暦年齢や知能や教育レベルに比して著しく低い。 B．この障害により，文章を作成する能力（文法的に正しい文章やまとまった一連の文章を書く能力）を必要とする学業や日常生活が著しく障害されている。 C．感覚障害がある場合には，通常そうした感覚障害に伴う文章作成障害よりも程度が著しい。

（出典）　DSM-Ⅳ，1994による。

表2-8　文部科学省による学習障害（LD）の定義

学習障害とは，基本的には全般的な知的発達に遅れはないが，聞く，話す，読む，書く，計算する又は推論する能力のうち特定のものの習得と使用に著しい困難を示す様々な状態を示すものである。学習障害は，その原因として，中枢神経系に何らかの機能障害があると推定されるが，視覚障害，聴覚障害，知的障害，情緒障害などの障害や，環境的な要因が直接的な原因となるものではない。

（出典）　文部省，学習障害及びこれに類似する学習上の困難を有する児童生徒の指導方法に関する調査研究協力者会議「学習障害児に対する指導について（報告）」平成11年。

7　コミュニケーション障害（Communicaiton disorders）

　話されたことばの理解はよいが話すのが遅れている表出性言語障害と，話すことの遅れの他に話されたことばの理解も悪い混合性受容性・表出性言語障害がある。この他，構音・発声の問題である音韻障害と吃音症があるが，わが国では，音声障害として分類される方が一般的である。

8 発達性協調運動障害 (Developmental coordination disorder)

　実際の年齢や発達段階に比べて，協調運動を必要とする日常生活動作が著しく劣っているものである。運動発達の遅れ（座位，ハイハイ，歩行など），持っているものを落としやすい，不器用，スポーツが下手，字を書くのが下手，動作がぎこちない，動きがゆっくり，バランスが悪い，などが見られる。

9 「発達障害」への3つの関わり

　発達障害については，特性と障害状態を分けて考える視点があると，対応も考えやすくなるように思われる。これは，発達障害の特性だけでは発達障害と呼ぶ必要はなく，適応行動の問題があって初めて発達障害として考える，ということである。発達障害のある子どもたちが苦しんだり悩んだりするのは，そして，保護者や教師が心配するのも，特性に対してというよりはこの適応行動の問題に対してであろう。特性イコール障害ではないとする見方があれば，発達障害に見られる特性をもつ子どもたちを全て右から左に障害児と考えなくてよいことになる。実は，この考え方は，決して新しいものではなく，知的障害の定義ですでに以前から言われていたことである。他の発達障害も同様に考えることが，臨床的には重要と思われる。

　このように考えると，「発達障害」の状態像を3つに分けて考えることができる。それは，①「特性はあるが，適応行動の問題がないか，あっても軽い状態」，つまり，特性だけの状態，②「特性があり，そのために適応行動の問題が明らかに生じている状態」，つまりは，発達障害の状態，③「特性と適応行動の問題に加え，二次的な情緒・行動・精神面の問題を生じている状態」，つまり，発達障害＋二次障害の状態の3つである。

　「発達障害」の状態像をこのようにとらえると，このそれぞれの状態への支援状況があることになる。①の状態で気がつかれた場合には，支援は，発達障

害への対応というよりは，適応行動の問題を生じないような対応を行うことになる。極端な言い方をするならば，発達障害にならないような予防的な対応をするということになる。②の状態で気がつかれた場合には，生じている適応行動の問題を改善することが対応の中心となる。決して子どもの特性を改善することを行う訳ではない。適応行動の問題が改善されれば，特性があってもその状態はもはや発達障害と見なされなくなるからである。③の状態で気づかれた場合には，生じている情緒・行動・精神面の問題（二次障害問題）と適応行動の問題の両方の問題の改善がめざされる。二次障害問題への対応は，治療的な関わりが必要とされることも多い。

　3つの状態への支援の目標をこのように整理すると，どのような立場の人がその支援を行ったらよいのかもわかりやすくなる。①の状態への支援は教育と福祉（保育・療育）が中心であり，②の状態への支援の中心も同様に教育・福祉となると思われる。ただし，適応行動の問題へ適切に対応するために，周囲の理解や公的支援を必要とするために診断をつけてもらうとき，あるいは，ADHDのように薬物が効果がある状態があるときは，医療機関が関与する場合も出てくる。③の状態への支援では，二次障害への対応は医療・相談機関が中心となることが多くなる。

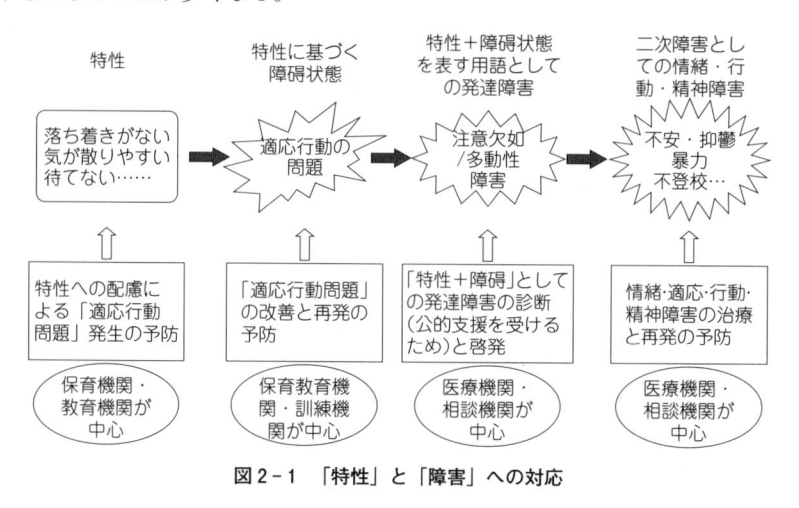

図2-1　「特性」と「障害」への対応

この考え方を図示したのが図2-1である。いずれにしても、発達障害のある子どもへの支援を考える場合、適応行動の問題の有無と程度を評価し、対応の対象を整理するようにすると、支援の方向性が見えやすくなっていくものと思われる。

参考文献

稲垣真澄「発達障害の最近の考え方と課題」『小児科臨床』61：2237-2341，2008．

小鴨英夫「障害全般の用語の概念・定義——障害児の教育を中心に」『リハビリテーション研究』第83号：22-28，1995．

American Psychiatric Association , *Diagnostic and Statistical Manual of Mental Disorders 3rd ed. revised* (DSM-IIIR), American Psychiatric Association, 1987.

American Psychiatric Association, *Diagnostic and Statistical Manual of Mental Disorders 4th ed. test revision* (IV-TR), American Psychiatric Association, 2000.

Rpmald, A., et al., Genetic heterogeneity between the three components of the autism spectrum: a twin study. J Am Acad Child Adolesc Psychiatry 45: 691-9, 2006.

宮本信也「軽度発達障害の子どもたち」下司昌一他編『現場で役立つ特別支援教育ハンドブック』日本文化科学社，2005．

Penrose L.S., *The Biology of Mental Defect*, Sidgwick and Jackson, London, 1963. 秋山聡平訳「精神薄弱の医学」『慶応通信』50-66，1971．

（宮本信也）

第3章
就学前の発達障害児とその家族の支援

はじめに

　発達障害者支援法が施行された後，地域の中で，発達障害のある人々やその家族への支援が大きく取り上げられるようになってきた。発達障害者支援法では，「発達障害」を「自閉症，アスペルガー症候群その他の広汎性発達障害，学習障害，注意欠陥・多動性障害及びその他のこれに類する脳障害」としている。

　発達障害に対する理解とともに，早期診断・早期支援が子どもの発達に及ぼす効果が注目されるようになり，米国を中心に様々な取り組みがなされてきた。最近では，家族と専門家が協力して，早期からの支援体制を整えれば，子どもたちの発達予後を改善できるという報告が数多くなされている（Ingersol, 2006; Whalen, 2003）。

　一方，わが国における乳幼児健診の受診率は90％にも達する。特に広汎性発達障害（自閉症スペクトラム）の子どもたちは，「ことばの遅れ」などを乳幼児健診で指摘されることが多く，家族も「視線が合わない」，「名前を呼んでも振り向かない」，「模倣行動がみられない」などの発達上の問題に気づいている。しかし，就学前の子どもを対象とした地域での支援プログラムは決して十分とは言えない。発達上，気になる点のある子どもと家族に対して早期より地域で

第3部　早期発達支援

支援できる体制を築くことは，一部の子どもと家族にのみ利益をもたらすものではない。このようなプログラムは正常発達を示す子どもにも応用できる。支援には，医師，保健師，保育士などの専門家だけではなく，家族や地域のボランティアを含めたネットワークを作り，効率的に役割分担することが重要である。本章では，「障害」全般についての概念，発達障害の定義，そして就学前の支援の対象となる集団について述べていく。さらに，(1)乳幼児健診での早期発見・早期支援，(2)発達障害の子どもの支援について保健師，保育士が感じていること，(3)保育所における対応例，(4)地域における発達支援教室の具体例を私たちの研究，調査結果から紹介する。

1　発達障害について

(1)「障害・しょうがい」の意味するもの

　一般に我々が使用している「障害」とはどのような意味をもっているのだろうか。最近では，「障害」という漢字に対する抵抗感から，「しょう害」，「しょうがい」と平仮名による記載も珍しくない。本章では「障害」という漢字を使用するが，このような字句へのこだわりは，人々の「障害・しょうがい」に対する意識変化を反映している。わが国においては，身体障害，知的障害などを併せて人口の約4.9％が障害をもつと言われている。一方，WHOや欧米の統計では，全人口の9.0〜14.0％が「障害」をもつとされている。これは，発生頻度の差を示すものではなく，国々によって障害者の定義が異なるからと思われる。1980年にWHOは，障害に関する現象を(1)機能障害（Impairment），(2)能力障害（Disabilities），(3)社会的不利（Handicap）の3つから構成されるものとした。すなわち，疾病によって機能障害が生じ，そのために能力障害や，社会的不利が発生すると考えられ，不適切な環境や制度が主観的な障害に影響を与える。

第3章　就学前の発達障害児とその家族の支援

（2）ノーマライゼーションとインクルージョン

　ノーマライゼーションとはデンマークで生まれた考え方で，障害をもつ人々も共に暮らしているのが普通の社会であるという考え方である。障害は個人的なものではなく，個人が環境と接する時に生じるものであり，その障害を取り除く義務が国にあるという前提に立っている。現在，しばしば教育関係で用いられる「インクルージョン」という言葉は，(1)障害をもつ子どもたちを普通の子どもたちと同じ教育環境の中に受け入れる。(2)その子どもたちが障害を感じないように教育環境を整える。という両者を満たすことを意味している。

（3）「発達障害」という言葉の定義

　発達障害者支援法及び同法の政省令では，小児科医がこれまで一般に用いてきた概念とは少し異なった形で「発達障害」が定義されている。小児科医は，これまで「発達障害」を「心身の発育途上に何らかの要因，疾病が加わることによって通常の発達が損なわれた状態」との意味で使用してきた。従来の使用法では，知的障害や脳性麻痺なども「発達障害」の中に含まれていた。しかし，発達障害者支援法では，「発達障害」を「自閉症，アスペルガー症候群その他の広汎性発達障害，学習障害（LD），注意欠陥・多動性障害（ADHD）及びその他のこれに類する脳障害」としている。これは，この法律の主眼が，まだ十分に体系づけられていないこれらの障害について幅広い理解を求めていくことに置かれているからと思われる。また，この法律では地方自治体に対して，医療，教育，福祉が連携して，幼児期から成年期までの一貫した支援体制を整えることを義務づけている。

（4）就学前の子育て支援と支援する人材の育成

　子どもたちや家族への支援は，ある一時期だけを想定したものであってはならない。これらは「生涯を通じた支援」の一環としてなされるべきものである。就学前の子育て支援は，乳幼児健診などの保健事業，保育所（保育園），幼稚園での活動，学校教育と重なりあいながら，それらを結び付ける役割として捉え

る必要がある。

　学校教育における「特殊教育」から「特別支援教育」への移行は，社会全体の障害に対する意識変化と関連している。「特殊教育」は，障害の種類や程度に応じ「特別の場」を用意し，障害のある子どもを健常児に近づけるという認識に立っていた。「特別支援教育」は，障害のある子ども一人ひとりの教育的ニーズを把握して，その子が「生活する場」において，最も適切な教育的支援を行うというものである。支援対象には，通常学級に在籍するLD・ADHD・高機能自閉症等のある子どもも含まれている。各学校には，特別支援教育コーディネーターが設置され，校内のスーパーバイザーとなるとともに校外の組織との連携を調節する役割を担っている。

　一方，保育所（園），幼稚園，保健所などにおいては，学校での取り組みに比べて，組織的な人材育成が不十分である。子育て支援活動は，幼児・保育教育に携わる専門者にとって，実践的な体験を通じて具体的な支援の方法を学ぶ貴重な機会である。

（5）自閉性障害について

　発達障害の中で最も早期に異常に気づかれるのは，「言葉の遅れ」を伴う自閉性障害である。集団行動の中での問題が中心となるADHDは5歳前後，また，学習上の偏りが中心となるLDでは，小学校に入学してからでないと診断が不可能なことが多い。広汎性発達障害（PDD）に含まれるアスペルガー障害でも，「言葉の遅れ」を伴わないことから5-6歳以降でないと気づきにくい。また，DSM-IV TRによる自閉性障害の診断基準は，(1)対人的相互反応における質的な障害，(2)意思伝達の質的な障害，(3)行動，興味及び活動の限定された反復的で常同的な様式，とされている。一方，英国の児童精神科医ローナ・ウィングは，「自閉的な傾向はあるが，厳密な診断基準にあてはまらない子どもたち」も自閉症をもつ子どもと同じように支援が必要であるとして，広義の自閉症として「自閉症スペクトラム障害（Autistic Spectrum Disorders: ASDs）」という概念を提唱した（Wing, 1982）。自閉症スペクトラム障害は，(1)社会性，

(2)コミュニケーション，(3)想像力の３領域に障害を認めるものと定義されている。(表3-1)。また，多くの臨床家は，発達障害として捉えられる障害は相互に完全に独立したものではなく，発達に伴って様々な臨床像を示すことに気づいている。PDDの子どもたちの多くが，幼稚園年長から小学校低学年にかけては，「多動」，「不注意」，「衝動性」などのADHDと共通する症状を呈してくるため，広汎性発達障害（ADHD＋）というような診断表記をしている場合もある。一方で，正常発達との境界も必ずしも明瞭ではない。

表3-1　自閉症スペクトラム障害
Autism Spectrum Disorders（ASDs）

・自閉性障害（自閉症）
・アスペルガー障害
・特定不能の広汎性発達障害

　就学前からの子どもと家族の支援には，自閉症スペクトラム障害だけではなく，正常発達や境界域の子どもとその家族も含まれる。すなわち，これらの取り組みは「療育」と捉えるのではなく，「特別なニーズを抱える家族への子育て支援」として考えるのが妥当だろう。

2　乳幼児健診のあり方

　現在の乳幼児健診は，単なる早期発見の機会ではなく，「子育て支援の場」として位置づけられている（衛藤，2006）。しかし，それらは十分に機能しているのであろうか。

（1）乳幼児健診と発達障害

　自閉症スペクトラムの子どもをもつほとんどの母親は，1歳2-3ヵ月頃までに「自分自身の子どもの発達が何か奇妙だ」と気づいている。これらの中には「名前を呼んでも振り向かない」，「視線が合わない」，「人に興味をもたず真似をしない」などの行動上の問題が多くを占めている。一方で，1歳6ヵ月健診，3歳健診では「有意語がない。」という理由でフォローアップの対象となることが最も多く，行動上の問題は見過ごされていることが多い。

（2）乳幼児健診と行動観察

　保育所などの長時間にわたって子どもと向き合う施設では，目と目で見つめあう，身振りなど非言語性行動の異常がよく指摘される。これらは，「対人的相互反応における質的な障害」として捉えることができる。たとえば，「バイバイ」は模倣行動の代表的なものである。通常，9カ月頃より出現し15カ月頃にはほぼすべての子どもができるようになる（図3-1）。我々は「バイバイ」の出現時期とともに手の動かし方にも注意して観察を行ってきたが，自閉性障害のある子どもでは，2歳を過ぎても「内向きのバイバイ」を認める率が高いなどの特徴が確認された。

　英国のSimon Baron Cohenら（Cohen, et al, 1992）はCHAT（Checklist for Autism in Toddlers）を開発し，同国の健康診査で広く用いてきた。私たちは，彼らの方法に準じて，保健師らが観察項目を正しく理解できるように教育用DVDを作成した。この観察では，①ことばの理解，②ふり／まね　③指差しの有無　④巧緻性の発達，⑤模倣行動の発達について観察項目を設置し，簡便にチェックができるように配慮した（図3-2）。また，米国などで広く研究が進められているThe Modified Checklist for Autism in Toddlers（M‐CHAT）（Robins, et al, 2001），の項目を中心に，すでに自閉性障害との診断がついた3－5歳児の母親に2歳前後の発達を振り返ってもらい，その記録を同一DVDに収めた（石岡・高田・細木，2006）。これらのDVDは実際のスクリーニングに用

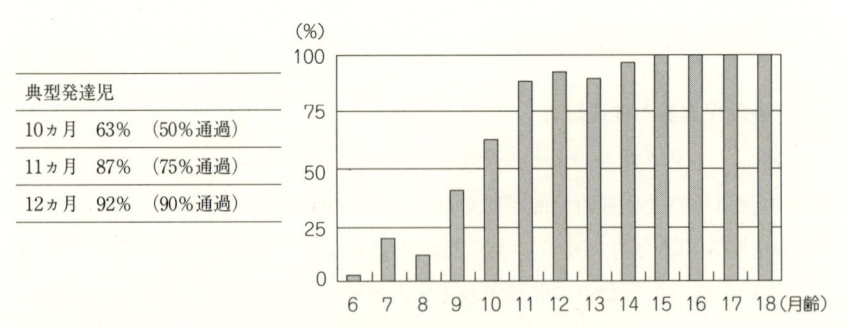

典型発達児		
10カ月	63%	（50％通過）
11カ月	87%	（75％通過）
12カ月	92%	（90％通過）

図3-1　典型発達児におけるバイバイの通過
（n＝571）　バイバイが可能であった割合

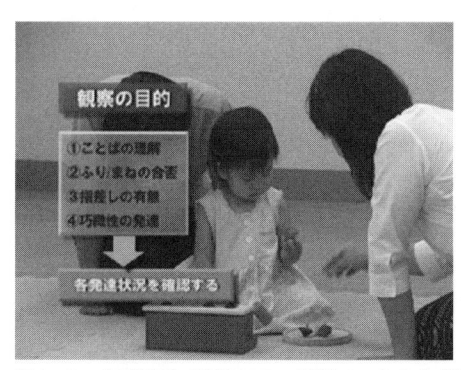

第3章　就学前の発達障害児とその家族の支援

図3-2　行動観察（標準DVD, 解説ノートの作成）

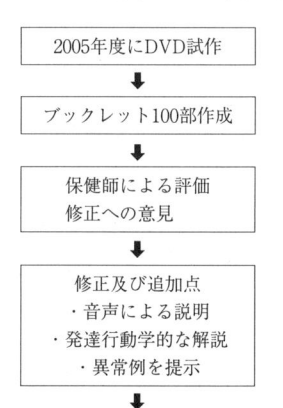

2005年度にDVD試作
↓
ブックレット100部作成
↓
保健師による評価
修正への意見
↓
修正及び追加点
・音声による説明
・発達行動学的な解説
・異常例を提示
↓
改訂版作成

いるだけではなく，保健師，保育士の教育用教材として役立つと考えられる。

3歳児では，問診や個人の行動観察だけではなく，他の子どもや大人との関係を観察することも重要である。姫路市においては，集団行動や対人関係などに問題を認める児を評価し助言するために「めだか相談室」を設けている。ここでは，はっきりとした遅れを認めないがおちつきがない，おしゃべりできるのに会話がうまくできない，思いどおりにならないとパニックをおこすなど，集団行動や対人関係に問題を認める3-5歳児を対象としている。保健所，児童相談所，保育課，姫路市総合福祉通園センターが役割分担し，継続した支援をする仕組みを作りあげている。すなわち，グループで遊ぶ場面を設け，様々な部門から派遣された異なった職種の専門家が共同で評価を行っている（小

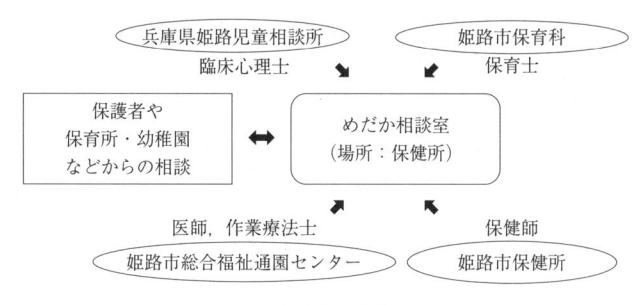

図3-3　めだか相談室―各機関からのスタッフ―

寺・中野・宮田,2006)(図3-3)。

(3) 乳幼児健診と問診票

多くの自治体では,従来の問診票に加えて発達障害にも十分に考慮した新しい問診票を作ろうとしている。平成20年度から神戸市で用いられている1歳6カ月健診用の問診票では,言葉の理解(質問:名前を呼ぶと振り向きますか?「ゴミぽいしてきて」,「新聞持ってきて」などの簡単なお手伝いができますか?),指差し(質問:絵本を見て知っているものを指差しますか?),巧緻性(質問:小さいものを指先でつまみますか? 積み木を積めますか?),模倣(質問:相手のまねをしてバイバイをしますか?)などの基本項目が問診票に含まれている。また,視線の一致とも関連して眼の動きについて尋ねている。(質問:目つきや目の動きで気になることがありますか?)さらに,聴覚過敏にも発展しうる質問(質問:耳のことや聞こえについて気になることがありますか?)が取り入れられている。

問診票では,家族の負担を考えると質問数が限られてしまう。必ずしも発達障害に特化していない質問においても,答えによっては保健師が話題を広げることが可能なように配慮する必要がある。

(4) 家族の気づきを引き出す

私たちが,小学校の特別支援学級に在籍している家族を対象に行ったアンケートでは,知的障害,自閉性障害,広汎性発達障害(高機能を含む)の1歳6カ月健診,3歳児健診での指摘率は,むしろ自閉性障害の方が高かった(山口・高田,2008)。これは,知的障害を伴った自閉性障害では,より早期から行動上の問題が表面化しやすいからと推定される。

一方,いずれの時期の健診においても健診での指摘率よりも家族が何かおかしいと感じている割合の方が高かった(表3-2)。健診での効率を上げるためには,家族の不安をいかに的確に引き出すかが重要と考えられる。

表3-2　特別支援学級在籍児童における乳児健診での指摘率

特別支援学級在籍児童（n：417）	1歳6ヵ月健診	3歳児健診
知的障害	99人（51.5％）	98人（51.0％）
知的障害＋自閉性障害	83人（68.6％）	94人（77.7％）
広汎性発達障害（高機能を含む）	20人（58.9％）	26人（76.5％）

すべての障害を含む（n：417）	1歳6ヵ月健診	3歳児健診
健診時，子どもの発達に関して気になることがあった。（保護者）	298人（71.5％）	315人（75.5％）
健診時に実際に指摘された	234人（56.1％）	259人（62.1％）

（5）乳幼児健診で保健師が遭遇する困難

　それでは，実際に乳幼児健診に携わる保健師はどのようなことに困難を感じているのだろうか。2005（平成17）年度から2006年度にかけて，乳幼児健診に携わる保健師305名を対象に，発達障害児への関わりについてのアンケート調査を依頼し，249名から回答を得た。表3-3にその結果を示すが，多くの保健師が自分自身の知識不足とともに家族との関係構築，家族が発達に関する知識に乏しいことで悩んでいた。これらの結果は，家族が子どもの発達について知ることの重要性とともに，保健師自身が家族の悩みや思いにどのように対処したらよいかという訓練をほとんど受けてこなかったことを示唆している。

（6）健康診断のもつ限界

　これまで述べてきたように，発達障害の早期診断のために乳幼児健康診断はきわめて重要なシステムである。一方，1歳6ヵ月や3歳時の健診時に要観察と診断された子どもたちが最終的にどのような予後をとったかについては十分なデータの蓄積がない。また，自閉症などは，2歳頃よりその症状に気づかれることが多いが，注意欠陥・多動性障害やアスペルガー障害などは，4‐5歳以降でないと診断が難しい（小枝，2008）。現状においては，早期に診断を行える専門医・施設とともに発達を支援する社会的資源も不足している。支援を行

表3-3　乳幼児健診にて保健師が遭遇する困難

1歳6カ月健診

項目	指摘数 （226名中）	困難度 （評定平均値±SD）
子どもの成長・発達に関する親の理解不足	207	3.37±0.57
保健師自身の知識不足	209	3.11±0.57
家族との信頼関係の築き方	202	3.07±0.60
子どもの発達の遅れに対する両親の不安	194	2.89±0.66
紹介先医療機関の不足	189	2.76±0.82
療育機関との連携	177	2.62±0.80

3歳児健診

項目	指摘数 （233名中）	困難度 （評定平均値±SD）
両親が障害を受容できない	214	3.48±0.55
子どもの成長・発達に関する親の理解不足	214	3.34±0.56
保健師自身の知識不足	209	3.14±0.57
家族との信頼関係	215	3.08±0.62
子どもの発達の遅れに対する両親の不安	202	3.08±0.64
紹介先医療機関の不足	194	2.78±0.79
療育機関との連携	188	2.65±0.76
幼稚園との連携	188	2.57±0.68

各保健師が困難と感じる事項を4段階で評価を行った。その1歳6カ月，3歳児健診別にその平均を表示した。点数の高いものほど困難度が高いと判断された項目を意味する。

うのは医療専門家だけではなしえない。保健，福祉，教育などの専門家と地域の支援者がチームを組んでいくことが重要である。

3　子育て支援としての「障害診断」と「診断告知」

　自閉症児の多くは，実際には3歳前後に診断を受けることが多い。「診断」とは単に病名を告知することではなく，子どもの発達特徴を説明し，今後の方向性と具体的な対応法を示すことである。さらに，「診断告知」では，保健や

●診断とは単に病名をつけることではない

> ・子どもの発達の特徴を示し，今後の方向性と具体的な対応法を示す。
> ・家族自身がもつ価値観を尊重しながら，正しい知識を伝える。
> ・保健や福祉に関する地域の情報を提供し，子どもに適した取り組みを各分野の関係者と一緒に考える。

↓

●診断は家族や周囲の人たちが子どもの状態を理解し，方向性を考えていくための第一歩である。

図3-4 診断は支援のための大切なきっかけ

福祉に関する地域の情報を提供し，子どもに適した取り組みを各分野の関係者と一緒に考えることが大切である。したがって，「診断」は，家族や周囲の人たちが子どもの状態を理解して支援の方向性を考えていく最初の第一歩としてきわめて重要な意味をもつ。私たちは発達障害をもつ家族からの聞き取り調査を行っているが，医師からの診断を受けたことを契機に，子どもの状態を肯定的に受け止めることができるようになったとの声が多かった。診断告知そのものも，家族に対する子育て支援の一環として捉えることが必要と思われる。医師は診断の内容とともに，いかに家族に伝えるかについても考えていくべきである（高田，2008）（図3-4）。

しかし，家族自身が発達に関する十分な知識をもっていなかったり，子どもの問題点に気づいていない場合には，「診断」を「レッテル張り」と捉えてしまうことがある。家族自身がもつ様々な考え方や価値観を大切にしながら，家族のニーズに応じた具体的対応を考えなくてはならない。

4 保育所（保育園）における支援

働く女性の増加にともなって，保育所に求められる役割も多様になってきている。しかし，保育所における発達障害児の割合やその対応については不明な点が多い。私たちは，2006-2007年度にかけてＫ市公立保育所と共同で研究事

業を行ってきた。

(1)「発達の気になる子」はどれくらい存在するのか。

　2003年に文部科学省から出された「今後の特別支援教育の在り方について（最終報告）」の中で，通常学級に在籍し，特別な教育的支援を要する児童・生徒の割合は6.3%と言われている。それでは，保育所の中で，保育士が「発達が気になる」と感じている子どもの割合はどの程度であろうか。K市内公立保育所77か所，919人の保育士からアンケート調査を行ったところ，8,116人中1,046人が何らかの面で「発達の気になる子ども」としてあげられた。これらの子どものうち，524人はすでに障害児保育の枠組みに入っており，通常保育の中では，520人（9.8%）であった（図3-5）。さらに，年齢別に検討すると3歳児が12.1%と最も高く，4歳児（9.4%），5歳児（8.4%）と徐々に減少していた。気になる内容としては，対人関係に関することが多く，保健所での健診とは違った視点で観察されていた。いずれの年齢でも「相手の気持ちを感じ取ることが苦手である」が最も高頻度にあげられており，3歳児では「一人だけ他の子どもと違った行動をとる」，4，5歳児では「関わり方が一方的で，場違いなことがある」が続いていた。「気になる子ども」の頻度が年齢とともに減少しているのは，これらの年齢では発達の個人差が大きく，年齢とともに行動上の問題が解決していくことも多いことを示唆している（図3-6）。

　　　対象：K市の保育園（77園）に勤める保育士919人
　　　　　　在園児数　8,116人
　　　　　　　　　↓
　　　気になる子ども：1,044人（有効回答1,042）
　　　　　　　　　↓　　　↰ 障害児保育524人
　　　障害児保育以外　520人
　　　（通常保育児の9.8%）

　　　　図3-5　保育所で「発達の気になる子ども」はどれくらいいるか

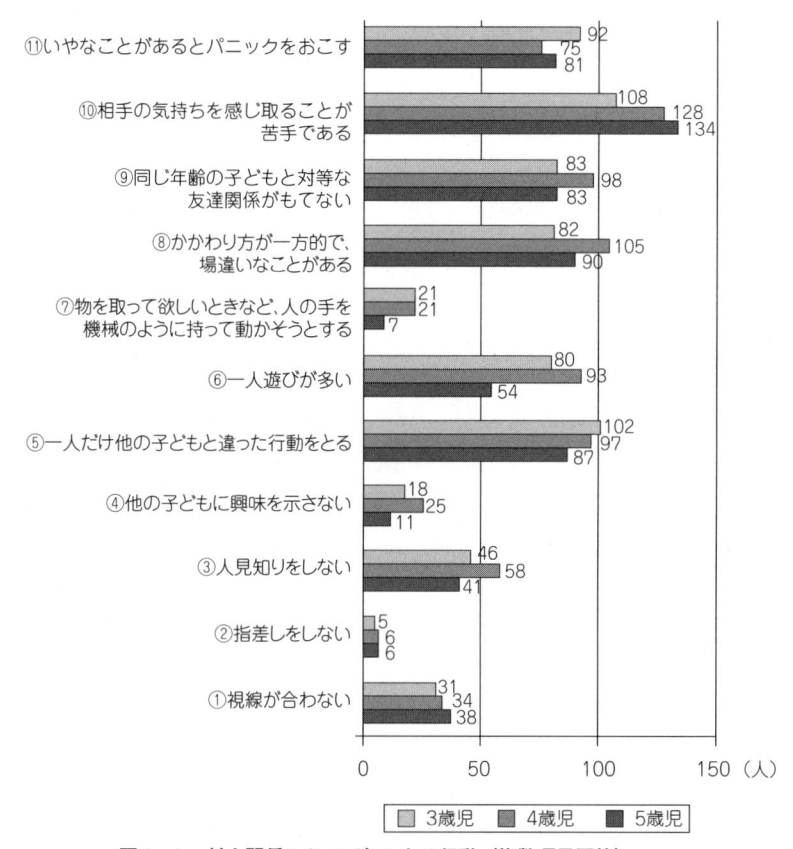

図3-6 対人関係において気になる行動(複数項目回答)

項目	3歳児	4歳児	5歳児
⑪いやなことがあるとパニックをおこす	92	75	81
⑩相手の気持ちを感じ取ることが苦手である	108	128	134
⑨同じ年齢の子どもと対等な友達関係がもてない	83	98	83
⑧かかわり方が一方的で、場違いなことがある	82	105	90
⑦物を取って欲しいときなど、人の手を機械のように持って動かそうとする	21	21	7
⑥一人遊びが多い	80	93	54
⑤一人だけ他の子どもと違った行動をとる	102	97	87
④他の子どもに興味を示さない	18	25	11
③人見知りをしない	46	58	41
②指差しをしない	5	6	6
①視線が合わない	31	34	38

(2) パニックについて

　一方,保育園で保育士が最も戸惑う行動としては,「突然泣き出していつまでも泣きやまない」などのパニックがあげられた。そこで,各保育園で生じた実際のパニック例を集め,その内容を検討したところ,これらのパニックは,自分の思いが通らない時,場面が変わる時,音や声など聴覚過敏に関する状況,不快・不安が強い時,日常と違う時,こだわり行動と関係する時,友達との関わりがうまくできない時などに生じることが確認された(表3-4)。

第3部　早期発達支援

表3-4　どんな時にパニックが生じるか
自分の思いが通らない時
場面が変わる時
音や声など聴覚過敏に関する状況
不快・不安が強い時
日常と違う時
こだわり行動と関係する時
友達との関わりがうまくできない時

これらの結果を受けて，K市の保育園では，(1)落ち着く場所をつくる，(2)見てわかる生活空間づくり，(3)見通しがもてるためのスケジュール表づくりなどが行われている。(図3-7，8，9具体的な対応事例)

お気に入りのコーナーで大好きなおもちゃと 　　　間仕切りをおいて

図3-7　落ち着くために（クールダウンできるスペースの確保：K市での具体例より）

いつもと違う活動を示す 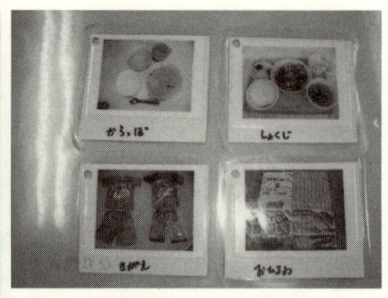　　　何をするかを知らせる

図3-8　絵カードの使用（K市での具体例より）

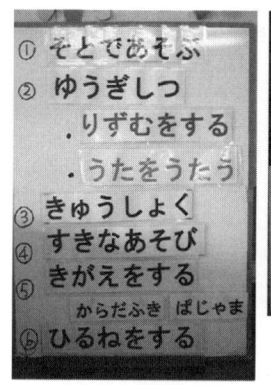

第3章　就学前の発達障害児とその家族の支援

生活の流れを示す 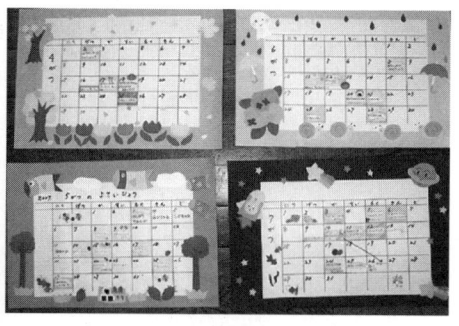　　　　　カレンダーを利用する

図3-9　目で見える形で予定を示す（K市での具体例より）

5 地域支援，神戸市におけるモデル事業を通じて

(1) 発達支援モデル教室「ぽっとらっく」と「ほっと」

　発達障害のある子どもの支援には，医師，保健師，保育士などの支援する側と家族が共通の認識と理解をもってあたることが大切である。

　私たちは，2005年度に神戸大学，神戸市と協力して就学前の子どもと家族を対象とした新しい発達支援モデル教室「ぽっとらっく」「ほっと」を神戸市東部地域（灘区）に開設した。さらに2007年には神戸市西部地域（須磨区）にも新たな2教室（「すまいるぽっとらっく」「すまいるほっと」）を設けた。「ぽっとらっく」は家族教育，専門職・地域の支援者養成を目的とした教室である。一方，「ほっと」はTEACCH訓練を基本とした個別指導を通じて子どもたちの能力を伸ばし，家族が子どもの状態に適した環境を提供できることをめざしている（高田ほか，2008）。

(2) 教室の特徴

　発達支援モデル教室「ぽっとらっく」の特徴は，障害のある子どもだけではなく，家族教育，専門者・支援者教育の場としても位置づけた点である（表3

第3部　早期発達支援

表3-5　発達支援教室の目的

子ども
・楽しい時間と空間を提供する．
・他者と触れあう機会を増やし，社会性を育てる．
家族・保護者
・子どもの発達に関する基礎知識を学ぶ．
・子どもの状況に応じた対処能力を身につける．
・同じ立場の人々と知り合い，気持ちを共有する．
・親同士がセルフヘルプグループを作りあげる．
保健師・保育士などの専門職者
・発達障害に関する最新の情報を学ぶ．
・家族の気持ちを理解し信頼関係を築くためのヒントを学ぶ．
・支援教室の運営を通じて，チームアプローチ手法を学ぶ．
・異なった専門家との協働を通じ新たな視点を獲得する．
学生及び支援者
・将来，これらの領域で働く学生に臨床教育の機会を与える．
・発達障害に関する知識を持つ地域での支援者を養成する．
・地域におけるよき理解者を育てる．

-5)．この教室では，子どもの発達を促す子どもプログラムと平行して，家族と保健師・保育士及び地域の支援者がともに学ぶ学習会プログラムを開催している．

2007年度に新たに設立した「すまいるぽっとらっく」では，須磨区と協力して，まだ診断が確定されていない要観察児を受け入れ，乳幼児健診システムとの連携を強化している．また，ボランティア（支援者）として高校生や地域の子育て支援グループメンバーを加え，支援者養成の新たな試みを開始している．

（3）発達支援教室の実際

　教室の対象者は，就学前の発達障害のある子どもとその家族で，毎回，医師，保健師，臨床心理士，保育士等のほかに，学生や地域の支援者20-40名がボランティアとして参加している．「ぽっとらっく」教室は，保護者・専門職者向けの講習会プログラムと子どもプログラムを同時に開講している．講習会プログラムでは，医療，教育，福祉などの幅広い分野から講師が参加し，グループ討議，共同作業，自由討論を組み合わせて合計2時間のプログラムとしている

第3章　就学前の発達障害児とその家族の支援

・家族同士が気持ちと情報を共有できる場の設定
・家族，若手保育士，保健師，大学院生が同時に学習
・幅広い活動と様々な分野の講師
・講演，グループ討議，共同作業の組み合わせ

図3-10　学習会プログラム

・臨床心理士，保健師，保育士，作業療法士をめざす学生，大学院生が1：1で子ども達に付き添い
・各グループ（4-5組）に障害児保育士，大学教員がインストラクターとして配置
・学生の学習課題を設定
　発達評価，行動観察の記録
　保育プログラムの立て方

図3-11　子ども会プログラム

（図3-10）。講演後には，小グループに分かれて話し合いを行い，家族同士が自由に情報交換できる。また，保育士，保健師などが各グループに1-2人加わり，家族の気持ちに寄り添った支援ができるようにファシリテーターとしての研修を受けている。子どもプログラムでは，学生，地域支援員などが1対1の割合で介助者となり，4-5組ごとに通園施設の保育士やベテランの作業療法士，大学教員がインストラクターとして加わり指導にあたっている（図3-11）。

（4）今後の方向性と課題

　発達支援教室は，参加した多くの家族から，(1)医療，福祉，教育と広範囲にわたる情報を学べること，(2)同じような境遇の家族と知り合え「悩んでいるのは自分たちだけではない」という実感をもてたことが喜ばれている。また，単なる子育て支援と異なり，本事業では支援者（ボランティア）養成が目的の一つとなっている。教室の運営やプログラムの企画・器具の準備などにも，学生・大学院生が積極的に加わっている。一方，自らの子育てを終えた熟年世代や高校生も少しずつ参加し，教室が地域における世代交流の場となりつつある。

219

発達障害の子どもを核としてコミュニティが再生されるという点からも大きな意義をもつと考えられる。就学年齢に達した家族同士の自助グループも生まれており、地域での広がりが期待できる。一方で、対費用効果や長期的な発達促進効果についての学術的な検討が必要である。

6 保健，医療，福祉，教育における情報伝達

発達障害のある子どもと家族を支えるためには，(1)家族を支える専門家，ボランティアの養成，(2)家族自身が子どもの発達について理解をもつこと，(3)保健，医療，福祉間での情報の共有が重要である。現在，情報伝達の手段としてサポートブックの利用が広がっている。

(1) サポートブックとは

サポートブックは，子どもを支援者に託す時に知っておいてほしいことを記したもので，いろいろな場所，発達に応じて支援を一貫させるための情報共有ツールである。原則として保護者が作成・保管し，支援者にサポートの手がかりを提供するノートである。子どもに関する基本情報や問題が生じたときの対処法を支援者に教えてくれるだけではなく，書き続けることによって家族自身が自分の子どもの発達について理解を深めていくことができる（表3-6）。

(2) サポートブック普及の条件

しかし，サポートブックが地域に十分に普及していないのはなぜだろうか。

表3-6　サポートブックの利点

1）保護者がそばにいない時に安全を確保できる．
2）初めて接する人とよい関係がとれる．
3）保護者にとっては，子どもの姿を客観的に見るきっかけとなる．
4）支援者が子どもの支援を具体的に考える機会となる．
5）保護者が子どものことを第三者に的確に伝える方法を知ることができる．
6）個人情報の自己管理に役立つ．

第3章　就学前の発達障害児とその家族の支援

具体的な作り方がわからないために家族が作成に尻込みしたり，また，家族ごとに記載方法が異なるため，サポートブックを受け取った側が戸惑うことも少なくない。サポートブックの普及を進めるためには，

① 情報が相手にとってもわかりやすく，簡潔である。
② 家族が負担なく作れる。
③ 地域で働く人々がその役割を知っている。

などの条件を満たす必要がある。そこで，神戸市では，家族の会を中心に子どもと直接関わることの多い機関が集まり，「サポートブックの作り方，使い方ガイド」を作成している（図3-12）。

ガイドには，サポートブックの意味，使い方のほかに，本人ファイル，トイレ，パニック，コミュニケーションなどを例に，書き方のポイントがわかりやすく図示されている。また，ボランティアグループ，保育園など，対応することの多い機関ごとに特に付け加えてほしい項目を示して，保健所（保健センター）から学校までの一貫した支援に役立つものとなっている。ガイドはA5判24ページのコンパクトな大きさで，市内の各機関に配布されると共にインターネットを通じてダウンロードできる。本ガイドは保健師や保育士が家族と一緒に行う勉強会の教材や研修材料としても利用されている（図3-13）。

（3）個人個人情報の管理と地域全体の関わり

情報を自己管理する上でも，サポートブックは有用なツールである。また，

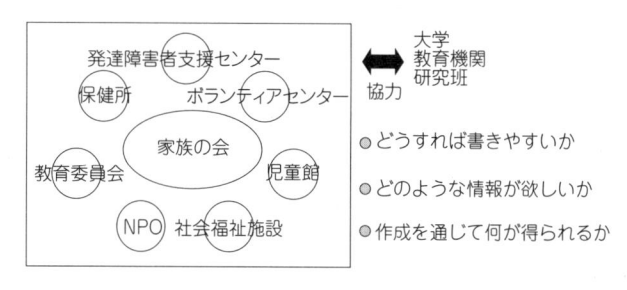

図3-12　サポートブックの作成（地域版）

第3部　早期発達支援

講演会を通じて　　　　　　　　　支援教室を通じて

多くの保健師・保育士が参加（神戸）　　　家族に対しての講習
　　　　　　　　　　　　　　　　　　（実際に作ってみる：ぽっとらっくにて）

図3-13　普及啓発事業

子どもの情報を整理することによって家族自身が子どもの状態を再認識するきっかけともなりうる。一つの地域の様々な機関が同一のツールを使用することによって，より使いやすいものにできると考えている。

おわりに

　発達障害への理解が深まるにつれ，早期に診断される子どもが増えてきた。また，欧米を中心とした研究から早期支援が子どもたちの発達に及ぼす効果が明らかとなってきている。しかし，これらの子どもを発見するには，従来の健診では不十分である。また，早期診断の体制作りと並行して，地域全体が障害のある子どもと家族を支援していく体制作りが不可欠である。これらの体制作りの中で，保健師，保育士の果たす役割はきわめて重要である。

参考文献

　Ingersoll B., Schreibman L., Teaching reciprocal imitation skills to young children with autism using a naturalistic behavioral approach; effect on language, pretend play, and joint attention, J Autism Dev Disord, 36: 487-505, 2006.

　Whalen C., Schreibman L., Joint attention training for children with autism using behavior modification procedures. J Child Psychol Psychiatry 44; 456-468, 2003

　Wing L., "Asperger's syndrome: clinical account", Psychological Medicine 11;115-129, 1981

衛藤隆「乳幼児健康診査」白木和夫・高田哲編『ナースとコメディカルのための小児科学』日本小児医事出版社，2006．

Baron Cohen S., Allen J., Gillberg, C., Can autism be detected at 18 months? The needle, the haystack, and the CHAT. *British Journal of Psychiatry: Journal of Mental Science*, 161, 839-843, 1992.

Robins, D. L., Fein D., Barton, M.L., Green, J. A., The modified checklist for autism in toddlers: An initial study investigating the early detection of autism and pervasive developmental disorders, *Journal of Autism and Developmental disorders*, 31, 131-144 2001.

石岡由紀・高田哲・細木玉恵「発達に遅れを持つ子どもに対する早期発見システム開発に関する研究――1：6健診における観察項目マニュアル作成の試み」『神戸女子大学福祉臨床学科紀要』3：1-8，2006

小寺澤敬子・中野加奈子・宮田広善「就学前軽度発達障害児を対象とする相談事業の紹介」『小児の精神と神経』46(4)：285-289，2006

山口志麻・高田哲「特別支援学級に在籍する児童と乳幼児健診」『第55回小児保健学会抄録集（札幌）』212，2008．

小枝達也「5歳児健診――目的・内容・意義」『外来小児科』11：21-26，2008．

高田哲「周産期脳障害が予測される症例への告知」『周産期医学』38(6)：769-773，2008．

高田哲・山根弘子・松井学洋・山本暁生「家族教育と専門職教育を同時に行う発達支援モデル教室の運営」厚生労働科学研究費補助金（子ども家庭総合研究事業）総合研究報告書，2008．

［付記］本稿の内容は，平成17-19年度厚生労働科学研究（子ども家庭総合研究事業）「保健師・保育士による発達障害児の早期発見・早期支援システムの開発」，神戸大学地域連携推進室保健学研究科地域連携センターの研究・実践成果に基づいている。

（高田　哲）

第3部　早期発達支援

(コラム) 発達支援の技法　①　Denver II　判定法の実際

　Denver II 発達判定法は1967年に出版されたDenver Developmental Screening testの改訂版である。子どもの発達が"個人・社会"，"微細動・適応"，"言語"，"粗大運動"の4分野に分類されており，課題は全部で125項目ある。またその記録票にはそれぞれの行動について25から90％の達成率を示す標準枠が示され，発達の個人差と時系列的変動が明瞭であり，スクリーニングに使用するのみならず，こどもの発達全体を示す教材としても有用である。このスクリーニング法は，知能検査等とは異なりまた発達障害を診断するものではない。種々の行動課題について同年齢の子どもと同様の発達段階にあるか否かを判定し，発達に問題のある子を早期に発見し的確に対応するためのスクリーニング方法として構成されている。

　実際に保健センターなどで行う健診では，いわゆる問診のみではなく，Denver記録票，及び判定道具（積み木，ベル，ガラガラ，コップ，鉛筆，ボール，赤い毛糸など）を用いて子どもの発達状況を直接観察する方法が実施されている地域も存在する。年齢ごとに所要時間は異なるが，15分ほどあれば対応年齢の検査課題を実施できる。

　たとえば，検査課題の1つ，積み木を積む課題では，子どもが積めるか否かを判定するのではなく，課題に対応する児の表情や行動から，積み木の持ち方，目と手の協応，集中力，注意力，協調性などの項目を観察する。さらに母親との関係なども検査場面から観察でき，総合判断の際に重要な情報として記録用紙への記入が可能である。

　またことばの発達が遅れている子の発達状況を見る場合，粗大運動を含めた発達全体の評価が必要であるが，とくに観察すべきは，発語のみではなく，その子の理解力がどの程度か，非言語的コミュニケーションはどうか，その他，多動性や衝動性などの行動・情緒面での問題がないかという点である。検査場面では実際に記録票の裏に示された犬や人の図柄を用いて，指さしの確認を行い，理解力や共同注意力，コミュニケーション力などを観察し，児の発達状況を総合的に評価することが可能である。

　また予備判定票（発達状況に関する質問票）を用いて，まず第一段階のスクリーニングを行い，必要な場合に実際の検査場面を設定し直接的な行動観察を行う二段階スクリーニング法もある。

　このような道具を用いて実際にこどもの発達を付き添い者（多くは母親）と観察することは，子どもの発達面での新たな発見や，発達状況を共に確認し保障することにもつながり，いわゆる育児支援の一環としても有用性が高いと思われる。

　判定法の習得には，Denver II 発達判定法講習会が日本小児保健協会により毎年数回保健師，心理士などを対象に行っており，受講可能である。また判定道具は5000円で購入可能である。（問い合わせ先：㈱日本小児医事出版社）

　このようにDenver II は詳しい診断や評価，指導を要する子どもたちを判定するための発達スクリーニング法で，誕生から6歳までの年齢をカバーし，比較的容易に手技の習得が可能であり，さらには子どもも両親も判定者も楽しく実施できるという特徴をもち，様々な面で有用性が高い発達スクリーニング法と思われる。

（田中恭子）

第3章　就学前の発達障害児とその家族の支援

コラム　発達支援の技法　②　ビジョンケアの実際

　発達障害のある児童は様々な「見る力」の問題を抱えていることが少なくない。視力に低下があるという場合もあるが，視力の問題がなくても様々な「見えにくさ」がある場合が多く，「見えにくさ」の有無は発達障害のある児童を支援するには欠かすことができないチェック項目のひとつである。子どもたちの様子を観察していて，「もしかしたらしっかり見えていないかも」と感じることがある。しかし，一言で「見えていない」と言っても，「見えにくさ」の種類や原因は様々である。
　「見る力」には，視力以外にも，注視・眼球運動（一点を集中して見つめたり，すばやく正確に視線を移動させたりする力），両眼視（両目のチームワークを保ち遠近感を捉える力），形態認知（形をまとまりとして理解する力）や空間認知（見ているものの位置を把握する力），目と手の協応（目と手を連携させて動かす力）などが含まれる。これらの様々な「見る力」は，他の感覚機能や運動機能の発達と連動して，生活の一般的な活動を通して自然に身についていく。
　しかし，発達障害のある児童では「見る力」の発達がゆっくりであったり，偏りがあったりすることが多い。このような児童では，「見る力」の発達を手助けしてあげたり，「見る力」が足りない部分を補ってあげたりする必要がある。そのため，発達障害のある児童に対しては，視力の問題がある場合は当然であるが，視力の問題がなかったとしても，いい状態で視覚が活用できるような条件を整えるためのビジョンケアを行っていくことが重要である。
　ビジョンケアは，大きく二種類に分類することができる。ひとつは，視覚的な環境をその児童に合ったものに調整して，「見えにくさ」を軽減させる「外的視覚条件へのアプローチ」である。たとえば，眼球運動や空間認知の弱い児童では，視力の問題がなくても教材や教科書の拡大コピーが有効な場合がる。そのほかにも，教材や教室の不必要な視覚情報（たとえば，雑多に貼り付けられた黒板の周りの掲示物など）を除去したり，照明を調整したり，黒板が見やすい位置に席を移動したりするなどがこのアプローチに含まる。
　もうひとつは，眼球運動能力や視覚認知能力を高めることによって，「見えにくさ」を軽減させる「内的視覚条件へのアプローチ」である。この「内的視覚条件へのアプローチ」の代表がビジョンセラピーである。ビジョンセラピーには注視，眼球運動能力，形態認知，空間認知，目と手の協応などの訓練が含まる。
　日本には国家資格としては存在しないが，アメリカではオプトメトリストという視覚の専門家がおり，このビジョンケアが学問的にも実践的にも非常に発展している。COVD（College of Optometrist in Vision Development）という子どものビジョンケアを議論する学会も存在する。見る力の弱さに対するサポートが必要な子どもは，かなりの数が潜在していると考えられており，日本においてもビジョンケアの考え方が広まることが望まれる。

（奥村智人）

第3部　早期発達支援

> **コラム**　発達支援の技法　③　ソーシャルスキル・トレーニングの実際

　私たちは家族からはじまり，地域，保育園・幼稚園，学校，職場など様々な集団に所属しながら成長していく。その所属集団では社会的慣習に従い，自分自身の思いも伝えつつも，相手に容認される関わり方の技能＝ソーシャルスキル（social skill）を身に付けることが期待される。ソーシャルスキルの範囲は専門家によって様々である。菊池章夫ら（1994）は基本となるスキルとして，会話の基本的スキル，感情処理のスキル，攻撃に代わるスキル，ストレスを処理するスキル，計画のスキル，援助のスキル，異性とつきあうスキル，年上・年下とつきあうスキル，集団行動のスキル，異文化接触のスキルをあげている。安住ら（2003）は発達に遅れや偏りのある幼児，児童・生徒の獲得が望まれるスキルとして，自分と自分を取り巻く人間関係（自己認知スキル），コミュニケーション（コミュニケーション態度，やりとりの流暢さ，ノンバーバルコミュニケーション，語用論的な理解），社会的態度（集団基礎スキル，提案・助言スキル，ルール理解，共感的態度，自分の立場の主張）をあげた。幼児期まず必要とされるソーシャルスキルは挨拶ができる，お礼や謝罪が言える，依頼ができる，物の貸し借りができる，一定の時間待てる，人の話が聞ける，簡単なルールがわかり守れるなどがあげられるであろう。

　これらのスキルは経験や練習によって学習されるが環境的な要因で経験不足であったり，発達のアンバランスがあるため適切な情報処理が行えなかったりすると十分なスキルを身につけることができなくなる。そのような幼児や児童，生徒，時には成人に向けて行う指導をソーシャルスキル・トレーニング（social skill training以下SST）という。SSTは主にアセスメント（評価）→インストラクション（教示）→モデリング（見本）→リハーサル（練習）→フィードバック（振り返り）の流れで行われる。SSTは課題をもつ子どもたちを集めて療育機関等で指導することはもちろんのこと，保育園や，幼稚園の活動の中でも行うことが出来る。たとえばゲームの負けが受け入れられず怒ってしまう（アセスメント）幼児に対して「これからすごろくをします。ゲームだから負けることもありますね。負けた時も泣いたり怒ったりしないで，次があるよ，といって我慢しようね。」と伝える（教示）。指導者がすごろくをやって見せて負けそうになり，深呼吸をしたり，「先生代わって」とお願いする様子を見せる（モデリング）。その後実際にこどもがすごろくをやり（リハーサル），終わった後に「上手にがまんできたね」または「まだちょっとがまんがむずかしかったね，次にかんばろう」（フィードバック）と対応することもSSTの指導を意図した関わりと考えてよい。

参考文献
菊池章夫・堀毛一也『社会的スキルの心理学100のリストとその理論』川島書店，1994．
安住ゆう子・小林安子他『自立のためのLD指導プログラム改訂版』LD発達相談センターかながわ，2003．

（安住ゆう子）

第4章
早期の個別指導計画
―― ポーテージプログラム ――

はじめに：教育の荒廃と個別指導計画

　教育の荒廃が叫ばれるようになって久しいが，事態は一向に改善されないばかりかますます深刻化している。

　不登校は増加する中で中学校から小学校へと広がり，いじめは増えるとともに陰湿化し，校内外暴力，自殺，果ては子ども同士，親子，教師と子どもの殺人といったわれわれの子どもの頃は想像もできなかった事が日常茶飯事のように報道されている。

　これらの教育の荒廃には，家庭教育，社会教育の崩壊が大きく関係していて，その解決は学校だけでは不可能である。家庭教育，特に0歳からの早期教育が重要であるが，学校教育に関しては，文部科学省の示す学習指導要領に基づいて全国で同じ基準の教育課程を作り，同じような教科書を使って，個人差を無視した画一教育が行われたことが，上記のような病理現象と共に，大量の学習についていけない子どもたちを生み出す一因になっていることは否めない。

　仮に小学校5年のクラスを想定してみよう。年齢はほぼ10歳で，IQ（知能指数）100前後の子供が大半を占めてはいるが，中にはIQ80や120の子どももいるはずである。IQ80であれば知能年齢は8歳，IQ120であれば知能年齢12歳である。クラスの中に知的発達のレベルでは，小学校2，3年の子どももいれば，

第3部　早期発達支援

中学1年レベルの子どももいるのであるから，それらの子どもに同じ教科書の同じ頁を同じスピードで学習させることはほとんど不可能と言っていい。能力の高い子どもは足踏み，そして能力の低い子どもは学習についていけなくなり，小学校では3割，中学校では5割，高校になると7割が学習についていけなくなるという七五三教育と言われるのも当然である。

　平成に入る頃から始まった特殊教育から特別支援教育への変換の中で，盲・聾・養護学校，特殊学級が，名称を特別支援学校，特別支援学級に変えると共に，その役割が変り，また，特に小・中学校の通常学級での学習支援が，特別支援教育コーディネーターを中心に急ピッチで進められつつあるが，それに関連して文部科学省も，ようやく画一教育の誤りに気づいて，クラスの中の支援を必要とする子どもへの「個別教育計画」の作成を指示するようになった。

　これから延べるポーテージプログラムは，もともとは0歳からの家庭での発達遅滞乳幼児の早期教育プログラムであるが，その基本的な原理と指導計画は，幼稚園，保育園，さらには小・中学校の「個別指導計画」作成にも最適のモデルの一つになるものと思われる。

1　ポーテージプログラムの誕生

　1970年前後からアメリカ合衆国を中心に0歳からの発達遅滞乳幼児のための早期教育プログラムが作られるようになった。これは，それを助成する合衆国の連邦法が次々に制定されたことによるものであるが，特に1968年の「障害児早期教育援助法」による助成を得て，いくつかの早期教育プログラムが開発された。

　ポーテージプログラムはその一つであるが，このプログラムはその後30以上の言語に翻訳され，現在多くの途上国を含む90カ国で使用され，世界で最も普及している早期教育プログラムになっている。ポーテージとはウィスコンシン州のほぼ中央にある人口2万程度の小さな市の名前であるが，州の重要な教育行政援助機関が置かれており，そこで開発されたところからポーテージの名前

第4章　早期の個別指導計画

を付けたこのプログラムが1972年に誕生したものである。

わが国では，山口薫らが，厚生省の研究助成を受けて日本版作成の研究に取り組み，1983年に日本版「ポーテージ乳幼児教育プログラム」を出版，その後の実践をふまえて2005年に再度改訂し，「新版ポーテージ早期教育プログラム」として現在に至っている。

2　ポーテージプログラムの特徴

ポーテージプログラムの特徴として次の3つがあげられる。
① 一人ひとりの子どもの発達に応じたアプローチをする個別指導プログラムである。
② 親や家族が指導の中心的役割を担い，主に家庭の日常生活の中で指導する家庭中心プログラムである。
③ 指導技法に「応用行動分析学」という心理学の原理を用い，指導の目標，経過，結果などを正確に記録しながら，観察可能なデータをもとに指導を進めていく。

3　ポーテージプログラムの構成

ポーテージプログラムの中心になるチェックリストには表4-1のように「乳児期の発達（生後4カ月まで）」「社会性」「言語」「身辺自立」「認知」「運動」の6領域に分けて発達年齢0歳から6歳までの総数576の行動目標が発達の系列に従って配列されている。

さらに，チェックリストの576の行動目標が，それを達成するための方法，補助の仕方，活動例を各行動目標毎に1枚のカードにまとめて記載した「活動カード」，発達の状態や経過が一目でわかるように工夫された「発達経過表」，それに「手引き書」の4つで構成されている。

第3部　早期発達支援

表4-1　発達領域ごとの発達年齢段階別行動目標数

発達領域	乳児期の発達	社会性	言語	身辺自立	認知	運動	計
発達年齢	水色	灰色	薄緑色	黄色	薄桃色	薄朱色	
0-4ヵ月	45						45
0-1歳		28	14	14	18	47	121
1-2歳		15	20	12	9	19	75
2-3歳		8	22	26	18	17	91
3-4歳		13	13	16	25	15	82
4-5歳		8	11	22	21	16	78
5-6歳		12	12	15	20	25	84
計	45	84	92	105	111	139	576

4　指導の実際

ポーテージ相談員と週1回（隔週，または月1回の場合もある）相談をしながら家庭で行われる指導は，図4-1のように①アセスメント，②行動目標の選定，③指導計画の作成，④指導，⑤評価の手順，の繰り返しによって行われる。

初回アセスメントでは，その子どものおおよその推定発達年齢から1歳下の行動目標からはじめ，達成されていれば○を記入，されていなければ―を記入し，次々に下位（チェックリストでは上方になる）の行動目標を評定し，○が10個連続したらそこを下限として以下の評定を打ち切る。

次に今度は上方（チェックリストでは下方）に評定を行い，同様に―が10個続いたらそこを上限としてそれ以上の評定を打ち切る。

上限と下限の間の，○と―が入り交じっている中の行動目標の中から，子どもの状態，親の希望，環境条件等を

```
1. アセスメント
   （発達評定）
       ↓
2. 行動目標の選定
       ↓
3. 指導計画の作成
   （課題分析を含む）
       ↓
4. 指　　導
       ↓
5. 評　　価
```

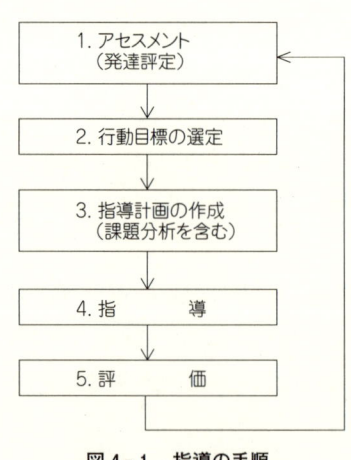

図4-1　指導の手順

考慮して，各発達領域から1つ，2つ，時には3つくらいの行動目標を選んで，一週間（時には2週間，1カ月）の指導計画を作成する。

　1，2週間では達成が難しいと思われる行動目標は，それをいくつかのスモールステップに分解する「課題分析」を行い，さらに必要に応じてステップ毎に指導の経過を精細に記録する「活動チャート」を作成しながら指導を進め，この手順を繰り返すことによって，チェックリストの行動目標が次第に達成されていく（表4-2）。

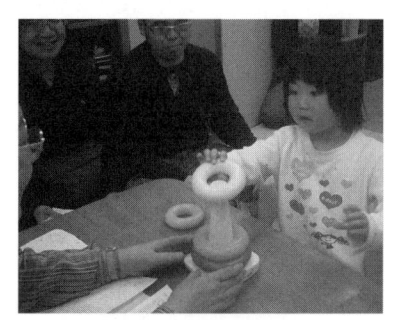

写真1　実際の指導場面
—家族と相談員に見守られて—

　指導に当たっては，応用行動分析学の中心原理である「正の強化」（ほめる，褒美を与える等）、「連続・即時強化」、「漸次接近」、「消去」、「般化」等の原理が適切に用いられることが重要である。

5　ポーテージプログラムの効果

　われわれは，ポーテージプログラムの効果を確かめるため，日本版作成以来，東京近辺に7カ所の臨床実験の場を設け，4カ月ごとに「津守・稲毛式乳幼児精神発達検査」「S-M社会生活能力検査」を実施し，発達経過表の分析，行動観察のデータと共に追跡研究を行った。

　われわれの相談対象になった子どもは400名であり，初期には6割がダウン症であったので，結果を「ダウン症群」と「それ以外の群」に分けて分析した。「それ以外の群」では，ウエスト症候群（いわゆる点頭てんかん）が最も多く，次いで自閉症・自閉症スペクトルが多かった。

　結果の概要を示すと，先ず「ダウン症群」の発達指数DQ/知能指数IQの変化は図4-2の通りであった。早期教育を受けないダウン症は，生まれた直後のDQはそれほど遅れていないが，加齢と共に下降することがこれまで多くの

第 3 部　早期発達支援

表4-2　チェックリスト（運動1-2, 2-3の一部）の記入例

年齢段階	カード番号	行動目標	最初の評定	目標達成年月日	生活年齢	備考
1-2	61	ひものついたおもちゃのひもを引いて歩く	○			
	62	揺り木馬や揺りいすに乗って揺らす	○			
	63	片手を支えられて，階段をのぼる	-→○	H.16・5・17	3：2	
	64	腰をかがめて物を拾い上げる	○			
	65	まねをして，円を描く動作をする	-→○	H.16・4・19	3：1	
	66	口の周りについた食べ物をなめる	-→○	H.16・11・10	3：8	
2-3	67	2分で大きなビーズを4個通す	-→○	H.16・6・17	3：3	
	68	ドアの取っ手などを回す	?→○	H.16・4・19	3：1	家にドアノブがなかったため，ノブのおもちゃで確認
	69	その場で両足跳びをする	-			着地のとき，両足が少しそろわない
	70	ひとりで後ろ向きに2mくらい歩く	-			
	71	片手を支えられて，階段をおりる	-			両手で手すりにつかまって一段ずつ足をそろえており る
	72	1.5mくらい離れた大人に，動かなくでもとれるボールを投げる	-→○	H.17・4・18	4：1	初めは人がいない方に投げた
	73	積み木を6個積む	-→○	H.16・7・4	3：4	
	74	1ページずつ絵本をめくる	○			
	75	ひとりですべり台の階段をのぼり，1～2mすべる	○			
	76	まねをして，紙を半分に折る	-			端を合わせる時少し手を添えればできる
	77	ブロックなどを両手に持って，はめたりはずしたりする	-→○	H.16・9・10	3：6	
	78	びんのふたなどを回してはずす	-→○	H.16・12・17	3：10	
	79	置いてある大きなボールを蹴る	-→○	H.17・5・20	4：2	
	80	粘土を丸めて玉を作る	-			粘土の感触をいやがる

第4章　早期の個別指導計画

研究者によって明らかにされている（図4-2）。それに対し，ポーテージプログラムで早期教育を受けたダウン症群は，実線で示すように，初期の下降傾向が2歳前後で止まり，その後は反転して上昇傾向を示している。4歳過ぎてIQ検査に切り替えた子どものIQ（点線で示されている）も全てIQ50以上で，中には79の子どももいる。それらを除いた子どものDQの平均は少し下がっているが，中・重度まで下がることはなく，軽度知的障害のレベルに止まっている。

　図4-3は小学校高学年から中学年齢になった時点での社会生活能力指数（SQ）の分布である。早期教育を受けなかったダウン症は，これまでの研究ではSQ40くらいを平均とするほぼ正規分布曲線（実線）であるのに対し，ポーテージ教育で早期教育を受けたダウン症群の子どもは，やはり正規分布（点線）に近い（60〜69がすこし足りないが）が，平均値が約20〜30ポイント上昇している。SQ71以上が4割以上を占めており，全体として軽度の知的障害以上のレベルに達している。国際的な知的障害の定義によれば，SQで表示される社会適応能力が71以上であれば知的障害のカテゴリーに入らないのであるから，この時点で4割以上のダウン症の子どもが知的障害ではなくなっている。

　この成果が今後も維持されるかどうかは，今後の追跡研究に待たなければならないが，染色体異常という病理は残っているのであるから，ダウン症は老化

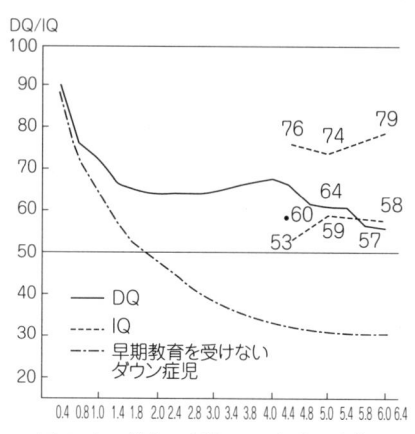

図4-2　ダウン症児のDQ(IQ)の変化

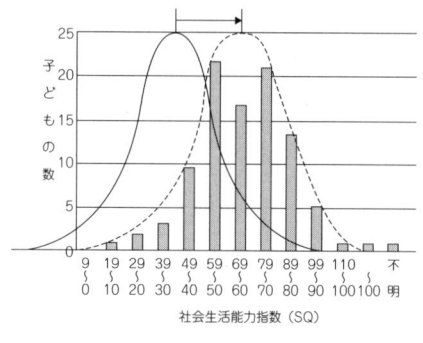

図4-3　ダウン症児のSQ分布

第3部　早期発達支援

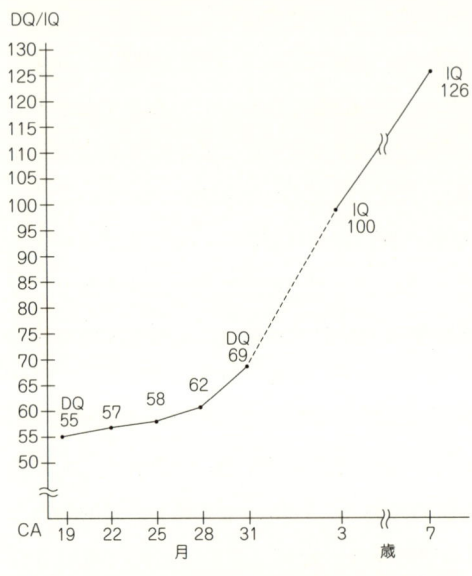

図4-4　ウェスト症候群の男児のDQ/IQの変化

が早いと言われていることから，平均寿命よりは短命という結果はやはり出てくるかもしれない。しかし，ポーテージ以外の早期教育を受けたダウン症で，俳優として，会社社長として，オーケストラの国際的指揮者として活躍している人もあり，日本でも大学を卒業して社会人として活躍しているダウン症の女性がいる。ポーテージプログラムに限らずダウン症に対する早期教育の効果は証明されたと言えよう。

　ダウン症以外の「それ以外の群」の子どもの経過はまさに十人十色で，短期間でDQ/IQが急上昇して遅れを取り戻した子どももいれば，DQ/IQという点では上昇しなかっただけでなく，むしろ下降傾向を示した子どももいる。

　ポーテージプログラムは，プログラムに子どもを合わせるのではなく，子どもに合うようにプログラムの方を変えていくのが基本的原理であるから，どんな子どもにも使えると考えており，事実，盲児用ポーテージプログラムを開発した同僚研究者もいるが，多くの場合，ポーテージ以外の，医療，理学療法，作業療法，言語療法などとの協力（マルチ・ディシプリナリー・アプローチ）が必要である。図4-4に示す例は，1日に数十回の発作を起こしていたウェスト症候群の男子であるが，入院治療によって発作を完全に止めることに成功した後，ポーテージ指導によって1歳半の時にDQ55だったのが，3歳児には児童相談所の心理検査でIQ100，筆者が7歳児に実施した田中ビネーによる検査ではIQ126に達した。IQ126ということは7歳で知能年齢9歳，学業成績はクラ

スでトップ，友達もたくさんあり，楽しい学校生活を送っていた。

　図の点線の部分は，父親が九州に転勤したことによって手紙（現在は遠隔地との相談は主としてe-メールで行っている）と電話で相談をした期間であるが，この間この子どもはドーマン・デラカード法という別の療法が両親によって行われており，子どもの発達にそれがどのように影響したかは分析できないが，ポーテージプログラムが一定の成果をあげたことは疑えないように思われる。

　そのほか，自閉症の子どもにTEACCHという自閉症の治療教育プログラムと併用して成果のみられた事例もある。ポーテージプログラムを一人ひとりの子どもに合うように変えると共に，時には他の早期プログラムと併用して個別教育プログラムを作成することが肝要である。

6　今後の課題

今後の課題として次のことがあげられる。
① 今後の実線をふまえてポーテージプログラムをよりよいものに改善し，早期教育のみならず，学齢児の「個別指導計画」にも活用できるようにする。
② ポーテージ指導を受けた子どもの予後について，長期にわたる追跡研究を継続する。
③ インクルージョン保育のための，グループ指導における個別指導計画作成に役立つプログラムを開発する。（われわれはすでにポーテージプログラムの原理に基づく「幼児・グループ指導　カリキュラムを開発し，そのDVDも作成した。さらに，その英語版も作成し，2008年9月オランダのフローニンゲン大学で開催された第12回国際ポーテージ会議で報告し，高い評価を受けた。）
④ 国内のポーテージ協会の支部活動を強化し，より多くの発達遅滞乳幼児が適切な早期教育を受けられるように努める。
⑤ 現在山口が副会長に任じられている国際ポーテージ協会は，隔年国際ポーテージ会議を開催しており，日本ポーテージ協会はその重要な一員であるが，特に，アジア地域にポーテージプログラムを普及する活動を一層強化する。

おわりに

「はじめに」であげた教育の荒廃のうち，たとえば不登校は，学校がすべての子どもにとって楽しい場になれば無くなるはずである。学校に行けば先生に叱られ，友達にいじめられたりすれば学校に行きたくなくなるのは当然であろう。画一的教育でなく，一人ひとりのニーズに応じた個別指導を行うことによって，学習についていけなかった子どもに，成功感と自信を与え，学校が楽しい場に変わり，それが不登校，いじめなどの問題解決にもつながるのではないだろうか。

ポーテージプログラムの「個別指導計画」に学ぶことによって，早期からの家庭での子育てだけでなく，幼稚園，保育園，さらには，学齢期の教育においても，家庭と密接に連携しながら一人ひとりのニーズに応じた適切な教育が行われることに役立つものと確信している。

参考文献

日本ポーテージ協会『ポーテージプログラムとは？』2005.
日本ポーテージ協会『新版ポーテージ早期教育プログラムに学ぶ』2005.
山口薫他『このすばらしい子どもたち』VTR・DVD日本ポーテージ協会，2006.
山口薫他『幼児・グループ指導カリキュラム』VTR・DVD日本ポーテージ協会，2008.
山口薫他『ポーテージで育った青年たち』ぶどう社，2002.

（山口　薫）

第5章
発達につまずきをもつ子の自立支援

1 社会的自立をめざして

　今現在目の前にいる子どもたちは，まだ小さいかもしれない。でも，やがて子ども時代の生活を基盤にして，どの子も大人になっていく。
　「社会的自立」とは，「みんなの中で一緒に暮らしやすい人」に育てていくことである。一人ひとり異なる個性をもつ子どもたちにとって，それが，どんな将来なのかは，論が分かれるところであろう。
　ただ，「社会の中でルールを守りながら目標に向かい，自分の楽しみとするべきことをもち，穏やかに生活をおくる」，そんな青年に育った人たちの姿を見ると，彼らの暮らしが理想的なものに見えてくる。その姿をひとつの目標として，今何を教えたら次につながるのか，対応を考えてみたい。
　「共に生活しやすいスキル」を身につけてほしいと思う一方，「共に暮らしにくくなる癖」は，やめてほしいと思う。これは，願うだけでなく教えていく事柄である。つまずきがあるから教えにくい，学びにくい部分はあるものの，「教えられない」「学べない」わけではなく，むしろ積極的に教えていかないと狭い範囲の事柄だけを吸収して，自己感覚的な傾向に走る場合も少なくない。
　もっとも，「過ぎたるは猶及ばざるがごとし」で詰め込むように教えてもス

トレスが生じるばかりで先に進みにくい。子ども自身が進み出ようとする教育は、つまずきのない子と同じ面をもつ。時に、制限を強めることもある一方で、動機付けを高めたり、本人に任せて考えさせ見守ることもあろう。

表5-1 子どもの自立支援―5つの基本―
1	学びやすい構えを整える
2	暮らしの力を身につける
3	動きを育てる
4	伝え合う手段を積み上げる
5	仲間の中で育つ

　つまずきのない子と異なるのは、「これを見て聞いて学びなさい」と一定の設定を示しても子どもがキャッチできる、とは限らないことである。一人ひとりの学ぶ力を信じながら、「わかる設定」を配慮しての工夫が必要となる。それを受けて、次第に自分への自信を高めながら進み出す姿が現れる。

2　学びやすい構え

　子どもたちは、大人から多くの事柄を学ぶ必要がある。初めて示されることに、好奇心ではなく拒絶を向ける子や、自分のこだわりに固執する子、注意が定まらない子もいる。それが「教えにくい」「学べない」子だと思われる要因にもなっている。早めにそうしたベールを払って、学べる態勢を整えたい。

(1) 気持ちのコントロール

　子どもたちの中には、穏やかな気性の子もいれば、情緒に大きなブレをもつ子もいる。関わろうとすると、時には激しく泣いたり騒ぐこともある。
　乳児の「泣いて伝える」時代には、養育者が要求を推測して、それを満たす関わりをしている。やがて、乳児は表現方法を増やし理解も高めながら、要求がかなえられない時のあることを知る。
　ところが、泣き騒ぐ表現手段に留まると、それを鎮めようと大人が要求に応じる関係が継続しやすくなる。子どもは、「情緒を抑えない方が、自分の要求が通る」と誤解する。これを切り替えるために、子どもが多少泣いてもするべきことに向かう経験をさせていく。

第5章 発達につまずきをもつ子の自立支援

ある3歳の子が、集団の手遊びで激しく泣くので、常に席をはずれていた。お母さんが一念発起して、泣いても参加させたら、3日目に泣きが小さくなり、やがて楽しげに加われるようになったという話がある。

例にあげたことが、どの子にもどの場面にも当てはまるとは限らない。でも、本人が新たな刺激に対して、泣き騒ぐことしか手立てがなく、そこに陥りやすいと捉えるなら、くじけず教えていこうという気構えも支えられる。

写真5-1 気持ちのコントロールを覚える
―静止姿勢（ガリバーのポーズ）―

こうした時、少しでも泣き騒ぎの波が弱まり、静まる様子を認めたら、「そうだね」と正しい方向の行動をすかさずほめ、本人のコントロールの力をバックアップする。

また、「静止姿勢」もコントロールの力を高めていく。体が激しく動くと感情を増幅させがちである。そのため動きの制御が情緒の制御につながっていく。

まず、あおむけに寝て、両手足やおでこに落ちにくいお手玉などを置き、動かずじっとさせる。10数える間、止まっていられたら、「やったね」とほめる。ふざけて振り落とすなら、片手から、なかば押さえながら、何が「成功」なのか伝えていく。練習を重ねて仰向けから座位、立位へとレベルアップしていくと気持ちの高まりに振り回されない強さが現れてくる。

（2）こだわりに対して

「ぴったりドアを閉めたい」「いつもと違うのはイヤ」「トイレでは、うんちしない」など、こだわりと言われるものは、多様な範囲にわたる。こだわる行動がかなわないと気持ちが崩れてしまい、周りの人も巻き込んでいく。だが、結局本人が最もそれに縛られている。こだわりを切り替えて、縛られている関

係の解消をめざすものの，具体的な対応は一様ではない。
　一時の「ブーム」で起きているならば，その状況に出会わせず，方向転換して「一過性」で忘れてもらう手だてもありうる。
　「いつもと違う」出来事には，見通しを伝えながら，崩れそうな所をなだめて，突破できたことを認めて切り替えを図っていく。
　「トイレでうんちしない」という習慣性のものだと，条件を整えて，気楽にしかし，粘って対処という方向になる。
　こだわりにとらわれる子は，こだわる狭い世界中心の生活に留まりやすい。切り替えのパワーをつけるためには，「人からほめられたい」というような関わりを基に，こだわらずに他の行動を選べる広がりのある世界へ気持ちを向けさせたいものである。

(3) 成功する自分への気づき

　大人と関わる中で，ほめられるうれしさから「できた」「わかった」「すごい」と実感をもち，「うまくやれる自分」だという自信を身につけてほしい。
　それには，「うまくやれる」題材が必要である。簡単な運動やお手伝い，一緒に歩くということでも題材になりうる。なかには応じないで抵抗する子，行動する気のない子もいる。
　行いの8割方大人が手伝っても，促しに応じてできる部分を作って，「そうだよ，えらいね。」とほめる。初めは渋々「応じさせられた」という受け身からのスタートであっても，やがてどうすればほめられ達成するのか，要点をつかみ取る中で，「やりたい気持ち」を持ち始めていく。
　それが自分から目標をめざす「能動性」につながっていく。「関わりに応じる」一歩から，教えられることを学ぶ姿ができていく。

(4) 注意の途切れ

　大人が教えていると注意が途切れて視線が宙を舞ってしまう子がいる。当座の手立てとしては視線の行く方を遮ったり，「動かすのはここだよ」と手を握

第5章 発達につまずきをもつ子の自立支援

ると手元に注意が戻りやすい。

　一方で,「同じことの繰り返し」「課題がわかりにくい」逆に「簡単すぎる」場合に注意が途切れる傾向がある。「やる気の減退」が注意の途切れの背景にあると励ましても効果が出ない。

　指導者側の思いもかけぬことで子どもがつまずき,「できない」状況に陥って注意が途切れることも多いので,子どもの動き,視点を確認しながら,課題を整理していく配慮が欠かせない。

(5) 体に触れて教える

　大人は,つい言葉だけで伝えがちだが,音声や視覚的な手がかりをつかみにくい子どもたちもいる。行動のイメージがとれずに動き出せない場合には,体に触れて,力の入れ方や動く方向を伝えることになる。

　この時は,出すべき力の肩代わりをするのではなく,本人が力を出せるように「促し」を加えたり,逆に「抵抗」を加えて力の方向を整えていく。

　子どもによっては,触覚の過敏があり,触られることを避ける場合がある。指先でそっと触れることが「強い刺激」となり過敏さを助長するので,圧をかけるように手の平などでじっくり触れ,反応を減らしながら関わるようにする。

　また,圧をかけながらのマッサージや筋を軽く揺らすようなタッピングで過敏さ自体の軽減も図りたい。

(6) 脳の基盤整備

　脳を働かせやすくする準備には,よく言われることだが,「生活リズム」を整える習慣が基盤となる。

　遅寝をせずに早く起きて,脳のスイッチを入れる「睡眠リズム」。しっかり起きたら,朝食を摂り,エネルギーを充填。三食バランスよく摂る「食事のあり方」。便秘に陥らず,快便で,気分よく過ごす「排泄のリズム」。

　この3つの生活の流れが乱れるとぼーっとしたり,機嫌悪く,周りから学ぼうという意識を保ちにくい。(習慣だけではリズムを整えることが難しい「睡眠障

害」や排泄機能の問題などには，特別な対応が求められる。）

　また，歩くことで脳が活性化することもよく言われる。ゴロゴロして不活発だった子が，「姿勢が整った」「活動的」「丈夫になった」「視線が上がり刺激を受け取りやすくなった」等の変化が語られる。

3　暮らしの力を身につける

① 自分の身の回りのことができる「身辺技能」
　「食事」「着脱」「排泄」「清潔」「健康」など，自分に身近な生活習慣を子どもたちに教えていくこと。
② お手伝いなど家の仕事に取り組む「家事技能」
　家族の一員として，家庭で役割をもち，居場所を確保する側面と「役に立ちたい」気持ちを育てて，仕事にしっかり取り組む前職業的作業の側面をもつ。
③ 戸外で活動するときに発揮される「社会生活技能」
　年齢に応じて行動範囲が広がり，交通機関やお金の使用など，この技能が必要とされる場は，増加していく。でも基礎は，幼少期「共に安心して歩く」ことから始まると考えられる。
　これらを合わせて「生活技能」という言葉で括っている。
　全部のことが自分だけでやれるようにはならないかもしれない。しかし自分でやれることが増える中で，「できる自分」に自信をもち，また自ら活動できる範囲が広がり自由度が増していく。周りの人も介入する部分が減り，一緒の行動が楽になる。「トイレへ行く」「服を着る」そうした動作がスムーズに行えることで流れを中断させず，学習・運動・仕事に取り組み，積み上げていきやすい。「生活技能」は，「生活全般の土台」という役割を含んでいよう。
　また，日々生活技能の繰り返しに，机上で学ぶことを意識して織り込み，磨きをかけられる。たとえば，生活面での技能が増えると，手指の動きが開発されたり，動作をつなぐ手順の記憶が確かになったり，学習面での成長を期待できる。あるいは，認知学習面で得られたシンボルや文字・数を生活面で「行動

の手がかり」「目標をつかむ働きかけ」として活用しつつ定着を図りうる。

「生活技能」で教えていくのは，主に「技能」と「マナー」である。教え方は，内容と本人の様子によって変わってくる。

① 身体が目的の方向に動く工夫をスモールステップで細かく行う段階

音声や見本が伝わりにくい場合，細かく区切って動きの方向や力の配分を伝えていく（シャツの着方・パンツのはき方・果物の種の出し方・みかんの皮のむき方など）。

② 模倣で見本と並行しながら教えていける段階

手本を見せた直後の「同時模倣」から，見た後行う「遅延模倣」へ展開していく。どこをまねたらよいか，力の入れ方などは改めて教える必要もある。洗体・手伝いなど，模倣でポイントをつかめれば教えやすいことが多い。

③ 何をすればよいのかわかり，見比べる目安の意味をつかんで行動する段階

何のための目印か，意味をつかめると伝えやすい（シャツの前後を示すマーク・一定位置で着替える足元マーク・トイレットペーパーを膝まで引くなど）。

④ 写真や文字・数を手がかりにして手順や注意点に配慮する段階

服の写真を見れば，「シャツを着る」など，写真や文字・数が促す行動を察知できると任せられる部分が増える（着替えや歯磨きの手順を示す写真・食事で気をつけるマナー表の文字・押すべき券売機の数字の区別など）。

⑤ 自分で必要性を認識して正しいやり方を意識して獲得する段階

身に付いた技能が雑になり，習慣を整え直す場合，なぜきちんと行う方がよいのか意味的な把握をプラスして実感させることが大切と思われる。

本人の様子と教える内容によって，身につく時間と精度に違いが出てきても，本人に合わせた対応を開拓することで，生活技能は蓄えられる。

4 動きを育てる

運動は，「関わりに応じる手立て」として基本的なルールを獲得し，学びの

構えをつける糸口として用いることができる。たとえば，四つ這いで片手片足を水平に上げてバランスをとる「ライオン」と呼ぶ姿勢には，「数える間の一定時間保つ」「示された目標に手足を伸ばす」「注意点に気をつけて成否を知る」などのルールを含ませる。ルールを守ることでほめられ，練習で上達する自分に喜びを覚え，自分の体をうまく操れる感覚をつかんでいく。

　幼少期は，様々な動き方を習得してほしい時期だが，身体の障害はないのに，ぎこちない動きになる子もいる。「強く泣く」「走り回る」「緊張する」「動かない」など様々なことが原因となり，麻痺とは違った緊張を体にため込んで硬い身体になっている。その割に体を支えうまく動かす力は弱く，ますますむやみに力を込めて動こうとしては硬くなる悪循環に陥りやすい。すると，自分の体を動かす感覚もつかみにくく，「肘が伸びない」「肩を回せない」「正中線を越えた動作ができない」など，気づかぬうちに自分の動きを制限している。

　その場合，まずマッサージやゆっくりとした動きを繰り返して，動かせる範囲を広げていく。動かしながら力を入れる方向をつかませるよう働きかける。支える力を高める意味で支えをゆらしたり，大人がかけた力を押し返させて運動遊びの中で支える感覚を強めていく。

　基礎の支えの力がついたら，平衡性も高めたい。前出の「ライオン」や片足立ちなどバランスを取ると集中力も高まっていく。種々の動きを通じて体の動きが整うと，うまく動ける自信がつき，身軽に反応でき，やがてスポーツなど余暇を過ごす技能につなげていける。

　さらに体支持力の向上は，姿勢を支え，指先の細かな動きを行いやすくする。文字を書いたり，箸を操作する際，体幹・肩・肘・手首それぞれが安定していれば余計な力を入れずにすみ，指の動きが安定する。力がこもる場合，その部分に触れてやるだけでも力が緩みやすくなる。

　たとえば，みかんの皮をむく場面で。肩・肘・手首に触れ，そして力の入りがちな拇指と示指の間に大人の指を割り込ませて緩め，子どもの拇指に大人の拇指を重ねてむき方を教えると力を入れすぎず，みかんをつぶさずにむける。

　器用さには，指先の感覚も鍛えたい。目の代わりに「探れる指」を養ってい

く。米びつの中のカップを取り出したり，中身全てを出さずともポケットのコインを取り出すことなど。指からのフィードバックが育つと微調整が利く。すると，ピリピリと原始的な感覚にさいなまれた指先の過敏さも，感覚の分化によって収まりやすい。

　手指の動きのヴァリエーションは，思いの外に多様なので，様々な道具を扱う経験を通して開発する機会をもちたいものである。

5　伝え合う

　自分のしたいことを伝えない，あるいは，要求は伝えても働きかけには耳を貸さないという一方通行の時代から，生活や運動の関わりを通じて，相手からの働きかけに応えて「学ぶ態勢」を整え，そこからやりとりの手段を積み上げていく。

　情報の取り方の得手不得手が子どもにはあるので，それを探り対応を考えたい。たとえば，

- ★見たものをすぐに覚え，形も正確に捉えられる子は，文字を活用しやすいかもしれない。
- ★見本と同じにするのが苦手で，空間把握があいまいでも，絵の意味をよく捉える子は，絵カードでのやりとりがしやすいかもしれない。
- ★音声は，記憶に残りにくい場合が多いので，文字や視覚的なもので記憶につなげる手立てを考えたい。「音声」と「視覚的なもの（文字など）」がつながりにくくても，「音声」と「動き」が結びつく子もいる。すると，動きの視覚的な印象をバイパスにして「音声」と「文字」を結びつけられることがある。サインや指文字がそのバイパス役となる。

　サインや絵カードは，「音声言語」習得を妨げるのでは，という危惧をもたれがちだが，「自分は伝えられる」という要求可能性と「応える人」としての表現必要性によって磨きをかけると，より手軽に表現しやすい文字や音声に移行しやすくなる。

第3部　早期発達支援

　本人にとって，「必要」な物は，手立てとして吸収しやすい。「牛」などのサインに比べて「ちょうだい」「トイレ」「ご飯」のサインは，あっという間に覚えやすい。理解を高めるにはさらに広い語彙も必要である。生活の文脈から理解の要素を引き出しきれない場合，学んでほしい事柄を集中的に示すところに机上学習の果たす役割がある。

　絵カードなどは，語へなじむ学習の導入に使える。単語帳的に記憶に留めつつ，スーパーや動物園で実際のものと対応させていく。関心を新たにし，わかるものは，目に捉えられるようになる。身の回りの名詞から動作を示す語へ広げていく。「コップ」の後に「飲む」「運ぶ」「置く」「洗う」のどの語が来るかで行動が異なる。動作を示す語は，してほしいことを伝える「指示」の主要部を表わしている。そこが伝わると伝達の「誤解」が減る。

　さらに，大小など概念的な要素を含む形容詞の理解に広げていく。2つの物を対比して一方向の語，たとえば「大きい」を徹底的につかんでから逆の「小さい」を教えるとわかりやすい。

　理解を広めつつ，場面をとらえて相手との「やりとりの仕方」も伝えていく。
　まず，相手と目を合わせること。「目が合わない」というのは，気遅れというより，眼球コントロールの弱さの要素が大きいと考える。目を合わせたり，物を注視する練習で成果が出てくる。

　やりとりの入口として「あいさつ」は，大切な場面である。発語がなくても頭を下げたり手を合わせたり，何らかのアクションを促していく。チャンスが多いので，音声が定まらなくても，声を出すことから音声模倣に広がる期待ももてる。

　また，片づけをしたら「できた」の報告。テレビを見たければ「していい？」の要請。呼びかける「もしもし」と注意喚起。欲しいものを頼む「下さい」の要求。など，伝えるべき場面を設定していく。言葉や絵カードなど伝える手段をもっていても，どの場面で使うのかわからず困っている子が意外に多い。

第5章　発達につまずきをもつ子の自立支援

6　仲間の中で

　「子どもから学ぶ」ことを大人は望むものの，それが苦手な子もいる。子どもからの働きかけは，背景情報を補わないと理解できない場合が多い。「相手の考えをつかむ」心の働きが弱い子どもにとって，これは苦手な事柄となる。それが昂じれば「相手への関心がない子」「子どもを恐れる子」にもなりかねない。

　まずは，大人との関わりを受け入れやすく，耳を傾けるところから始めていく。それから他の子と一緒にいることになじみ，発言をキャッチしたり，大人の仲介で遊びを行っていく。本人の理解に合わせたルールを一つずつ足し合わせて遊びを広げていく。一定のルールの下でなら遊びが通じる状況を設定していきやすい。

　ただ，相手とタイミング合わせてやりとりをスムーズに行うことは，なかなか難しい。本人の意欲・理解と周囲の子どもたちの違和感への許容という協力があることで少しずつ上達していく。

　スムーズなやりとりに至らなくても仲間と思える関係を築くことはできる。そうした相手との大切な出会いの中で，子どもたちには育っていってほしいと切に願う。

参考文献
Blakemore, S. J., and Frith, U., The Learning Brain, 2005.（乾敏郎他訳『脳の学習力』岩波書店，2006.）
石崎朝世監修『発達につまずきを持つ子どもの療育とは』発達協会，2007.
武藤英夫『できる！をめざして』かもがわ出版，2006.
谷田貝公昭監修『小学校生活でつまずかないしつけと自立』合同出版，2004.

（武藤英夫）

第3部 早期発達支援

第6章
地域での発達支援ネットワーク構築

1 なぜ地域での発達支援ネットワーク構築が必要か

　発達障害をもつ子どもたちの頻度は，ADHD 3～5％，自閉症スペクトラム障害1～2％，学習障害（LD）1～3％，精神遅滞1％，境界知能14％，虐待による発達障害2％と言われており，単純に合算すると小児の2割にも達する（杉山，2008）。複数の発達障害が併存している場合もあるので，この数字より実際は頻度が少ないかもしれないが，発達障害が通常学級に在籍する学童の少なくとも1割に認められるというのが，多くの発達障害専門家が認めるところであるし，学校現場を巡回しての実感でもある。数多くの発達障害をもつ子どもと家族の多様なニーズに応え，支援していくのは，少数の専門家だけでは困難である。地域のプライマリ・ケア医に積極的にご協力いただくこと，地域で支援する人材を育てること，効率良い支援のために良い発達支援ネットワークを地域で築くことが重要である（山下，2004；飯塚・山下，2007；山下，2007a）。また，地域での連携には，「異なる分野の専門家が協力しあって支援する横の軸の連携」と「児の成長に沿って小児から成人まで支援する縦の時間軸による連携」とが必要である（石崎，2008）。

第6章 地域での発達支援ネットワーク構築

2 だれが発達支援ネットワークのリーダーになるべきか

　横の連携を考える上で，重要な要素は，関連する担当者の力量（知識，経験）や諸機関の特性や権限である（石崎，2008）。当然，人的資源には地域差があり，医療レベルにも地域差がある。発達障害の専門家がいないところも多い。だれ（どの機関）が発達支援ネットワークのリーダーを果たすべきか。各機関を連携する連携センターがあれば理想的であるが，各県の発達障害者支援センターにその役割を求めるのはあまりに負担が大きすぎる。現状では，地域の関心の高い医療関係者，特にプライマリ・ケア医が中心となり，保健所や教育関係の他職種と協力して，勉強会や研修会を開催していくことが良いのではなかろうか。ぜひ，プライマリ・ケア医にネットワークのリーダーになっていただきたい。

3 メディカルホームという概念（山下，2008）

　多数の発達障害をもつ子どもと家族をサポートしていくためには，点（1つの医療機関）ではなく面（地域の複数の機関）での対応が求められる。医療だけでなく，教育や福祉・行政まで含んだネットワークでないと対応できない難しさがある。2007年にワシントンDCで開催されたCHADD（Children and Adults with ADD）国際会議セミナーで，オクラホマ大学発達小児科Wolraich教授が，「医師―家族パートナーシップ」について話され，その中で「メディカルホーム」という概念を紹介された。「メディカルホーム」は，建物や機関という箱物ではなく，人的・環境的なものである。たとえば「AD/HDにフレンドリーな小児科クリニック」などである。高い質，包括的，安価なヘルスケアを提供する方法で，プライマリ・ケア医が中心的存在である。患者や家族にとって，気軽に相談ができ，自分を受け止めてもらえる，大切にしてくれる場所，必要に応じて，適切な専門家にも紹介してくれるという場所である。「メディカルホーム」を構成するのは，プライマリ・ケア医，家族，子ども，他のヘルスケ

第3部　早期発達支援

AD/HDのメディカル・ホーム・モデル

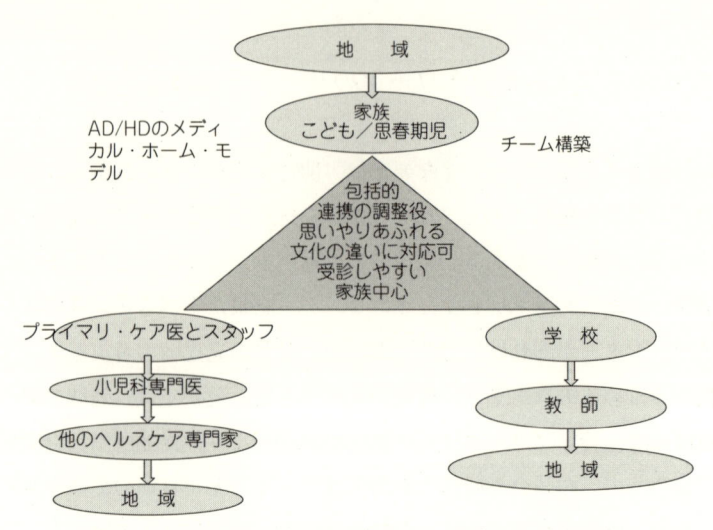

```
        地　域
          ↓
        家族
       こども／思春期児      チーム構築
          ↓
     包括的
     連携の調整役
     思いやりあふれる
     文化の違いに対応可
     受診しやすい
     家族中心
```

プライマリ・ケア医とスタッフ　　　学　校
　　↓　　　　　　　　　　　　　　　↓
小児科専門医　　　　　　　　　　　教　師
　　↓　　　　　　　　　　　　　　　↓
他のヘルスケア専門家　　　　　　　地　域
　　↓
　地　域

図6-1　ADHDのメディカル・ホーム・モデル（Wolraich）

ア専門家，コミュニティー，小児科開業医スタッフ，（必要あれば）小児関係専門家（小児神経医，作業療法士など）である．当然学校もその中に入る（図6-1）．「メディカルホーム」の利点は，患児・家族，ケア提供者双方の満足度向上，問題解決の場，連携の調整役，子ども，思春期児，家族にとって効率が良い，限られた資源を最大限に活用できる，包括的治療による健康度の向上などである．

　アメリカでは，プライマリ・ケア医がAD/HDなどの発達障害児を多数診ている．わが国でも，今後この方面でのプライマリ・ケア医，特に小児科医の役割が大きくなるだろうし，園医・校医をしていることが多い小児科医は，「メディカルホーム」の中でもキーパーソンになる．プライマリ・ケア医を中心に，家族，学校，スクールカウンセラー，専門医，療育機関，親の会と地域で「メディカルホーム」を構築できれば，発達障害をもつ子どもたちは大変助かるだろう．すでに，「メディカルホーム」を地域で構築，実践している先生もいらっしゃるが，まだ少数である．日本で発達障害の「メディカルホーム」普及を進めるにはどうしたら良いか，Wolraich教授に直接尋ねてみた．最も効果的

なのは，クリニックのスタッフ（受付，ナースなど）が，医師と一緒に発達障害の研修を受けることであるという。そうすることで，クリニック内で共通認識が進み，理解が深まる。後述する5歳児健診も小児科開業医が関わることで，「メディカルホーム」の構築が深まる可能性がある。

4 障害をもつ子どもと家族への支援
―― 日米の差，5歳児健診の実践 ――

　米国では，3歳以下の乳幼児に特別な支援が必要と分かった場合，子どもとその家族に対する個別家族支援計画（Individualized Family Service Plan: IFSP）を作成し早期介入プログラムを行う事を，州に求めている。この中で，小児科医・看護師・臨床心理士・理学／言語／作業療法士・養護教師・ソーシャルワーカーが面接を行い，その後，家族を含めた話し合いの中で，子どもに対する個別の支援プログラムを作成する。家族は積極的に意見を求められ，それにより家族への支援も行われる。ミーティングは定期的に行われ，目標に到達しているか，適切な支援が行われているか評価される。このプログラムは，3歳以降の個別教育プラン（Individual Educational Plan: IEP）につなげられ，教育現場にもスムーズに移行される（山下，2007b）。IFSPの優れた特徴は，子どもだけの支援ではなく，保護者や家族支援を含んだ支援計画であること，専門職のチームで計画・支援できること，家族の参加，作成や支援にあたる専門性が高いサービスコーディネーターの存在である。日本では，支援体制は子ども中心であり，母親は子どもを支援する中心的役割であるという考え方があるが，アメリカでは，子どもを取り巻く環境を一つの生態系として捉え，支援者同士の連携を重んじる。

　現在，日本ではまだこのようなシステムは構築されていない。しかし，3歳までの乳幼児健診の制度は確立されている。課題は，3歳児健診後のフォロー，支援体制の乏しさである。筆者は，鳥取大学の小枝らと，厚生労働科学研究班子ども家庭総合研究事業「軽度発達障害児の発見と対応システムおよびそのマ

ニュアル開発に関する研究」を通じて，5歳児健診を推奨してきた。5歳児健診では，3歳児健診で気づかれない「軽度の発達障害」を就学前に見つけ，問題があれば，支援，就学につなげていく事にある。統一された診察マニュアルと問題表に沿って，知的能力や行動特性を中心に，医師が診察を行う。統一されたマニュアルに沿う事により，診察内容や所見のばらつきも減る。また，保護者・保育士からの発達に関するアンケートや保育園からの情報も収集される。鳥取県の一部で平成17年度に施行された5歳児健診では，1,359人中7.3%（ADHD4.7%，広汎性発達障害2.4%，LD0.2%）に軽度の発達障害が疑われた。5歳児健診で軽度発達障害を疑われた場合，保育士・心理士・教師で構成される事後相談事業に紹介され，連携を取りながら，子育てや就学に関する相談に乗る。また，場合によっては，医療機関や療育機関に紹介される。このように，専門の医療機関に直接来院する前に，健診を通してプライマリ・ケア医に相談・診察を受ける事が可能となり，なおかつ，地域と連携しながら具体的な支援計画を立てる事が可能となる。研究班が出した概算では，5歳児健診がもたらす便益は，かけた費用の28倍という結果が出た。5歳児健診の実際については，『5歳児健診―発達障害診療・指導エッセンス―』（診断と治療社）をご一読いただきたい。健診の実際を示したDVDもついている（小枝，2008）。

　文部科学省は，軽度発達障害の早期発見・対応のモデル事業を全国10箇所に委託し，2007～08年に行っている。久留米市も認定を受け，就学前児の発達障害対応連携協議会を設置し，2007年には，久留米市医師会の協力も得て，モデル保育園，幼稚園各1か所で5歳児健診を開始した。2008年はさらに4園に拡大して実施した。本モデル事業の一環として久留米市南薫小学校の通級指導教室に「すくすく健康相談教室」を設け，小児科医，臨床心理士，特別支援教育教師が就学前児の相談を2007年から始めた。就学前児だけでなく，就学児の相談も増えている。保育園，幼稚園への巡回相談依頼も受け付けており，依頼が増えている。5歳児健診の普及には，人的・経済的問題があり，時間がかかるかもしれないが，5歳児健診を通じて地域の発達支援ネットワーク強化が期待される。

5 地域で発達支援ネットワークを築く工夫

　久留米市では，後述する様々なシステムを過去に始めたが，ほとんどは現場のニーズに応じて，ここ10年内（特に5，6年内）に地域で立ちあげたものである。既存のシステムをリニューアルして対応したものもある。立ち上げには，市内の教育，心理，福祉専門家だけでなく親の会や国外専門家など様々な人々との出会いがきっかけになっている。ネットワーク構築の第一歩は，まず会ってお互いの顔を知ることである。

　久留米市の小学校入学者のうち，就学相談会参加者は，2007年度で1.87％，2008年度で2.44％にすぎない。軽度発達障害が疑われる子どもは文部科学省調査では6.3％いると言われており，就学相談にあがってこない子どもたちは，

表6-1　久留米市におけるシステム，ネットワークの例

* 久留米保健福祉環境事務所での「就学前の気になるお子様の相談事業」：3歳から就学前の発達障害が疑われる子どもの相談で，保健師，小児神経医，臨床心理士が対応する（隔月）［9］。保護者と保育士が一緒に相談に見えるように工夫している。
* LD・ADHD通級指導教室での就学前児の相談・支援事業：小児神経医，特別支援教育教師，臨床心理士が対応（平成19年から，毎週），この他に20年以上前から久留米市幼児教育研究所での相談・支援事業がある（小児科医，スピーチ専門医，教師が対応）。
* 5歳児健診モデル事業：平成19年から開始，小児神経医，臨床心理士，特別支援教育教師が対応（モデル園2園からスタート，20年には4園に拡大），保育園・幼稚園の要請に応じての巡回相談，講演なども行っている。
* 久留米市スクールカウンセラー活用事業：全小学校にスクールウンセラーを入れて（月に2回），校内チームと小児リエゾン医師（小児神経医，児童精神科医各1名）とネットワークを作り，ケースによっては，小児リエゾン医師が学校訪問し，授業参観，教師や保護者との面談を行う（山下，2004；飯塚・山下，2007；山下，2007a）。
* ADHDサマー・トリートメント・プログラム（STP）：久留米市内の小学校においてADHDをもつ学童に集中治療プログラムを平成17年から行ってきた。過去4年間に107名のADHDをもつ子どもたちが参加した。米国のモデルプログラムを米国以外で初めて行ったもので，子どもへの治療効果だけでなく，関わる学生スタッフ，医学，心理，教育スタッフの連携強化や臨床教育効果も多大である。STPの詳細は，ウェブサイトhttp://www.kurume-stp.org/index2や論文をご覧いただきたい（山下，2005；山下，2006；穴井・向笠・山下，2008）。
* 久留米LD・ADHD研究会：発達障害に関わる医師，心理士，教師，親の会などが自主的に集まって隔月で開催している学習会（平成10年から）ネット上の掲示板を作成し，情報交換を行っている。毎日100〜200名のヒットがある。

発達上の課題への気づきをもたずに小学校に入学するということになる。東京都三鷹市（人口17万人）では，就学前に約8％の子どもが，何らかの形でフォローを受けている。教育委員会が，総合教育相談窓口を設置し，乳幼児・児童・生徒および保護者のニーズにあった支援を行い，心身の発達・発育に課題やつまずきのある就学前の児童，保護者を対象に三鷹市北野ハピネスセンターにて療育相談・療育訓練に応じている。驚くべきことに，1999年度小中学校の不登校が140名であったのが，2007年度には59名に減少しているという。久留米大学受診の不登校児の約4割は，発達上の課題をかかえていたので，この数字はうなずける。三鷹市の実践は，就学前児への取り組みや相談窓口を一本化することがいかに重要かを示している。自治体主導で取り組んで，成功している例としては，湖南市発達支援システムがある。市役所健康福祉部内に発達支援室を，専門支援機関として小学校内に発達支援センター（療育教室，ことばの教室）を設置して縦割り行政の改善とトータルに支援を考えていく体制を整え，横（関係機関間）と縦（乳幼児から就労まで）の連携強化が達成されているという（藤井，2007）。

6 良い家庭と学校間関係を促進するためのコツ・ツールの紹介

　良い家庭と学校間関係を促進する，また子どもの困り感の把握，改善のためのツールとして1日の生活チェック表（佐藤・小西，2007），毎日の連絡カード（Daily Report Card: DRC）などがある。DRC作成に関しては「久留米大学小児科」で検索していただくとホームページから無料で日本語版資料をダウンロード可能である。

　家族への対応で，まず重要なことは，これまでの子育てへのねぎらいである。「よくがんばってきましたね。」と母親をねぎらっていただきたい。母親はたいてい自分の子育てが悪かったのではないかという自責の念がある。自責の念から開放する必要がある。医師は，AD/HDや自閉症の基礎的な情報を提供し，なぜ育てにくいのかの謎解きをする。また，今後の見通しをお話する。母親を

第6章 地域での発達支援ネットワーク構築

リフレッシュさせる手立てとして，父親や祖父母へ説明し理解を求めること，福祉，行政機関サービスの活用アドバイスを行う。同様のねぎらいは，学校にもすべきで，特に担任は孤軍奮闘していることが多い。校長に手紙を書いて，担任のがんばりをねぎらうことが重要であり，校長には担任のバックアップをお願いする。家族にも，担任へ感謝の気持ちを伝えることを忘れないようにアドバイスすると良い。

　［付記］　本研究の一部は，石橋学術振興基金助成金，厚生労働科学研究費「発達障害の新しい診断・治療法開発に関する研究」(19A-6)，文部科学省科学研究費基盤研究（C）「ADHDのSTPの効果に関する脳科学的検討」(19591231) 研究費によって行われた。また，STPは，久留米市およびジョンソンエンドジョンソンから補助金を得た。

参考文献

杉山登志郎『発達障害の子どもたち』講談社現代新書, 2008.

山下裕史朗「久留米市とその周辺地域における軽度発達障害児の支援システム」『LD研究』133(1)：53-58, 2004.

飯塚千穂・山下裕史朗「久留米大学病院における軽度発達障害児への支援と取り組み」『小児看護』30(9)：1298-1302, 2007.

山下裕史朗「軽度発達障害児の地域に密着した包括的治療システム」『久留米医学会雑誌』70(5)：129-133, 2007a.

石崎優子「発達障害児／者を地域で支援するための連携」『治療』90：2349-2351, 2008.

山下裕史朗「『軽度』発達障害をもつ子どもへの支援——学校・家庭・医療機関の連携」『日本小児科医会会報』36, 2008, 104-106.

山下裕史朗「Norman Kelley——海外での軽度発達障害に対する治療教育体制はどうなっていますか？」『小児内科』39：394-396, 2007b.

小枝達也編『5歳児健診——発達障害の診療・指導エッセンス』診断と治療社, 2008.

山下裕史朗「久留米保健福祉環境事務所の『就学前の気になるお子様の相談』の現状」『チャイルドヘルス』7：62-70, 2004.

山下裕史朗「ニューヨーク州立大バッファロー校におけるADHDの子どもと家族に対する包括的治療」『日本小児科学会雑誌』109：1301-1307, 2005.

山下裕史朗「ADHDをもつ子どもへの夏期治療プログラム」『そだちの科学　特集ADHD』

第3部　早期発達支援

　　　日本評論社，2006．
　穴井千鶴・向笠章子・山下裕史朗「AD/HDに対する包括的治療エビデンス──行動療法と
　　　薬物療法の統合」『臨床精神薬理』11：651-660，2008．
　藤井茂樹「湖南市発達支援システムを通しての軽度発達障害を支える地域支援システムに
　　　ついて教えてください」『小児内科』39：389-391，2007．
　佐藤暁・小西淳子『発達障害のある子の保育の手立て──保育園・幼稚園・家庭の実践か
　　　ら』岩崎学術出版社，2007．

　　　　　　　　　　　　　　　　　　　　　　　　　　　　　　（山下裕史朗）

第6章　地域での発達支援ネットワーク構築

（コラム）発達支援の実践　①　保育所・デイサービス・クリニックの協働

　つわぶき保育園（松江市，平成17年7月開園）は保育所を中核とし，障がい児童をケアする児童デイサービス（デイサービスつわぶき）を併設し，さらにバックアップする機能として小児科クリニックも運営している。このほかに保育所事業の一環として病児・病後児保育と一時保育も実施している。通常保育では対応が困難な子どもたちもケアできる態勢を整え，より広範な発達支援と育児支援を目標としている。
　保育待機児童が多い時代を反映してつわぶき保育園の利用児童数は定員（60）をこえている。一時保育の利用も多いが，障がい児デイサービスを併設しているという施設の特徴もあって発達上の課題が示唆される子どもたちの利用が他施設と比べ目立つ。病児・病後児保育は年間800件程度の利用がある。
　児童デイサービス（定員10名）の療育活動は朝9時から夕5時まで，ほぼ保育所の日課に沿った活動が行われている。日常生活の安定した繰り返しでコミュニケーション能力や身辺処理能力の向上を促すことを基本にしている。利用は着実に増加し，1日9～10名程度が利用している。利用する子どもたちの障がいの状況は様々で在宅酸素療法が必要な子どももいれば多動・自閉の子どももいる。事故の起きる可能性を極力避けるよう努力しているが，障がい種別による区別はしていない。将来的には，社会適応訓練が中心になるグループと医療的ケアが必要なグループに区分することを考えている。

　つわぶき保育園の設立は医療者の問題意識が発端となった。医療者の視点で保育を見ると，従来の保育所の感染症管理，衛生管理，障がい児対応などには過剰な点や不十分な点が多いことに気づく。医療機関をバックアップ機能とすることで，経皮酸素濃度モニターの利用など今までの保育所ではしていなかった対応を試みることが可能になった。
　現在の一番の課題はスタッフの意識改革である。医療知識の少ない保育者と保育常識のない医療者が作ろうとしている保育所なので課題は多い。保育者としての常識と医療者としての意識を理念に近づく方向で調和させようと一歩一歩努力している状況である。障がい児保育は「統合保育」が望ましいと言われ，障がいのある子も通常保育の場に取り込むことがよいとされる風潮があるが，通常保育の場にいることで混乱し適応障害を強くしてしまう子も多い。児童デイサービスと保育所が併設されることで，障がいのある子だけのゆったりとした環境があり，時によって「逆統合」の場面で活動したり，「統合」の場に参加することで適応の場を広げていくなど，子どもの状況に応じ適切な場面を提供することを可能にしている。まだ3年が経過したばかりであるが，巣立っていく子どもたちの姿に手ごたえを感じている。
　特別のニーズのある子どもたちの保育・療育には熱意だけでなく知識や技術も必要である。保育所・デイサービス・クリニックが協働を続け，一人一人にあった保育・療育の環境を提供できる子育て支援の場所に成長し，子どもたちのために役立つことを願っている。

〔石井尚吾〕

第3部　早期発達支援

(コラム) **発達支援の実践　②　幼稚園からの特別支援教育**

1．乳幼児期からの障害等のある子どもの相談支援体制
　松江市における乳幼児の相談支援体制については，母子保健で行う1歳6ヶ月児や3歳児などへの乳幼児健康診査を経て，発達上の課題が疑われる場合は，発達健康相談への受診を勧め，専門の医師による診察や発達評価等を実施している。そして，療育の場としての「なかよし教室」や幼児の特別支援教育の拠点幼稚園2園に設置している「ほっと相談室」へとつなげている。
　また，子育て課所管の「乳幼児保育・教育サポート事業」において，専門家チームによる保護者への相談支援や幼稚園・保育所への相談助言及び職員研修等を実施し，専門機関への紹介など，よりニーズに応じた具体的な支援につなげていくようにしている。

2．幼稚園における支援体制
　松江市では，特別支援教育コーディネーターの指名と特別支援教育園内委員会の設置を市立の全幼稚園に義務づけ，支援内容の検討や小学校との移行支援会議の開催等を進めている。また，幼稚園に特別支援教育指導員や介助員を配置し，個別の指導計画を作成しながら支援の充実を図っている。
　幼稚園の特別支援教育の拠点としては，特別支援に関する相談窓口としての「ほっと相談室」2ヵ所と，通級による指導を行う「特別支援幼児教室」6教室を設置しており，ほっと相談室の相談を経て幼児教室への通級を開始するシステムをとっている。幼児教室では，時間単位と1日単位の2つのタイプの通級指導を行っており，幼児の実態とニーズに応じた指導に努めている。ほっと相談室への相談は年々増えており，特別支援教育へのニーズの高さを示している。
　また，支援が必要な幼児の市立幼稚園への受け入れにあたっては，幼稚園が主体となり療育機関と連携し保護者と共に相談支援の引き継ぎを行う機会を設け，幼稚園への円滑な移行に努めている。

3．情報連携ツールとしての松江市サポートファイル「だんだん」の活用
　障害等のある子どもの支援にあたっては，関係機関の情報連携が重要である。松江市では，医療・保健・福祉・教育などへの相談から支援へのつなぎがスムーズに進むように，情報連携ツールとしてサポートファイル「だんだん」を作成している。このサポートファイルは，子どものプロフィール，発達の状況や療育・教育の関わり，相談の履歴や内容，移行支援計画などを一つのファイルにまとめ，保護者がもつことで，情報連携が確実に行われることを意図して作成したものである。まだまだ課題はあるものの，乳幼児期からの一貫した支援に重要な役割を担うものとして，改良を加えながらその活用を広げていきたい。

　　　　　　　　　　　　　　　　　　　　　　　　　　（河井克典）

第6章　地域での発達支援ネットワーク構築

（コラム）発達支援の実践　③　フィンランドの早期支援

　2006年に施行された経済協力開発機構（OECD）の国際的な学習到達度調査（PISA）でトップの成績をあげたフィンランドに，日本から注目が集まっている。まさに日本の教育界にはフィンランドブームと言ってもいいほどいま，日本の教育関係者は一斉にフィンランドの教育法に注目している。その理由として様々な理由があげられているが，従来の国際調査は，詰め込まれた知識量を見るものであったが，PISAは，生涯にわたって学習する能力を身につけているかどうかを見るための指標であり，フィンランド教育はこのPISAに合っていると考えられている。

　フィンランドの教育制度は，1972年に進学，就職各コースに分かれていた中学校を統合し，1975年に小学校の教員にも修士号取得を義務づけられている。このことが1980年代に効果を上げ始め，1985年には習熟度別編成を完全廃止し，1994年の教育改革では，「教える」から「子どもを支援する教育」へと根本的な転換を果たした。さらに，20人前後の小人数学級で子ども1人ひとりとの対話を増やす授業を実現している。

　フィンランドの特別支援教育制度について，出雲市と姉妹都市であるフィンランドカラヨキ市（人口1万人弱）における発達障害児に対するシステムを見学する機会があった。カラヨキ市には本校が1校と2校の分校があり，カラヨキ市小学校の概要を表1に示す。290名の通常学級の児童数に対し，33名の特別支援学級が存在していた。これらには12名のスクールアシスタントがついており，非常に手厚い状況を生んでいる。また，12名のうち5名は正規雇用でありスクールアシスタント免許を有していた。

　フィンランドの特別支援教育制度では，学習における困難さがある生徒，障がいがある生徒，病気である生徒，発達の遅れのある生徒，情緒的な混乱のある生徒などを対象として，精神的や社会的な支援を必要とし，適切な指導，適切な理解，支援サービス，特別な教材・教具を活用する権利があるとされている。理解の遅い子どものために，補充学習，部分的特別支援教育も行われており，部分的特別支援教育を受けている生徒の割合は，基礎教育段階で平均21.2％と非常に高い。さらに，その成績次第では特別支援教育への移管が行われ，個々の障がいに応じて個別の支援計画が立てられている。

表1　カラヨキ市小学校の教員数，生徒数

教員数	教員
1	校長
13	担任教員
1	英語教員
1	特別教員
5	特別支援教育教員
12	スクールアシスタント
生徒数	
290	通常学級
33	特別学級

参考文献
徳永豊「第四部　国際会議・国際調査報告等　国際セミナー「PISA研究におけるフィンランド」に参加して基礎教育（Basic Education）のおける学習支援と生徒保護（Welfare）」『世界の特殊教育　20』国立特別支援教育総合研究所, 2006.

（山下一也）

あとがき
――支援を学び地域で活躍する方々へ

　平成19年度版国民生活白書のテーマは「つながりが築くゆたかな国民生活」であった。白書では，経済・社会環境の変化や意識の変化などにより「人のつながり」は弱まっていると指摘し，具体的には家族の行動が個別化し，地域では近所づきあいの疎遠化，町内会・自治会への不参加が増えていることを指摘している。加えて職場では仕事以外のつきあいの減少や企業帰属意識の希薄化現象が進んでいる。さらに，つながりの弱まりは人びとの生活満足度や経済社会に影響をあたえる。つながり効果として「精神的なやすらぎや充実感をもたらす効果」や人びととの助け合いや協力により「人びとや社会が求める何らかの価値を生み出す効果」をもたらすといわれているが，つながりの希薄化により「生活の豊かさ」が実感できず，つながりが「生み出す価値」も得られなくなっている。

　一方，2006（平成18）年6月少子化社会対策会議「新しい少子化対策について」では「長期的視点に立って，家族・地域の絆を再生する国民運動，社会全体で子どもや命を大切にする運動を展開する」必要性が明記されている。そうした中で「子ども力」と「地域力（ご近所力）」の育成は，ともにつながり再構築のためのキーワードといえる。

　現代の子どものコミュニケーション力の衰退はどこから来るのだろうか。異年齢間での育ち合いの不足，仲間意識（帰属意識）の未熟成，人と人との関係認識力の不足（人の中で自分の位置がつかめない）このような人間関係を維持していくためのスキルを育成できていない。また，自分を表現する方法を獲得していない。こうしたことの表れがコミュニケーション能力の不足となって表出する。このように子どもにコミュニケーション力を再び取り戻し人間関係を形成する力を，内在的な「子ども力」の一つということができる。そして，子どものもつ様々な能力を地域の中で発揮し，地域における役割を担うことも「子ども力」の一つということができる。

自然に対峙したとき子どもは感性で受けとめ，私たちが想像できない反応を示し創造的な行動を行い，大人に大きな感動を与えることがある。また，子どもたちがいきいきと活動し，輝く姿を見て，感動しない親はいない。それは我が子だけでなく，子どもが真の子どもらしさを発揮している姿をみてすべての大人は感動をおぼえる。その子どもがどんな障害をもっていても，どんなに低年齢であっても，どんな人種であってもその子なりに精一杯輝いている姿は，人間として大きな共感と喜びをもたらすものである。このような反射的存在としての可能性を「子ども力」の一つということができる。これら3つのパワーを秘めた「子ども力」の育成を図ることが求められている。

　もう一つは「ご近所力（地域力）」の育成である。家庭による子育ては当然のありようだが，子どもは家族の一員だけではなく，社会の一員として育てられなければならない。島根県は過疎が進行し地域では少子化が先鋭的に出現している。高齢化と相まって地域の教育力が減退している実態である。なかでも地域住民による協働的教育機能は縮小を余儀なくさせられている。小学校や中学校の統廃合によって，地域の子どもたちによる文化・スポーツ活動への支援の中核となる児童クラブなどが消滅もしくは存在しない地域が拡大している。また，それを支える活動リーダー（地域住民）が高齢化し，不在の地域が増えている。さらに，これまで地区子供会の構成母体であった地区自治会の統合，改廃が進み，あわせて子供会の縮小，消滅の危機に見舞われている。過疎地域・都市に限らず子どもたちは戸外に出てのびのびと遊び，文化スポーツ活動を楽しむ機会を失っている。自宅に閉じこもりがちとなる。すなわち子どもたちのつながりが分断され，孤立化せざる負えない状況が生じている。

　地域（ご近所）には次のような力が秘められている。まず，地域の生活課題を発見しやすいこと，日常生活で生活困難や共通する生活課題を地域住民自らの目と足と手で発見することが可能である。次いで，同じご近所という生活空間の中の共通する生活課題なので，住民が協力して課題解決の努力を重ねることが出来る。また，自治会や集落単位の活動であれば行政との協働作業が可能である。また，行政と協働することにより課題解決という成果を容易に導くことができる。加えて地域住民が協同することにより地域へのロイヤリティ（郷

あとがき

土愛・里ごころ）を再認識し，さらに高揚することができる。そして地域の一員として子どもたちが参加・貢献することによりそのご近所力（地域力）が一層高まるのである。このようなご近所力（地域力）を掘り起こし，積み重ねていくことによりその育成と形成を図ることが重要である。

　都市地域には，個人化が孤立化や無力化，社会的排除と結びつきやすい社会・経済・文化的環境がある。こうした状況の広がりが，人びとの安全や安心を脅かしている。孤立化や社会的排除は島根県のような中山間地域においても高齢者，障害者，児童問題として表出している。人と人をつなぎ，社会的孤立をなくす取り組みを進め，異質な他者とのつながり，開かれた関係性を広げることで地域社会の信頼感を醸成することが今求められているのである。「つながり」をつくることによって地域にセーフティ・ネットをつくる。対等・平等の新しいつながり方，開かれた協同と社会連帯の再構築こそが私たちに問われている。

　先日，ある会合で「親や子どもは同じなのに，社会が大きく変化した。特にこの20年間の内に」といった発言を母親から聞いた。確かに親や子どもの人間としての資質やあり方は大きく変化するものではない。しかし，社会は変わる。この社会の変動に私たち専門職は，機敏に反応して行かなくてはならない。

　地域の生活問題を解決の方向に向けていくための方策として，自治体の生活関連施策の充実の他に，専門家や社会資源による緊急対応処置能力の向上，地域住民による問題の早期発見などあるが，最近注目されている手法は，ネットワークの形成である。地方自治体，専門家や社会資源，地元住民によるネットワークによって，地域生活の不安材料を少しでもなくしていこうという取り組みである。特に，地域の専門家や社会資源のネットワークの果たす役割には大きなものがある。学び直しのプログラムから，新しいネットワークが形成されることを期待したい。

　　　　　　　　島根県立大学短期大学部松江キャンパス　副学長　髙橋憲二

索引（A-Z）

AA（アルコホーリクス・アノニマス） 71
ADHD 173, 174, 179, 189
ADHDサマー・トリートメント・プログラム（STP） 253
Adiposity rebound 124
BMI 124
CCAP 87
CHAT（Checklist for Autism in Toddlers） 208
COMPS 174
DenverⅡ 184, 224
DSM-Ⅲ 193
DSM-ⅢR 188
DSM-Ⅳ 47
DSM-Ⅳ-TR 196
DV 81
EPDS 12, 50, 51
FOOD ACTION NIPPON 116
JDDST 184
K-ABC 174
LD 173, 174, 179, 189
MABC 174
MCG（Mother and Child Group） 68, 70
M-CHAT（The Modified Checklist for Autism in Toddlers） 208
NICU 28, 177
PCG 68
PDD 189, 206, 207
S-M社会生活能力検査 231
TEACCH 217, 235
Touwen検査 174
VMI 174
WISCⅢ 174, 176
WISC-R 177
WPPSI 177

索引（五十音順）

ア行
愛情欠損的性格 8
愛着関係 156
愛着行動 10
愛着障害 25
アスペルガー障害 198
アスペルガー症候群 189
アセスメント 4
アタッチメント 156
アタッチメント（愛着）形成 9, 11
アメリカ小児保健人間発達研究所（NICHD） 11
アルコール依存 22
アレルギー 124
育児感情 14
育児混乱 40, 41
育児支援 4
育児支援家庭訪問事業 2, 6, 67, 178
育児ストレス 2, 178
育児相談 14, 27
育児ノイローゼ 2, 178
育児不安 40, 41
一時預かり事業 2
インクルージョン 205
インクルージョン保育 235
うつ病 45
運動能力障害 189
栄養教諭 107, 122, 139
栄養士 4, 6
絵カード 216, 245, 246
エディンバラ産後うつ病自己調査票（EPDS） 12, 51
エネルギー摂取量 128
エントレイメント 39
応用行動分析学 229
遅れの基準 180

索　引

カ行

回顧的研究　8
外食　125
解離症状　27
学習困難　177
学習障害(LD)　173, 174, 179, 189
学習指導要領　138
過食　163
学校　4, 108
学校給食法　118, 140
学校保健統計調査　126
家庭中心プログラム　229
家庭訪問　2, 26, 27
環境汚染　124
関係性障害　32
看護師　6
間主観性　40
間主観的関わり　37
間食　125
管理栄養士　4, 6
企業分野等食育活動検討会　102
気質　13
希死念慮　47
基本的生活習慣　110
虐待　2
虐待予防　7
境界域知能　174, 177
拒食　163
訓練指導　2, 4
計画(Plan), 実行(Do), 評価(Check), 改善(Action)　137
傾聴　52
欠食　150
健康づくり　109
言語的モード（話しことば）　194
言語療法　234
原初的没頭　40
高インスリン血症　128
抗うつ剤　47
高血圧　137
行動療法　47
勾配(gradient)　174
広汎性発達障害(PDD)　189, 206, 207
極低出生体重児　172

国民・健康栄養調査　166
5歳児健診　252
孤食　125, 148
子育て混乱　43
子育て支援　1, 4, 6
子育て支援短期利用事業（トワイライトステイ，ショートステイ）　67
子育てセーフティネット　2
子育て不安　61
こだわり　195, 238, 239
子どもの虐待防止センター　12, 70, 72, 86
個別教育プラン　251
個別指導　139, 217, 229
個別指導計画　236
個別の教育支援計画　4, 6
個別の支援　2, 6, 7
個別の指導計画　6
個別のニーズ　4
コホート研究　174
コミュニケーション行動　194
コミュニケーション障害　179, 189
こんにちは赤ちゃん事業　2, 6, 67, 178

サ行

サイン　245, 246
作業療法　234
作業療法士　219
里親　2
里帰りお産　37
サポートファイル　258
サポートブック　220
産後うつケア　7
産後うつ病　2, 45
産褥期　27
算数障害　189, 199
時間の三層構造　146
自殺企図　46, 53
自殺念慮　54
脂質異常症　137
次世代育成　13
次世代育成支援対策推進法　2
児童館　65
児童虐待相談件数　11
児童健全育成　8
児童指導員　2

児童指導班　9
児童相談所　11
児童デイサービス　257
児童福祉法　2, 178
児童養護施設　2
地場産食材　140
自閉症　14, 189
自閉症スペクトラム障害　194, 206
社会福祉法　2
就学相談　253
周産期センター　28
周産期ハイリスク児　14, 176, 178
周産期リスク　176
授乳・離乳の支援ガイド　152
巡回相談　252
順序尺度　184
小学校教諭　6
少子化対策　1, 4
衝動性　196
少年犯罪　8
初期経験の阻害　8
食育　94
食育基本法　94
食育月間　109
食育推進基本計画　100
食育推進国民運動の重点事項　105
食育の日　110
食育白書　101
食育評価専門委員会　102
食育プログラム　133
食事摂取基準　153
食事バランスガイド　110
食生活改善推進員　108
食物アレルギー　139
食欲低下　46
食料自給率　115
助産師　2, 6
助産施設　2
書字表出障害　189, 199
人格障害　22, 43
神経症　22
新生児　172
新生児集中治療室（NICU）　28, 178
身体イメージ　174
新版K式発達検査　184

心理療法　47
睡眠　241
睡眠障害　38, 46, 241
スーパーバイザー　43, 206
スクールアシスタント　259
スクールカウンセラー　253
スクリーニング　178, 184
健やか親子21　11
ストレス耐性　28
生活技能　242
生活習慣　242
生活習慣病　94, 109, 128, 132
生活年齢　184
生活リズム　107, 110, 150, 241
正期産児　172
精神遅滞　14, 174, 188
精神療法　47
性的虐待　22
世代間伝達　20, 23, 32
染色体異常　190
先天性代謝異常　190
早期介入　178
早期発達相談　7
早産児　54, 172
痩身　94, 97, 126
相談者　2, 4
ソーシャル・サポート　13, 14
ソーシャルスキル・トレーニング　226
ソーシャルワーカー　4, 27
ソフトサイン　174

タ行

大うつ病　47
ダイエット　128, 130
退行　27
対人精神療法　47
第二種社会福祉事業　2
ダウン症　231
多動性　196
地域活動栄養士　4
地域子育て支援拠点事業　2, 65
地域子育て支援センター　65
地産地消　108, 118
知的障害（精神遅滞）　22, 189
知能指数　193

索引

注意欠陥多動性障害(ADHD) 173, 174, 179, 189
注意欠如多動性障害(ADHD) 173, 174, 179, 189
注意力障害 196
朝食 241
朝食欠食 96, 125, 148, 150
超低出生体重児 172
通園通級指導者 6
通過率 184
通告義務 29
通所型 2
つどいの広場 65
低出生体重児 4, 28, 54, 124, 172, 176
低体重 97
適応行動 184, 190, 193, 200
手づかみ 152
てんかん 173
電気けいれん療法(ECT) 47
ドゥーラ効果 39
糖尿病 137, 166
読字障害 189
特殊教育 206
読書障害 199
特別支援学校教諭 6
特別支援教育 6, 206
特別支援教育コーディネーター 206, 258
トラウマ 31, 32
トラウマ表象 32, 40

ナ行
内省的自己養成 38
二次障害 200
日本版デンバー式発達スクリーニング検査(JDDST) 184
乳児院 9
乳児家庭全戸訪問事業 2, 67, 178
乳児保育 11
乳房外来 27
乳幼児 107
乳幼児健康支援一時預かり事業 67
乳幼児健診 58, 204, 205
乳幼児精神発達検査法 184, 231
妊産婦 107
認知療法 47

ネグレクト 22, 29
脳性麻痺 173
ノーマライゼーション 205
望まない妊娠 22

ハ行
配偶者間暴力 29
排泄 241
発達栄養行動 154
発達指数 184
発達障害 188
発達障害者支援法 188
発達スクリーニング 180
発達性協調運動障害 179, 189
発達相談 2, 4
発達年齢 184
パニック 195, 215
母親学級 26
母親クラブ 9
早寝・早起き・朝ごはん 110
ひきこもり 2
非言語的モード 194
ビジョンケア 225
ひとり親家庭 21, 22
肥満 97, 107, 126, 139
評価(アセスメント) 4
評価基準 141
評価指標 141
ファシリテーター(援助者) 74, 76, 218
不眠 48
プライマリ・ケア医 249
ベイリー乳児発達検査 176
偏食 139
保育課程 143
保育士 2, 6
保育所 2, 4, 107
保育所における食育に関する指針 143
保育所保育指針 143
保育に欠ける子 2, 8
放課後児童健全育成事業(放課後児童クラブ) 67
訪問型 2
ポーテージプログラム 227
ホールディング 37
保健師 2, 6

267

保健センター　4
保護者　107
母子健康手帳　180
母子支援施設　28
母子接触効果　10
母子相互作用　12
母子分離　10
母子メンタルヘルス　55
補償因子　23
母性意識　9, 12
母性剥奪　8
母性剥奪理論　10
哺乳　151
哺乳障害　38
哺乳反射　151
母乳哺育　27, 123, 124, 130

マ行

マターナルアタッチメント行動　156
マタニティブルーズ　45
未熟児　22, 173
見知らぬもの（ストレンジネス）　156
密室の育児　61
無表情　38
メタボリックシンドローム（内臓脂肪症候群）　116, 120, 166
メディカルホーム　249

メンタルヘルス　45
模倣　244
模倣行動　203

ヤ行

薬物療法　47, 53
野菜摂取量　135
夜食　125, 148, 150
やせ　126, 151
有能感　178
養育支援訪問事業　2, 67, 178
養護教諭　6
養護性　14
幼稚園　4
幼稚園教諭　6
要保護　11
要保護児童　8, 68

ラ行

ライフサイクル　13
リスク・ファクター　13
リスク因子　23, 24
離乳　151
両親学級　26
臨界期　10, 11
レジリエンス　23, 24

執筆者紹介（執筆順，＊は編者，平成21年2月現在）

＊山下由紀恵（やました・ゆきえ，島根県立大学短期大学部教授）序章，第3部第1章
　荷見よう子（はすみ・ようこ，埼玉県立がんセンター婦人科（婦人科医師））第1部第1章
　澤田　敬（さわだ・けい，元高知県立中央児童相談所医務主任（小児科医師））第1部第2章
　山下　春江（やました・はるえ，九州大学病院総合周産期母子医療センター母性胎児部門看護師長）第1部第3章
　才村　純（さいむら・じゅん，日本子ども家庭総合研究所ソーシャルワーク研究担当部長／関西学院大学人間福祉学部教授）第1部第4章
　広岡　智子（ひろおか・ともこ，社会福祉法人子どもの虐待防止センター理事（相談員））第1部第5章
　田中　弘之（たなか・ひろゆき，厚生労働省健康局生活習慣病対策室　栄養・食育指導官）第2部第1章
＊名和田清子（なわた・きよこ，島根県立大学短期大学部准教授），第2部第2章1，第3章，第4章3
　小川　英伸（おがわ・ひでのぶ，農林水産省大臣官房食料安全保障企画専門職）第2部第2章2
　南里清一郎（なんり・せいいちろう，慶應義塾大学保健管理センター教授）第2部第3章1
　中村　修（なかむら・おさむ，長崎大学大学院生産科学研究科准教授）第2部第3章2
　宮崎　藍（みやざき・あおい，特定非営利活動法人地域循環研究所研究員）第2部第3章2
　白尾　美佳（しらお・みか，実践女子短期大学食物栄養学科准教授）第2部第3章3
　鈴木　五男（すずき・いつお，国際医療福祉大学臨床研究センター教授／山王病院小児科部長）第2部第4章1
　川井　尚（かわい・ひさし，日本子ども家庭総合研究所愛育相談所長）第2部第4章2
　足立　己幸（あだち・みゆき，名古屋学芸大学大学院栄養科学研究科教授）第2部第4章3
　針谷　順子（はりがい・じゅんこ，高知大学教育学部教授）第2部第4章3
　宮本　信也（みやもと・しんや，筑波大学大学院人間総合科学研究科教授）第3部第2章
　高田　哲（たかだ・さとし，神戸大学大学院保健学研究科教授）第3部第3章
　山口　薫（やまぐち・かおる，日本ポーテージ協会会長／星槎大学学長）第3部第4章

武藤 英夫（むとう・ひでお，社団法人発達協会第一指導科科長）第3部第5章
山下裕史朗（やました・ゆうしろう，久留米大学医学部准教授）第3部第6章

コラム担当者（執筆順，＊は編者，平成21年2月現在）

＊山下由紀恵（やました・ゆきえ，島根県立大学短期大学部教授）
　山下 一也（やました・かずや，島根県立大学短期大学部教授）
＊三島みどり（みしま・みどり，島根県立大学短期大学部教授）
　濱村美和子（はまむら・みわこ，島根県立大学短期大学部講師）
　坂下喜佐久（さかした・きさく，大阪市きのみ保育園園長）
　斎藤 好江（さいとう・よしえ，東京都日野市立東光寺小学校）
　友藤 弘子（ともふじ・ひろこ，元京都大学生協管理栄養士）
　高橋 周子（たかはし・ちかこ，農林水産省生産局技術普及課課長補佐）
　古川 康徳（ふるかわ・やすのり，島根県奥出雲町立亀嵩小学校校長）
　渡邊 美穂（わたなべ・みほ，西日本新聞社「食くらし取材班」フリーライター）
　籠橋有紀子（かごはし・ゆきこ，島根県立大学短期大学部助教）
　田中 恭子（たなか・きょうこ，順天堂大学医学部准教授）
　奥村 智人（おくむら・ともひと，大阪医科大学LDセンター・オプトメトリスト）
　安住ゆう子（あずみ・ゆうこ，LD発達相談センターかながわ・センター長）
　石井 尚吾（いしい・しょうご，松江市いしいクリニック院長／社会福祉法人つわぶき理事長）
　河井 克典（かわい・かつのり，松江市教育委員会特別支援教育室長）

新・MINERVA福祉ライブラリー⑦
「子育て支援」の新たな職能を学ぶ

2009年5月20日　初版第1刷発行　　　　〈検印廃止〉

定価はカバーに
表示しています

編著者	山　下　由紀恵
	三　島　みどり
	名　和　田　清　子
発行者	杉　田　啓　三
印刷者	藤　森　英　夫

発行所　株式会社　ミネルヴァ書房
607-8494　京都市山科区日ノ岡堤谷町1
電話(075)581-5191／振替01020-0-8076

Ⓒ山下・三島・名和田他，2009　　亜細亜印刷・清水製本

ISBN978-4-623-05416-9

Printed in Japan

よくわかる家族援助論［第2版］
――――――――――橋本真紀・山縣文治編

●虐待や育児不安など、子育てに関わる問題が急増している中で、「家族援助」の必要性が唱えられている。本書では、特に保育者による家族援助も実際について、簡明に解説する。　　　　　　　B5判　220頁　定価2520円

よくわかる特別支援教育
――――――――――――――――湯浅恭正編

●特別支援教育の入門書。制度の紹介はもとより、教育課程、授業づくり、学級経営・学級づくりといった実践に重きを置いた。教員志望者だけでなく、現場教員にも有用。　　　　　　　　　　B5判　220頁　定価2520円

質的調査法入門
――――S.B.メリアム著　堀　薫夫・久保真人・成島美弥訳

●教育における調査法とケース・スタディ　欧米で定評のある体系的テキスト。サンプル選択から、データの収集・分析の技法、妥当性・信頼性と倫理の問題、調査結果の報告まで、わかりやすく解説した。　四六判　440頁　定価4410円

教職論［第2版］――教員を志すすべてのひとへ
―――――――――――――――――教職問題研究会編

「教職の意義等に関する科目」の教科書。教職と教職をめぐる組織・制度・環境を体系立ててわかりやすく解説した。教職志望者および現場教員にも必読の一冊。
　　　　　　　　　　　　　　　　A5判　240頁　定価2520円

教師　魂の職人であれ
――――――――――――――森田　薫・原　清治著

●学校と教師へ贈るエール　教員志望者必読の一冊。小中学校、養護学校長など長い教員生活のなかで体験した、いい話や反省すべきこと、子どもたちの元気な姿を、笑わせ・泣かせながら今日的なテーマとからめて紹介する。また、それぞれのエピソードを教育学的に考察、現代日本の教育的課題も浮き彫りにし、わかりやすく解説。　　　　　　　　　　　　　　　四六判　260頁　定価1890円

――――ミネルヴァ書房――――

http://www.minervashobo.co.jp